谨将此书

献给我的祖父、祖母和父亲、母亲，是你们的培养和教育，让我懂得了做人做事的道理，并能时刻保持坚守、积极、务实、清醒的人生态度。

献给我的孩子们及你们的孩子，是你们给了我追求幸福家庭、美好人生、快乐生活的勇气和动力，使我感受到自己的生命得到了延续，即使到了耄耋之年，仍让我对未来充满着希望和期待。

献给我的领导、同事与亲朋好友，是你们的关心、支持与襄助，给予我信心与力量，我将永远铭记在心。

2021 年 12 月

国务院参事，著名作家、文化学者忍培元先生为本书题写书名

岁月回眸

SUI YUE
HUI MOU

·我的建筑人生·

李金奎 著

浙江工商大学出版社

　　2007 年 4 月 24 日，在宁波奉化雪窦寺露天弥勒大佛施工现场，向时任浙江省委常委、宁波市委书记巴音朝鲁（右）汇报大佛工程建设情况

2001 年与时任上海市委副书记刘云耕（右）合影

2007 年 11 月，与时任建设部副部长、党组副书记刘志峰（左）合影

2017 年 8 月 18 日，参加吴中地产 25 周年庆暨吴门国宅高峰论坛时，与原国家外经贸部副部长、著名经济学家龙永图（左）交流探讨后合影

2019 年 12 月 9 日，上海市原副市长沈骏（左）莅临舜江上虞总部时合影

2002 年与时任上海市建委书记陈士杰（左）合影

2019年7月29日，与时任绍兴市委副书记、市长，现任绍兴市委书记盛阅春（左），时任上虞区委书记，现任绍兴市委常委、常务副市长陶关锋（中）在一起

2014年7月29日，浙江省建设厅原副厅长、时任浙江省建筑业行业协会会长赵如龙莅临公司

2002 年与时任上海市建委副主任孙建平在一起

2015 年 5 月 22 日，浙江省驻沪办副主任徐建刚莅临舜江上虞总部调研

　　2009 年 5 月，与时任浙江省建协副会长姚光恒（左），时任浙江省建筑装饰协会会长恽稚荣（中）在公司合影

　　2006 年 11 月，与原上虞市市委书记　2009 年 5 月，与时任省沪办建管处处长陈伟心交谈
王润生留影

1998 年 3 月，中共上虞市第十一次代表大会第二代表团合影

2021 年 6 月 8 日，参加舜江党委庆祝中国共产党百年华诞革命圣地西柏坡红色之旅

2013 年 9 月，徐悲鸿夫人廖静文女士做客舜江

2019 年 11 月 4 日，国务院参事，著名作家、诗人、书法家忽培元为公司题字

　　1991年2月21日，兄弟三人（右为二弟李银奎、左为小弟李金龙）与父亲于沥东横河老家合影

1964年春节期间，在沪与祖父、小叔（右）合影

母亲肖像

小叔李林昌（右）与我父亲兄弟俩难得的同框照片，摄于沥东横河老家

早年与小叔、婶妈（左）、妻李钱珍（右）在沥东横河老家门前合影

　　2016 年 6 月 26 日，在妻李钱珍生日宴上拍摄的全家福。其中，前右二为小叔，前右三为婶妈，前左一为作者，前左二为妻李钱珍，后左四为长子李伟，后左五为大儿媳王苗芬，后右一为二子李标，后右二为二儿媳梁建敏，后右四为三子李斌，后左六为三儿媳陈莉萍，后左一为孙李柯栋，后左二为孙媳王莉，后右三为孙女李柯钦，后右五为孙李柯熠，前右一为孙李柯申，前左三为孙女李柯玥，后左三为曾孙李文博

2003 年 11 月 1 日，与家人一起庆祝 60 岁生日

2007 年 12 月 8 日，与妻李钱珍在香港旅游时合影

1991 年三个儿子李伟（中）、李标（左）、李斌（右）在沥东横河老家合影

2014 年 6 月 13 日，与孙李柯栋（左）、孙李柯申（右）摄于江西井冈山

2014 年 12 月 21 日，在家中为孙李柯熠过 15 岁生日

2014 年 9 月 8 日，与孙女李柯钦在一起

与孙女李柯玥在家中

李文博 2020 年 5 月 21 日画作《柳树姑娘》

李文博 2020 年 5 月 29 日画作《栀子花》，时年 6 岁

2020 年 10 月，与曾孙李文博于山东威海

1990 年在丁界寺弄 18 号办公留影

1995 年在丁界寺弄 18 号办公留影

2003年在江扬路88号办公楼办公时工作照

2003年4月6日下工地检查

2006 年 11 月 21 日在安徽黄山

2014 年 4 月在欧洲旅行，摄于法国凯旋门前

2016 年 7 月 1 日，参加"七一"党日活动，在嘉兴南湖革命纪念馆前

2008年参加公司自主开发、施工的江苏昆山舜江·碧水豪园楼盘开盘仪式

2017年，公司与吴中地产集团签订战略合作协议，与吴中地产张祥荣董事长握手合影

2011 年 3 月 6 日，为舜江第一个 BT 项目——安徽寿县一中整体迁建项目培土奠基

2021 年 10 月 25 日，在舜江控股集团上虞总部大楼——舜德大厦开工仪式上，为大厦开工培土奠基

时任上海市建委书记陈士杰为公司题词

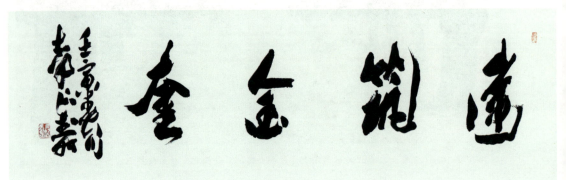

绍兴市原市委副书记袁长寿亲题"建筑金奎"

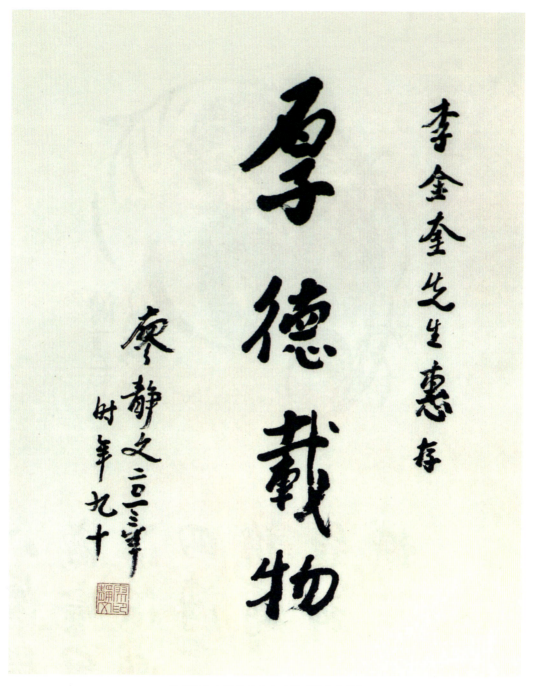

徐悲鸿夫人廖静文女士亲题"厚德载物"

1992年元月，著名艺术家韩美林大师猴画相赠，并赠语：逍遥神猴手中发，根生叶茂团团圆

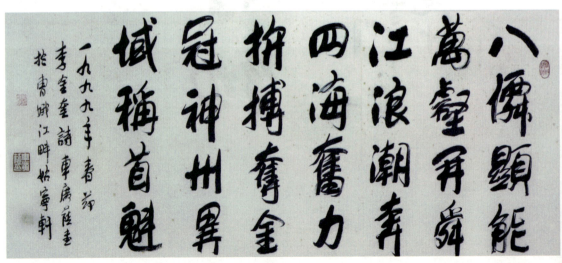

上虞日报社原社长、著名书法家车广荫相赠书法作品

老一辈民营建筑企业家的责任和担当

民营企业是浙江经济发展的主力军，民营建筑企业是浙江建筑业发展的中坚力量。李金奎同志是我省民营建筑企业中突出的企业家之一。多年来，浙江的民营建筑企业家们栉风沐雨、砥砺前行，通过做强做大、做专做精企业，共同助推我省由建筑小省向建筑大省和建筑强省纵深跨越，这其中的艰辛和不易，常人是难以想象的。近读浙江舜江建设集团创始人李金奎董事长的回忆录清样，老一辈建筑企业家"青松劲挺姿、凌霄耻屈盘"的精神跃然纸上。浙江有"四千精神"，金奎同志及他创办的舜江建设集团，真可谓"历经千辛万苦，说尽千言万语，走遍千山万水，想尽千方百计"，是"四千精神"的真实诠释。

我与李董事长相识已有多年。在我担任浙江省建筑业行业协会会长时，他是协会的副会长。我们在工作上有了更多的交集，使我对他的为人及舜江集团的发展有了更多的了解。作为绍兴农村走出来的人，李董事长有着我们绍兴农村人的质朴与敦厚，同时也有着"绍兴师爷"般的智慧与机敏。正如他的身形与步姿，他所创办的舜江建设集团不仅基础牢固，而且步伐稳健、创新不辍，短短十多年时间，便将原本的一家三级资质乡镇小企业，脱胎换骨成为位列全国民企 500 强的特级建筑企业，成为我省建筑行业中的骨干企业和绍兴市领军企业、领跑企业、龙头企业，在我省乃至全国建筑行业中，都具有一定的影响力。这一切，处处凝聚着李董事长的心血与汗水。成功与失败的交替，希望与失望的胶着，我省的老一辈建筑企业家们正是以置之死地而后生的勇气，一次次涅槃重生，用生命和信仰谱写出一曲曲"凝固的乐章"。

2014 年，我曾经两度到他的企业调研考察，彼时，他兼任协会执行会长。我们到访舜江，也是想从协会角度，共同探讨如何更好地为企业纾困解难，关键时刻还得果断出击。我内心所想的，只是希望企业能办得更好，有了一些发展，还想继续壮大。虽然外表光鲜，但内心的熬煎，也只有自己知道了。即使到了现在，仍然有一种强烈的危机感、紧迫感。幸好企业内部还有一套优秀的管理班子和多支精英队伍，企业才能一路走到现在。

说到兴趣爱好，我一不会打牌，二不会搓麻将；既不喜养花，也不爱收藏，更没有什么享受的心思，日常生活也没什么讲究。一直以来，办企业既是自己最大的压力，也是最大的兴趣，人生最大的"欲望"就是将企业做强做大、做精做专，以打造"百年舜江"，成为知名企业，并代代相传。

作为一名所谓的"企业家"，我希望员工们能够理解企业"当家人"的艰辛与不易，希望员工们将企业当成自己的家，与企业"同发展共命运"，共同建设舜江美好家园。舜江的每一位员工，我都视为自己的兄弟和子女，只要看到他们，内心总有一份亲切感。员工为企业做贡献，企业也会为员工谋福祉；员工有困难，企业就是他们坚强的"后盾"。企业壮大了，还能承担更多的社会责任，参与更多的慈善、教育等社会公益事业，更多地帮助社会弱势群体。

作为一名父亲和长辈，我希望我们李家的下一代都能清楚地知晓我们从哪里来，到哪里去。你们身上都肩负着接续舜江发展的重任，任何时候都要绷紧企业发展这根弦，沿着既定的道路一直行走下去。我们李家的下一代，自始至终，都要不忘初心、牢记使命，传承勤俭朴素、艰苦创业的传统家风，做一个有责任、有担当，对社会和企业有所贡献之人。

谨以此书致谢每一位对舜江集团及我个人给予过支持和帮助的领导和亲友，致谢每位员工的辛劳付出，致谢我的授业恩师、合作伙伴、人生良友，致谢全体舜江人！本书能够付梓成册，得到了多位长辈亲朋与至亲好友的修辑指正，同时也得到了两位知名作家陈荣力先生、顾志坤先生的亲自捉刀斧正，还承蒙著名作家、书法家，国务院参事忽培元先生题写书名。在此，一并致以诚挚的谢意！

2021 年 8 月

目　录

第二部分　如歌岁月

目　录

第三部分　燃情岁月

附　录

第一部分

如烟岁月

横河李氏

沥东横河李氏一族，最早溯源于上古皋陶公，而皋陶公是黄帝孙颛顼的后裔，因此我们李氏一族，可以说是真正的黄帝子孙。

皋陶在帝尧和虞舜时担任"大理"的官职，即主管国家司法刑律的大法官。在他的官职任期内，主持制定了五种刑罚，即"五刑"，一直沿用到奴隶制度的消亡。战国秦孝公时期，公子嬴虔受刑所获的劓刑，孙膑遭人迫害所获的膑刑，就是五刑中的两种刑罚，可见古代的刑罚是比较严厉的。

相传皋陶公养有一头名为獬豸的神兽，能帮助他断案判狱。神兽头上长着一个独角，但凡见了有罪的人，它就会用独角去顶撞，让犯罪嫌疑人无所遁形。有了神兽的帮助，皋陶公每次断案都轻而易举，也从未出现过冤假错案；每次判决，所有的原告、被告都心服口服。所以即使到了现在，皋陶公及他的神兽獬豸都是司法公正的一个象征。

继皋陶公之后，经历了夏、商时期，子子孙孙代代承袭着法官的职务，并以官职为姓，人称"理"氏。后世子孙亦有不少名人、能人，皆世代辅佐朝廷，当着不大不小的官。

到了商朝末年，皋陶的裔孙理贞因不容于纣王，被纣王下令处死，理贞的儿子利贞就和他母亲一道逃难避祸。母子俩不敢跑到人多的地方，只能往荒山野岭里跑，跑着跑着，就到了一个叫做伊侯的荒僻之地。到了这个地方以后，母子俩已是饥肠辘辘，但当时身上什么吃的都没有。幸好那荒山野岭中长着一种名为李子的果实，可供逃难之人充饥果腹。在那里，利贞母子最终躲过了纣王的追捕，也没有在逃难过程中饿死，这是非常庆幸的事情。

后来，利贞的儿子昌祖在陈国又干起了老本行——做官。生活稳定，子孙又慢慢繁衍壮大起来。为了纪念祖先当年赖以活命的李树果子，整个家族遂改"理"姓为"李"姓。可以说，盘古开天地，昌祖定李姓，这就是我们李姓的由来。

自定李姓以后，李氏世世代代繁衍生息，躬耕操习，诗书传家，兴衰相继，直至今日。

李氏肇端以来，陆续出了一些名人，如先秦时期的道教始祖——老子李耳，汉武帝时期的飞将军李广，都是李氏的族系。魏晋以后，赵郡李氏雄踞河北，陇西李氏之一的李暠建立了西凉国，他就是后来建立大唐王朝的唐高祖李渊的始祖，被唐玄宗李隆基追尊为兴圣皇帝。现在我们横河李氏族人出门跟人讲，自己是唐太宗李世民的几世孙，依据就在这里。我们的老祖宗传下了一本敦睦堂宗谱，里面就有明确记载。据宗谱所记，我是唐太宗李世民的四十七世孙。作为盛唐皇帝的后世子孙，我的内心还是十分骄傲的，因为我的血管中竟然还流着大唐盛世皇族的血液。

到了宋代，李氏也出了一些名人，如宋太宗的贤相李沆等。特别是南宋抗金名将和贤相李纲，曾经做过浙江金华县令，后迁居上虞，他就是我们上虞李氏的始祖。而担任过副宰相一职的南宋名臣李光，历经了北宋徽宗、钦宗，南宋高宗三代，为官敢于直谏，不畏强权，为此得罪了蔡京、秦桧等一帮奸臣，最终被贬到了海南。据史料考证，我们横河李氏一族，正是李光的后裔。如今成为我们横河李姓始祖的孟一公，正是李光十二世孙正一公的七世孙。

自孟一公迁居沥东横河以来，我们李氏一族已在虞北平原这块丰饶的土地上生活了五百余年，历经了明代、清代和民国时期，直至中华人民共和国的成立。五百多年间，李氏族人基本上承袭了厚德载物的先人遗风，父慈子孝，兄友弟恭，以致人丁逐渐兴旺，最终发展成当地的一个大村落。虽然在这五百多年里，横河李氏没有再出现过像李耳、李广、李白、李纲、李光这样的名人或高官，但也过着安居乐业的生活，并且很少受到战乱的袭扰。

这里有必要说说沥东横河这个地方。横河地处虞北杭州湾南岸，居虞北两大重镇崧厦和沥海之间。杭州湾冲积平原的地貌、四季分明的气候和便利的交通条件，为横河百姓的世代居住和耕作，提供了良好的物质保障。悠远的历史、丰富的人文和浙东地域耕读传家的风气，让横河民风纯朴，百姓既勤劳吃苦又

沥东横河村全貌

敦厚聪慧。而稠密的人口、地少人多的环境，尤其是靠近杭州湾受海洋文化浸润等因素，让横河人很早就有走出去闯荡世界的意识，并成为重要的精神基因。改革开放以后，横河能成为远近闻名的建筑专业村，正是以这种既勤劳吃苦又敦厚聪慧且具有走出去闯荡世界的意识为支撑的。

中华人民共和国成立以来，虽然经历了三年困难时期和十年"文化大革命"浩劫，横河李氏一族也都艰难地挺了过来。直至改革开放，政策放开，沥东横河村的李氏族人们，从政的从政，经商的经商，更有一帮原本从事泥瓦匠工作的手工艺人们，开始走出家门，四处揽活，在杭州、上海、宁波，乃至更远的地方，用一把泥刀和一床铺盖卷，吃苦耐劳，铆足劲头开拓着各自的事业。从原先只为养家糊口到后来逐渐开辟自己的小天地，这些外出打工的李氏子孙最终用自己勤劳的双手积攒下一份份富足的家业，使横河村成为上虞较早富裕起来的村落。

作为李氏子孙，我亦有幸遇到了党的好政策，使我能像村里其他建筑能人一样，通过数十年打拼，最终创出了自己的一番事业。在党和政府的领导下，特别是从党的十八大以来，在以习近平同志为核心的党中央坚强领导下，我国进入了社会主义新时代，国家富强，民族振兴，人民幸福，中华民族的伟大复兴已指日可待。我相信，我们国家，我们沥东横河李氏一族今后的日子必将越过越好。

出生"朝北屋"

　　我于 1944 年 11 月 23 日出生于原上虞县沥东乡横河村（现燎原自然村，并入华东村）的一户农民家庭。当时，我们家位于全村最东面，全部住所由三间高平屋组成。此屋相传是我太祖父那一辈建造的，然后传到了我这一代，直到我结婚，都住在这所房子里。后来我参加工作，才慢慢改善了居住环境。由于房屋大门朝北，当时村里人都称之为"朝北屋"，即使现在，人们一说起"朝北屋"，就知道指的是我家了。那时候在横河村，"朝北屋"可谓小有名气。

1986 年建造的老宅，为"朝北屋"原址翻建

在中华人民共和国成立前后，我们家也算得上殷实之家。自农耕时期，家中除了耕牛外，用于农业生产的工具可以说是一应俱全。有打谷用的稻桶、砻米用的谷砻，还有水车、风车、石磨，甚至还有一艘木制的农用船，用于农业运输和其他各类用途。农业合作社和生产队时，许多工具都交了公。后因家中劳力少、吃口多，每年入不敷出，再加上母亲罹患肺结核病而过早离世，家道也就开始衰落了。

我的祖父李鹤钿，年高德劭，有鹤的品格。祖母沈阿花，娘家在崧厦港口村，在她的那个时代，一直是村里起得最早，最为勤劳善良的妇女典范。印象中的祖母有着高高的个子，却裹着一双小脚，一辈子操持着家务。在我五岁那年，祖母不幸得了伤寒病，没过多久便去世了，去世时年仅五十六岁。祖母在世时十分喜欢我，只是当时年幼，很多关于祖母的事情已然无法追忆，但我十分怀念她。

我的祖父母，生有三子一女。长子李杏新，即我的父亲；二子李杏川，英年早逝；三子李林昌，即我的小叔；一女李巧珍。父亲娶妻陈阿雅，也就是我的母亲。作为老实本分的农民，父母从未走出过上虞，但我的巧珍姑妈和小叔，却先后离开上虞，并在上海安家落户。

听父亲讲过，我的二叔长得一表人才，小时候读过书，有文化。有一年，他被国民党抓了壮丁，就关在保长家。新中国成立前，缘于国民党的统治不得人心，内部十分腐败，老百姓不愿给国民党当兵做炮灰。当时民间流传着这样一句话"好铁不打钉，好男不当兵"，这个"兵"就是指国民党的兵了。二叔被抓后，全家人心急如焚，想方设法，用两石大米把他赎了出来。二叔出来后，脸色异常苍白，竟至卧病在床，旋即吐血不止。一个年富力强，当年便要娶妻成家的精壮小伙，就这样一命归天了。二叔的离世给全家带来了无比沉痛的伤悼。

我母亲的娘家在原沥东乡朱邵村高田头。母亲有三个弟弟、两个妹妹，即我的三个舅舅和两个姨妈。其中一个姨妈是嫁到了杭州的陈其仙姨妈，在我参加工作后，经常来工地看望我。在我母亲去世后，她给了我较多母爱的温暖，是我一生需要感激的人。

到了我这一辈，人员相对多一点。我的父母共育有三儿三女，我是家中长子，另外还有二弟李银奎、小弟李金龙、大妹李春兰、二妹李忠芬（自小过继给他人）、小妹李夏兰。可是我的大妹李春兰已于1998年过早地离世了，去世时年仅五十一岁，想来颇令人惋惜和伤感。因为我和春兰的兄妹之情特别深厚，她的离世，让我不知暗暗流了多少泪。

我的母亲确实可以称得上是一位贤妻良母好儿媳，她对祖父相当孝顺。每天一大早，都会烧好一壶热腾腾的开水，再泡上一杯茶，供祖父起床后享用。1961年，正值三年困难时期的最后一年，村里人皆以草根树皮为食，我的母亲也要千方百计搞来粮食给我祖父吃。每次吃饭，她总把最好的留给祖父，剩下的就是"瓜菜代"了。在孝敬长辈这件事上，我从母亲身上看到了很多，也学到了很多。

在我的印象中，母亲一生操持、一生劳累，每天都起五更，睡半夜，不分昼夜地劳作、劳作、劳作。白天干完生产队的活，回家还要忙活家务，照料五个子女，喂养家里的羊和猪。夜深了，还要在昏暗的煤油灯下为我们五兄妹缝制布鞋和衣物。她就这样一年四季，操持着，忙碌着，努力维持着这个家庭，直到最终累垮了身体。

母亲有一米七左右的个子，在女性当中算是比较拔萃的了。个子高挑，手勤脚快，干活麻利，邻里关系和睦，这是母亲在我脑海中永存的印象。尽管家中较为穷困，她自己穿的衣服缝了又缝补了又补，可总是尽量给儿女们置办点新衣服穿穿。记得我就读初中时，国家仍然处于困难时期，当时走读，每天都要带一顿中饭，在别人家的孩子皆以薄粥为食的情况下，母亲却总是想方设法给我搞点米饭。她就是这样精心呵护着自己的孩子们的。

我父亲年轻时性格相当暴躁，而小孩子又比较贪玩，所以他经常要责罚我们。每当此时，母亲总是护犊心切，不忍我们受罚挨打，频频保护我们，使我们能免受父亲过分的体罚。

记得初一那年的暑假，吃了午饭犯困，我就躺到床上去了，睡着了没有下地干活，不料正好被父亲看到，他顿时火冒三丈，随手拿起一根棍子，照准我的脚面就是一棍，我的脚上顿时像馒头一样肿了起来。父亲的意思，当时正值农忙，大家都在地里干活，我居然敢大白天躺在床上睡觉，令他大为光火。

我挨打之后，母亲自然心疼，一边流着泪水，一边轻抚我脚上的伤处。听着我撕心裂肺的喊叫，母亲就跟父亲急，责怪父亲下手太重。这么多年过去了，当时的情景仍然历历在目，母亲的泪水，以及各种往事都一一浮现在眼前，尤使我感受到母爱的伟大，以及对母亲的深深怀念。后来我也体会到了父亲的心情，小时候兄弟姐妹多，又都不懂事，全家都得靠父亲一人操持，脾气难免粗暴。当时的那个家，也真是难为父亲了。母亲怪父亲，是出于母爱，受罚的子女如果要怪，那就只能怪一个字：穷！

母亲还总是把食物省下来给我们吃，哪怕自己穿得再单薄、再破旧，也要想方设法让我们穿暖和了。不管白天黑夜，只要稍有空闲，就要为我们几个孩子的穿衣问题忙活起来。五个孩子的衣服，也够她忙了。小孩子一天天在长大，稍过些日子，本来能穿的衣服，眼看着就穿不着了。于是，一套衣服，基本上是兄弟姐妹们轮流着穿，穿破了打个补丁继续穿。穿到后来，补丁越来越多，衣服越穿越厚。

在三年困难时期，母亲不仅挑起了家庭重担，而且还能抽身照顾邻里，这让人难以想象其中的艰辛。现在我才知道，母亲曾经为父亲的几个小堂侄李坤祥、李荣祥和李柏祥三兄弟提供过帮助。当时他们家的日子比我们家还要艰苦——父母常年在外做工，三兄弟年龄尚小，在家无人照顾，经常是吃了上顿没下顿。母亲知道后，总是时不时地拿点咸菜和粮食给他们，使他们能够度过饥荒，度过这艰难的岁月。到现在，李柏祥三兄弟在我面前还经常提起我母亲的好，可见好人总是受人怀念。

因为穷，且受长辈们的教化和濡染，自小，我便养成了一种不怕苦、不怕难，自力更生的执着个性。

记得读小学四年级的时候，因为交不起八毛钱的学费，由我牵头，想出了一个自筹学费的主意。当时我鼓动了全班五六个同学，准备在村东北一条名为窑沥底的溇底河道上筑坝，用人力水车抽干河道中的水，把河中的鱼鳖捉来卖钱交学费。

五六个十二三岁的孩子，把生产队藏在库房里的水车拆下来，化整为零，搬到河道边。拆下来容易，重新组装就麻烦了。水车零部件又长又大，一群小孩子根本驾驭不了，花了很长时间都没能组装起来。最终还是请了一个同伴的爷爷出马，指导我们将水车部件一一拼装起来。

组装安置好后，我带领几个小伙伴们立马下到水车踏板上，一齐踩动踏板，随着水车轮子的转动，水被一桶桶排到坝外。小伙伴们高兴得蹦啊跳啊，仿佛那水马上便会被抽干，那鱼马上就能被捕获。

溇底有点长，光用一辆水车抽水，水下去的速度就有点慢。大家轮流着踩了两天一夜，才终于将水抽干。水抽干后我们发现，整个水塘里哪有一条鱼呀，连个鱼尾巴都没有！

这是怎么回事？原先还在水中活蹦乱跳的鱼都跑哪里去了？小伙伴们一个个挠着后脑勺，百思不得其解。后来才知道，这是村里的大人们干的"好事"。他们趁我们抽水疲乏了，回家休息的那段时间里，趁着水浅，下到塘里，把鱼都偷走了，连条鱼尾巴都没给我们剩下。

此事一下子成了全村人的笑柄，后来村里还有几个大人为我们偷偷搬出库房的水车来训斥我们，还将此事告到了学校老师那里。但是在学校，我们不仅没受到老师的责罚，反而受到了表扬。老师表扬我们这种靠自己的双手获取劳动成果的精神——虽然没有成果，但精神难能可贵。现在，在村里一同干过这件蠢事的六七个小伙伴中，除我以外，还有两名尚在人世，也算是一同过来的老伙计了。

后来我一想起此事，就觉得光有自力更生、吃苦耐劳的精神还不够。凡事看结果，定了计划，费了精力，结果却一无所获的事情也干不得。为保障胜利果实，还需提防外来力量的侵入，防范潜在危机蚕食我们即将到手的"蛋糕"，不能让人家抢先摘了"桃子"去。但那时我们还太小，不懂这个道理，吃亏也就在所难免了。

每个人都有成长的烦恼，能在古稀之年回忆儿时往事，倒是感觉十分美好。

祖父是个"文化人"

祖父肖像

我的祖父，是当时村里唯一的文化人，村里人卖地、分家、办红白喜事、立契约、写请柬等，都要请他代笔，因此他在村里有着较高的威望。尤其在本房族中，更有着极高的权威，属于村里"长老"和"先生"一类的人物。

作为文化人，祖父为人谦逊随和，从不粗口相向，每遇村里人家发生家庭矛盾和邻里纠纷，他都会出面帮人调停。一来大家都给他面子；二来他调解纠纷时总是循循善诱，摆事实讲道理，因此能很快平息争端，让矛盾双方心服口服，握手言和。因此，我观祖父亦有皋陶公的遗风，只不过相助于皋陶公的"神兽"是獬豸，而祖父的"神兽"，仅是一个"理"字。

祖父对我的影响和教育极深。童年、少年时得到他老人家的教化，让我终生受益匪浅，使我最终事业有成，攒下一份不大不小的家业，并让后辈得以传承。而我的父亲作为朴实而勤恳的农民，敏于事而讷于言，只知辛勤劳作而言语不多，也没有祖父那样的文化底蕴，所以我受父亲的教育就比较少，主要还是受祖父的熏陶。这尤使我怀念我的祖父，并让我时时以他老人家为楷模。当我自己也成为父亲和祖父、曾祖父时，也能时时教育自己的儿孙，使他们将来也成为对社会有所贡献，并能光大李家门楣的栋梁之才。

因此，在自己回忆录的肇端，首先要对李氏后人有所谆嘱，有所告诫：凡我李氏子孙，皆应洞晓祖辈创业艰难，先辈困顿经历；前人筚路蓝缕，以启山林，创业不易，后世子孙须勤勉于事，使李氏基业代代相传；不仅广业有成，子孙繁衍，且须一代更比一代强！

打小，祖父就给我灌输做人的道理，并给我启蒙，给我讲授中华传统文化。他还让我领悟到学习的重要性。祖父告诉我：在这个世界上，要受人尊敬，首先要写好一个"人"字，要磨砺出一种高尚的人格，包括一言一行、一举一动，都要合乎礼仪。他让我从坐姿、站姿学起，然后到走路、吃饭，都对我提出了要求。祖父告诫我：吃饭就是吃饭，不能端着饭碗去串门，要端端正正地坐着吃；饭桌上有长辈时，要让长辈先动筷，然后才可以吃；吃完后，碗中不能剩一粒米饭。祖父还告诫我：坐，不能跷二郎腿，要端正身体，挺直腰板，不能驼着个背而左顾右盼，摇头晃脑；走，要迈开大步，不能娘娘腔如小脚女人走路。总之，要站如松、坐如钟、行如风，走有走相、坐有坐相、吃有吃相。

在我的记忆中，祖父有着一米七六左右的个子。因为生长在农村，作为农民，不管他老人家文化水平有多高，还是要像其他村里人一样下地干活。由于经常下地劳作，祖父有着一副结实的身板和健康的体魄。又因天天在日头下晒，祖父的肤色变得黝黑。特别是夏天，祖父光着膀子劳作在田间地头，那古铜色的脊背给我留下了深深的印象。

记得我还是小孩子的时候，正值全国大办人民公社，后又遭遇三年困难时期，我们的生活条件变得异常艰苦，经常食"粥"度日。所谓的"粥"，其实也是以菜居多，粮食只能做个点缀，稍稍掺一点，这就是我们平常俗称的"瓜菜代"了。但家中若有客人来访，则必定以米饭款待，自己则吃那没有多少饭粒的菜粥。祖父告诉我：这就是待客之道，待人之理。

祖父对我的影响和教育，至今印象较深的，是我读小学一年级时，看到别的小孩在吃糖果，自己也想吃。于是趁祖父不在的时候，偷偷溜进他的房间，在他柜子的抽屉里拿了一毛钱，结果被祖父发现了。祖父没有打我，也没有骂我，而是让我跪在厨房的灶王爷神像前"面神思过"，要我自己下决心"痛改前非"，并对着灶王爷的神像发誓"今后决不再犯"。

我在厨房跪了很长时间，直到祖父再次出现。我记得祖父当时语重心长地教育我：每个人都应该自食其力，不能不劳而获，更不能偷拿大人甚至别人的钱物。这件事情至今还铭刻在我心里，并对我以后的成长和事业的开拓起到了直接影响。

自小，祖父便非常喜欢我，因为我是他的长房长孙。他常带我出去参加各种集会，哪怕是和同村的几个老友相聚，他也要带上我。现在想起来，他老人家并不是让我能吃点喝点，而是让我能多学一点知识，多长一份见识，尽快增加自己的社会阅历。因此，我自小便比较懂事：吃饭的时候，从不在长辈们开筷前先开动；给长辈们盛饭、添饭，饭后收拾碗碟等，都是我很小就开始做的事情。祖父跟我说过，长辈在场的时候，不能在边上傻傻地站着坐着看着，要心眼活络、手脚勤快，主动给长辈们端茶倒水以示尊敬，这个习惯必须要养成。

祖父喜欢喝点酒，但他的酒量并不是很好。我们家的生活还不是非常困顿时，家里每年都要酿一大缸米酒，也就是俗称的"老白酒"，他老人家每餐都会喝一点。一大缸酒镇在那里，酒香扑鼻。我就学祖父的样子，拿来勺子，想到酒缸里舀一点尝尝。人小够不着，就拿个小凳，站在小凳上舀酒喝，喝一口，甜甜的酸酸的，就再喝一口。喝着喝着，一小勺就见底。祖父看到了也不骂我，还笑着跟我说，男子汉大丈夫，练点酒量也是好的，只是别掉进酒缸里了。喝了酒的我脸色变得红润，感觉自己真的已经长成了男子汉。长成了男子汉的我要做些什么事呢？昏沉的小脑袋中仿佛有一个计划：我要担起家庭的重任，要让全家过上好日子！

等我再长大一些，祖父就带我出门会客了。饭桌上有酒，他总是倒给我喝，还带点自豪地对亲友们讲："我酒量不高，但今天却带了一只'小驳船'，撑在我边上。"这"小驳船"，指的就是我了。祖父倒给我的酒，都被我喝掉了。现在回想起来，我的酒量稍稍超出常人，都是小时候跟祖父一道会客时扎下的根基。

祖父喜欢抽烟，但抽得也不凶。当时还没有卷烟，抽的都是水烟和旱烟，后来有了卷烟，也是没有过滤嘴的。我记得祖父最喜欢抽的，是杭州宓大昌的烟丝，在我第一次出门到杭州干活时，抽空从河坊街买回来几包宓大昌的烟丝给他抽，可把他老人家乐坏了。

祖父还有午睡的习惯，一年四季雷打不动。即使在生产队的时候，他也要到下午两点左右才会下地干活。我那在上海成家的巧珍姑妈，婚后日子过得还可以，按月都会给乡下的祖父汇来十元、十五元不等的生活费，而当时的十五元，购买力等同于当下的五千元。因此，祖父在农村的日子也算过得闲适，一如他尊讳中的"鹤"字，闲云野鹤，怡然自得，采菊东篱，悠然南山，得其乐哉。他老人家在当时也算得上高寿了，他去世的那一年是 1975 年，享年八十一岁。长寿的原因，除了生命在于运动外，每天午睡也是一个重要因素，可见祖父是一个比较懂得养生的人。我在年事渐长以后，每天午后都要小憩一两个小时，也是从祖父那里学来的。希望自己能活得更长久，看着我们的企业和自己的子孙一代代繁衍昌盛。

"朝东台门"——外婆的澎湖湾

　　我的外婆家，在原沥东乡朱邵村高田头的"朝东台门"，也即现在的沥东街附近。在我老家横河村向南不到两公里的地方，小孩步行大概二十分钟便可到达，因此离我的距离其实是很近的。朱邵村高田头的人们说起"朝东台门"，也像横河村人说起"朝北屋"一样，一提便知。进入台门后，有一个天井，过了天井，就有几户人家，我外婆家就是这几户人家中的一户。屋是老式的楼屋，走在楼上，木质的楼板会"嘎嘎"作响，人走在上面感觉随时会掉下去，通过楼板缝隙有时能看到楼下。不管怎么样，小时候的外婆家，条件似乎还不错。

"朝东台门"外婆家老房子

　　我的外公，一生娶过两任妻子。我现在所写的外婆，是外公的第二任妻子，其实并不是我的亲外婆。外公的第一任妻子，即我的亲外婆已去世多年。因此，我对自己的亲外婆没有一丁点印象，不知道亲外婆是怎样一个人；而且，小时候，我一直认为，现在的外婆就是我的亲外婆，因为她对我真的很好，她慈祥的音容笑貌永存在我的脑海中。

　　据当时的长辈们讲起，我外公娶第二任妻子的时间，与我父母结婚的时间只相隔几年，因此，我妈与我第二任外婆在年龄上也只相差大约十岁光景。虽然不是亲外婆，但这位外婆对我却比亲外婆还要亲。

　　小时候，每次去外婆家，外婆总是嘘寒问暖，又亲又抱，对我非常亲昵。后来再长大一些，只要我去，外婆一看到我，每次都会亲切地迎上来，口里念叨着："我们的横河大外孙来了！"而这也是一直以来，外婆在我脑海中的印象。打我记事起，只要哪里播放《外婆的澎湖湾》这首歌，就会想起外婆对我的种种好，我的心头就会一片温暖，久久地沉浸在外婆的温情中。即使到了现在，仍然如此。

　　"晚风轻拂澎湖湾，白浪逐沙滩……"沥东朱邵高田头，就是我幼时的"澎湖湾"。

　　小时候每逢过年，正月里我都会到外婆家住上几天。在外婆家的日子里，我总会与友林舅舅吵架。当时，我五六岁光景，友林舅舅仅比我大两岁，是我现在的外婆和外公的孩子。我们一吵架，外公外婆总是向着我，哪怕是我的错，他们也照例会向着我而责怪友林舅舅。友林舅舅每次都气鼓鼓的，没处发泄，而我则在一旁幸灾乐祸地冲他扮鬼脸。对我，他是一点办法都没有，因为我是外公外婆的"重点保护对象"。因此，不管白天去外面玩耍，还是晚上睡觉找床铺，我总要占他一点便宜。对于食物，我一定要比舅舅多占一份；睡的床铺，一定要我先挑好，我挑剩的床铺，才能轮到他来睡。

　　夏天的晚上，我睡在外婆家放在室外的板桌上乘凉。友林舅舅看到了，也想爬到桌上来，我不让，于是两人又吵起来。外婆看到了，会马上过来帮我，把友林舅舅臭骂一顿。友林舅舅没有办法，只好灰心丧气地在板桌旁找个小板凳坐着，看着自己神气活现的"大外甥"兀自一人占着一整张板桌，有时候还"耀武扬威"地滚动几下身体，以宣示"地盘"。这还惹得自己的母亲一看到，就担心她大外孙从桌子上掉落，因而马上过来劝诫："金奎啊，不要滚来滚去，小心从桌子上掉下来！"

　　记得有一年正月，有两路亲戚同时到外婆家拜年。除了我家这一路由我妈带着我以外，还有崧厦下洋村的一户亲戚，是爸爸带着一个女儿，我至今仍然记得那小女孩的名字叫阿花。

那天下午吃点心，每人一碗汤水年糕，就是在年糕中放点菜。我发现自己的那碗年糕油光光的，把年糕翻起来一看，碗底还捂着一大块红烧肉，怪不得汤水中油光四溢。当时年龄小不懂事，一边吃着，一边还炫耀着自己碗里的红烧肉。外婆听到了，笑眯眯地走过来，让我不要声张。后来我想了想，应该是别人都没有享受到红烧肉，外婆才叫我不要说出来。那时候的肉也是比较贵的，难得能够吃一回。

吃完晚饭，我们要回家了。外婆悄悄把我叫到楼上，往我的袜子里塞了两毛钱的压岁钱，并且嘱咐我不要告诉别人。因此我又估计，当时来拜年的另外一个小女孩阿花应该没有得到压岁钱。至今想来，外婆对我的关爱，真的非同一般。

还有一次，我在朱邵高田头附近玩，顺便去了趟外婆家。要回家时，下起了雨，外婆一定要我把两双小雨鞋带回家，好给弟弟妹妹们穿。我说不要，我当时想，外婆家里的人也要穿的。我外公有气管炎，他看到我不要小雨鞋，就在旁边一个劲地喊："拿去，拿去……"一边说着，一边气都喘不过来了。其他人看到了，就跟我说："你再不拿去，你外公就要一命呜呼了，你还是快拿去吧！"我只好把这两双小雨鞋拿回了家。

我的父母对外公外婆也是比较孝顺的。小时候每逢过节，我父母总会买一些东西，让我带到外婆家。端午节到了，父母会买几条鲻鱼或黄鱼，自己舍不得吃，装在篮子里，让我拎到外婆家，去给外公外婆尝个鲜。

小时候，在虞北一带，每逢哪里有做戏文搭台唱戏的，这个地方必定会像过节一样闹猛起来。当地人会提前邀请自己的亲戚们前来本地看戏，并且会款待一顿在当时可以算作丰盛的晚餐，俗称"吃戏文夜饭"。

有一次，赶上铮头庙做戏文唱绍剧，而铮头庙正好在外婆家附近，于是外婆家一大早就让人来邀请我们去"吃戏文夜饭"。

当天傍晚，由祖父带着我，祖孙二人来到我外婆家，外婆早已为我们准备好了丰盛的"戏文夜饭"。我记得这是我祖父唯一一次去外婆家做客。

那时候正是初夏时节，有亲戚来吃"戏文夜饭"的人家都会早早地把桌椅板凳放到屋外场地上，等待亲戚们的到来，然后把好酒好菜拿出来，热情地款待客人。当时家家都没有电灯，因此夏天都会到屋外吃晚饭，既凉爽又热闹。没有亲戚来吃"戏文夜饭"的人家，看上去就显得没什么人气，因而那时候凡是哪里做戏文，当地人们都喜欢邀请亲戚来自己家吃"戏文夜饭"，这是我们虞北地区一种好客的习俗。

吃罢"戏文夜饭"，这才切入当天晚上真正的主题——看戏。看戏是很热闹的事情，大家扛着椅子凳子来到目的地，戏场上早已是人山人海，人声鼎沸。

我们小孩子最喜欢这样的热闹场景了，不停地在人群当中穿梭，还好那时候没有人贩子，不然准会被拐走几个。散场时又是大群人流，扛着自家的椅子凳子，朝着不同的方向，分成几股，一边款缓地往家赶，一边还意犹未尽地谈论着戏文中的情节。而最吸引小孩的，则是戏场旁贩卖的各类吃食：甘蔗、荸荠串、炸油条、臭豆腐等。在这样的特殊场合，大人们总会给小孩子们买点尝尝，若是不给买，小孩子们也会照例撒娇吵闹，惹得大人没奈何，又不想在人群中丢脸，只好乖乖掏钱买下一点。那晚我跟祖父一同去的铮头庙戏场如今还在，只不过原先是庙，后来改成了镇政府办公场所。

后来我结婚举办婚礼，一大早，外婆就过来帮忙。因为我母亲的过早离世，她是代替我母亲来帮我操持婚礼的。虽然我的婚礼非常简单，只办了两三桌酒席，叫了一些亲朋好友，而且当时正值"文化大革命"初期，农村人家连个电灯都没有，举办婚礼只能点几支蜡烛，也没什么丰盛的饭菜。婚礼虽然简单，但外婆却替我操办得很好。

我在成年后参加工作，常年在外打工，慢慢开拓自己的事业，逐渐在村里有了些名望。外婆是看在眼里，喜在心里，对我也就更加看重，从此不再拿我当小孩子看。家里有什么事情也总会与我商量，让我给拿拿主意。

我自己有了能力，有了收入后，只要回乡，总会去高田头看望外婆。每次去看望她老人家，总会往她口袋里塞几张钞票，从几十块到后来的几百块。虽然那时候比起现在，仍然比较艰苦，但是每次我都会这样做。特别是逢年过节，我去看望外婆都已经成了习惯。而外婆也总是在村里到处宣扬：她的横河大外孙又来看望过她了，又给了她多少多少钱。我知道后，叫她不要讲，但她总是不听，仍然到处跟别人讲我怎么孝敬她。

有几次我去看望她，大老远就有人向她去报告了："你家横河大外孙来了！"老人家一听，顿时喜上眉梢，"腾腾腾"就往家里赶，旁边还有几个跟外婆年龄相仿的老太太也跟着来凑热闹，到外婆家来看我这个"横河大外孙"，搞得我都不好意思起来。

外婆去世后，我在她的灵堂前陪了她整整一晚。当时，外婆的几个子女合起来花钱请人给她做了一场道场——这是我们这里的风俗，人死后要做道场，就是请几个道士来做法事。我跟他们说，我要单独给外婆做一场道场，两场道场连着做。这也算是我对外婆的最后一点孝敬和报答吧。

我有三个儿子，老大李伟，老二李标，老幺李斌。机缘凑巧，李斌的妻子陈莉萍的娘家就是朱邵高田头的，因此，李斌的儿子，也就是我的第二个孙子李柯熠的外婆家也在高田头。沥东乡朱邵村高田头，现在已经成了我们李家的第三代外婆家了，这也算是一种缘份吧。

在外婆的几个子女中，除了嫁到杭州的陈其仙姨妈外，还有我舅舅友林和五四，这些都是我母亲同父异母的弟妹们。而我那没有一点印象的第一任外婆所生的，除了我母亲外，还有一个大姨妈，我管她叫大阿伯，她后来嫁到了三联乡港口村。

小时候，除了去外婆家以外，我也经常到大姨妈家去玩。特别是上初中的时候，因为我就读的学校离她家比较近，所以基本上每星期都会去一次。

当时，农村人家普遍比较艰苦，而我大姨妈家则更加困顿，因为整个家只有半间房子。过了好多年，才买了一间楼屋。在半间房子之外，他们把土灶搭在屋子对面的柴间里，这个柴间比现在的工棚还要简陋得多。每逢下雨，柴间里就成了"外面下大雨，里面下小雨"，雨水哗啦啦一古脑儿往里涌，根本下不了脚，也做不了饭了。

我的大姨父，我管他叫二爹，二爹和大阿伯虽然自己日子过得相当艰苦，但只要我去他们家，他们总会把好吃的留给我，对我也相当关心爱护。我母亲去世那一年，正逢大阿伯做产在床，不便走动，因此不能前来参加我母亲的丧礼。我从外地回来奔丧的第三天（实际上我也没赶上母亲的丧礼），就到港口村去看望大阿伯。

我进门叫了声"大阿伯"，大姨妈当时正在楼上躺着，一听到我的声音，立即痛哭流涕，一边哭，一边说："金奎，你回来了啊！"听到姨妈的哭声，我也一边哭着，一边走上楼去。当时在我心里，感觉到自己的娘亲没有了，好像姨妈就是自己的娘亲了。想到这里，哭得就更加辛酸了。

到了姨妈的床头，姨妈艰难地坐起身，一把抱住我，一边痛哭她那苦命的亲姐姐，一边安慰我，开解我。后来，我二爹从外面回来，看到我来了，内心也是十分伤感，匆匆地做了一些饭菜给我吃，还跟我说着种种开解的话。二爹说："金奎，你娘没了，你也要苦了，弟弟妹妹们要照顾好。"然后大家噙着眼泪吃完了那顿饭，记得姨妈当时还让我带了一些粮食回家。

我的大姨妈也是个苦命人，整天为家里操持着，辛劳着，因而一直十分消瘦，身体也很弱。而二爹也没什么能耐，只是一个老实人，在村里自然没什么名望。后来我去外面搞建筑，在沥东乡和横河村开始崭露头角。逢年过节，我骑着自行车到姨妈家里去做客，他们村里的人看到后，全都是羡慕的眼光。

说起来，我还是全县最早拥有自行车的那拨人之一。当时能拥有一辆自行车是非常值得骄傲的事情，全县加起来也没有几辆，它就像现在的劳斯莱斯一样稀奇而珍贵。姨妈家也因为有了我这样一位小有名声的横河大外甥，开始在村民邻居面前直起了腰板。

多年后，姨妈家又在楼屋边上造了一间房子，这房子就是我帮他们建造起来的。不过我也只是在他们造那间房子时出了点力，而他们却一直比较感恩，且时常跟村里人讲："这个房子是靠我们的横河大外甥出力才造起来的。"这话倒是真的，那时候，我给姨妈家建房子，有些建筑材料如檩条、椽子什么的，都没向他们要钱；包括人工和各种劳力，都是我叫来自己的徒弟和朋友们一起来帮忙，工钱一律免除。

人与人之间的缘分真的很奇妙，现在我们舜江七公司的陈军华老总，他的丈人家也是港口村的。后来才知道，军华的老丈人，原来竟是我姨父的亲弟弟，只不过这两兄弟住得比较远。平时，我跟军华的老丈人碰上了，总要聊聊天拉拉家常，一起回忆当年港口村的一些人与事。军华的老丈人讲到我时，居然还能记忆犹新地把我骑着自行车，风风光光地到港口村看望姨妈姨父的事情说道一通。

这就是儿时我在外婆家，以及港口姨妈家的一些回忆，点点滴滴，历历在目。我的童年和少年时期虽然过得艰苦，但至少还有外公外婆，以及两位姨妈、两位姨父的护佑，让我平安无忧地度过那些艰难的岁月。我的外公外婆，以及两位姨妈、两位姨父，都是值得我感恩的人。他们的容颜一直印在我的脑海中。

人生第一套小洋装

十岁那年，我已经在村里的横河庵小学读了两年书。这一年的寒假到来了，小孩子们全部放假，可以在家里痛快玩耍。天气一天比一天寒冷，有时候也会下一两场雪——告诉我们，春节快要到来了。

大人们开始置办年货，囤积过节用的吃穿用度，包括糖果、糕点等食品，以及走访亲戚用的"包头"（用黄草纸包起来的礼包）。小孩子们看着家里逐渐多起来的一些物品，眼馋，想看，也更想吃。但是不被允许，大人们告诫：这些东西，都得到了除夕和春节时才能拿出来吃，拿出来用。所以大人总是把这些东西或高高挂起，或深深藏匿，尽量不让小孩子们看到、拿到，但也阻挡不了小孩子们好奇的天性，于是总会趁着大人不在的时候翻箱倒柜一番。找到后，就用"一指禅"功夫在纸包底部戳个洞，偷偷拿出几颗解解馋，然后再把现场还原。等大人们发现时，这一包收藏起来的东西已然瘪下去一大截。毕竟马上就要过年，大人们只能稍稍教育一下孩子们。趁着过节还有几天时间，再把包里的东西补齐全了，然后换个地方继续收藏。

这一年的寒假春节前，我和别人家的小孩一样，趁着父母不在家，在家里的柜子里翻看了一下，没有找到吃的，却发现衣柜里多了一块白色的官布。母亲回家后，我把这块布从衣柜里拿了出来。母亲当时正在灶间烧火做饭，我就去问她："妈，这块布是干什么用的呀？"我当时早就测量过了，这块布不大，肯定做不了大人的一件衣服，但做小孩子的一套衣服却足够了，因此我就有了一个猜测：难道这块布是给我做新衣服的？

母亲大抵知道了我的想法，但她马上嘱咐我把布放回衣柜，因为灶间烟熏火燎的，担心我把白色的官布弄脏了。

母亲"嘿嘿"一笑，又往灶仓里添上一捧柴。母亲说："小鬼头，你可真会找！这块布，就是给你做新衣服的呀！"

我跟母亲说："白色的，我不喜欢！"

母亲笑着道："小傻子，还没染色呢！"

原来做衣服还要染色，我第一次知道。但我也终于确定，这块布，真的是给我做新衣服的。小心脏"怦怦"跳，内心蛮兴奋的。

第二天，村里就来了沿路吆喝的染布小贩，母亲把他叫住了，让他在门口等一下，然后进屋把那块白色官布拿出来交给了他。那一天，染布小贩还收走了村里其他各户的白布。当时，由于这种白色的官布比较便宜，又十分耐用，村里人想做新衣服就买这样的布，然后交给染布坊染成自己想要的颜色，再请裁缝做成衣服。

再次见到这块布时，布已经被染成了蓝色，那是一种比天空还要深厚的蓝色，有点近乎于藏青。拿到了布，母亲对我说："金奎，我们明天早上去沥海镇上做衣服，今天晚上早点睡哦！"我问母亲："爹爹去吗？"母亲说去的。

晚上，我兴奋得没有睡好，听到了村子里敲梆的声音，声音由远及近，由近至远。我的思绪也被它带走了，远远地飘到了沥海的街上，看到了裁缝师傅正在制作我的过节新衣，我那笔挺畅亮的蓝色小洋装在我眼前飞舞着、飘荡着，仿佛挂在晾衣绳上迎风招展。

当我终于把衣服抓到手里，准备试穿一下的时候，耳边传来了父亲母亲的声音："金奎，起床了，我们要出发了！"我迷糊地睁开眼，看到母亲手里拿着的仍然是那块蓝布，才知道刚才只是做了一个梦。

匆匆起了床，吃罢早饭，父亲母亲带着我一起往沥海镇上走去。起初，母亲牵着我的手一起赶路，走着走着，我便挣脱了母亲，像一匹脱缰的野马一样，蹦蹦跳跳地，跑到父母的前头去了。身后是母亲的呼喊："金奎，你慢点！"我又腾腾腾跑回去，和父母并排走。

到了沥海镇上，父母带着我走进一家开着橱窗的裁缝铺。铺子里有一台缝纫机，裁缝师傅戴着袖套，系着围裙，正坐着踩踏着缝纫机。小小的店里，尽是那些有待加工的布匹和半成品，以及成品。成品被放置于橱窗前，供路人观赏。

裁缝师傅停下了手头的活计，一边接过蓝色官布，一边听着父母的描述。最后，裁缝师傅点点头："你们是想给儿子做一套小洋装吧？来来来，过来让我先量量尺寸。"

裁缝师傅一手伸进围裙口袋，从口袋里拿出皮尺，然后冲我招招手，示意我过去。我向前几步后，他马上用皮尺在我身上丈量开了。从肩宽到腿长、臂长，每量好一个部位，他就用粉笔记到蓝布上。我觉得很有意思，一边听着裁缝师傅指挥，一边开心地咧着嘴冲母亲笑，脸上洋溢着十二分的幸福。

裁缝师傅一边量一边讲："来，把手伸直……来，转个身……不要动。"还没等他说完，我就照着他的吩咐去做了，于是裁缝师傅连连夸奖："好好好，真乖，过几天来拿衣服吧。"

当天，父母还带着我去了哪里，购置了一些什么节用的物品我已全然不记得了，心里只记着自己的新衣服。从沥海回到家，又是一路的蹦蹦跳跳。

回到家，晚上又是睡不着觉，想着衣服什么时候可以拿，什么时候可以穿，天天掰着手指数日子。几天以后，父亲又去了一趟沥海镇上，终于把我的新衣服拿回来了。我急忙把衣服从父亲手上抢过来，放在身上试。母亲说："金奎，你穿一下，看合不合身。"我马上把旧衣服脱下来，把这件新做的小洋装或者叫作学生装的衣服套在了身上，感觉非常合身，穿在身上热乎乎的，仿佛冬天也不再冷了。

试穿了以后，还要把新衣服脱下来放在衣柜里，等到了大年初一才能穿。在春节到来之前，这套衣服只能静静地躺在衣柜里，可以看，也可以摸，却还不能穿，把我急得心痒痒。

由于是土制方法染的布，这套小洋装闻起来有点臭臭的，散发着一股化工气味，但我一点都不嫌弃，这可是我人生当中的第一套小洋装呢！

春节终于到来了。大年初一，天蒙蒙亮，我就起床了，母亲早已将新衣放置在我的枕头边。晚上入睡前，我不知抚摸了它多少遍，这下终于可以穿上它了。

早上，一家人祭祀结束，吃了一些早点。我就穿着小洋装，在父母的指导下，生龙活虎地在屋门口跳上跳下，寓意快快长高长大。在母亲的陪同下，我们一大早便去了高田头外婆家，也将新衣服穿着给外公外婆和友林舅舅他们看看。

至今，我仍然清晰地记得这套小洋装散发出的那股怪怪的气味，居然还十分怀念这股难闻的臭味。在我心中，觉得这股味道，虽臭犹香。多少年来，只要看到有人穿着西服，我就会立即回忆起儿时的这套小洋装，并且立即感到温馨，变得多愁善感起来。我知道，与其说是在回忆这套小洋装，不如说是在怀念儿时的双亲和长辈们。

母亲后来告诉我，我人生的第一套小洋装，加上原材料，以及染布和制作的费用，大概八角钱左右。这套衣服虽然廉价，但在我心中却是珍贵无比，我穿了好长一段时间。

叔侄情深

记得小时候，我还在村里的横河庵小学读书时，祖父就经常教诲我，在学习上要以自己的小叔为榜样。在学校，小叔一直是全校和全村有名的学生干部和品学兼优的"三好学生"。他年少有志，学习刻苦，在学业上不断追求上进，几乎年年都能取得优异的成绩，因而成为全家的骄傲。20世纪50年代，正是国家困难时期，加上小叔自幼丧母等多种因素，使他萌生了要通过自身努力来改变命运的想法。于是，小叔在年少时毅然离开了"朝北屋"，投奔远在上海的姐姐和姐夫（我的巧珍姑妈家），并于1955年考上了第一机械工业部所属上海电器制造学校的工业企业自动化专业，该校后来更名为上海电机学院。四年后，小叔毕业并留校工作十二年，又先后在国有大型企业、上市公司、合资企业从事行政、党务、设备动力技术、智能化及市场经营等工作，其间在上海成家立业，开枝散叶。小叔的个人经历，为我们"朝北屋"增添了荣光，作为李家的后代，算是比较争气的了。对小叔，我一直较为尊敬，数十年来，我们叔侄之间关系亲密，非同一般，且互有往来。后来他还参与指导企业的发展，为壮大企业出谋划策，提出了许多宝贵的意见和建议，企业也在很多方面得到了他的鼎力支持。农村人讲"小阿叔大阿侄"，我们的这份叔侄关系，一直为家人和亲戚朋友、全村老少、有关领导及企业员工所称道。

当我十一二岁读小学三四年级的时候，小叔已经在上海电器制造学校求学了。虽然在沪，但小叔仍然十分关心我的学业，大概也希望我今后能走一条像他一样的求学路。当时没有电话，家人亲友间的联系，只能依靠书信。小叔在沪求学期间，几乎每隔一段时间，便会写上一封家书，寄给我的祖父。祖父看罢家书，也会立即回复一封，告知村里和家中的一些情况，以此来互通信息。

有一次，小叔在信中提出，由我给祖父代写回信，这样可锻炼一下我的写作能力。祖父看后，正中下怀，于是马上把我叫了去，拿出纸笔，他讲我写。

我第一次写信，没有经验，也不知道具体写法，祖父只是大概告知了一下，我便开始写了。这封信寄去后，小叔十分认真地看完，然后像语文老师一样，用红笔在信纸上批改起来，包括文字的书写、书信的写法及书信起笔与收尾、落款与日期等，他都一一提出了指导意见，要求我加以改进。第二封书信寄去后，他又列了多条修改意见，仍是红笔批注，随信一同寄来。这些意见，对我以后书写各类信件和报告，颇有补益。年深月久，这两封书信虽然早已不见，但小叔在信中用红笔批注的修改意见却是历历在目，每每思之，总是感到阵阵温馨。现在大家都尊称小叔为李老师，一来，他确实执过教，做过老师；二来，他个人也特别喜欢这一称谓，这个称谓十分符合他的气质。

十四岁那年，我小学毕业，至镇上的沥东民中就读初中。因路途相对较远，每天中饭都只能在学校吃，这就需要每天带饭到学校。那时候，很多学校都没有像样的食堂，但有给饭菜加热的锅灶，我们每天带的饭菜都会在锅灶里热一下再吃。当时，我那整日操劳的母亲尚在人世，她会为我专门烧一口米饭，让我带到学校里去吃。除了祖父吃的也是干的米饭外，家里其他人就只能喝粥度日。

那时候，能吃上一口干米饭，就算是补充营养了。不过，当我放学回家，晚上吃的仍然是稀的掺有瓜菜的薄粥。周末不上学，自然也没有米饭可以吃。因此，当时的我是十分期盼上学读书的，希望每天都是上学日。因为只要是上学日，就有一份干米饭可以吃，这是一个非常大的诱惑。

米饭有了，但那时的乡下还没有饭盒，只有一种用蒲草编织的饭包，我们农村人称之为蒲包，或冷饭包。我们虞北平原靠近海边，河网密布，而河岸边生长着的，尽是这些迎风飘曳的蒲草。农村人就地取材，把它取来晾干，然后压制成一些日用品，如蒲扇、草帽等，还用它编织成盛饭的饭包。编织好的饭包其状如帽，装饭前将饭包放在开水中浸泡一下，使之软化，装好饭后再扎好蒲包口，放到书包里就便于携带了。吃饭时把蒲包打开，把饭倒出来就可以吃了。这种蒲包，清洗干净后可以重复使用。

我就读初中后，祖父有一次去上海巧珍姑妈家。当时，小叔在沪求学快要毕业了。虽然住校，但每逢周末，都会回他姐姐家去。正好是一个周末，小叔在姐姐家与祖父团聚，听祖父讲，我已经在读初中了，中饭带的还是蒲包做的冷饭包，以及其他的一些话语云云。

说者无心，听者有意。大概小叔在虞求学时所带的，也是这种蒲包吧，因此对它印象深刻，觉得带着这种蒲包上学，吃饭极为不便。于是，在祖父返虞之前，小叔特地去上海的商店里买了一只铝制圆筒饭盒，让祖父带回来给我，作为我上初中求学的一个奖励。

没有经历过那个年代的人是无法想象的，20世纪五六十年代，新中国百废待兴，农村商品物资尤其匮乏，不用说铝制饭盒了，就连普通的生活用品如肥皂、火柴和蜡烛等，有时候都无法买到。那时候，农村没有一家商店，乡里公社杂货店里的商品也是寥寥无几，连集镇上百货商店的橱柜里，多数时候也只能放置一些非卖的样品。即使有货可售，除了火柴和一些针头线脑外，别的东西，一般农村人家也买不起。这种圆筒形铝制饭盒，即使有钱，当时在整个上虞县城，估计也难以找到，只有上海这样的大城市才有卖的。

当天傍晚放学后回到家，我就收到了小叔带给我的圆筒饭盒。这下可把我乐坏了，捧着这只饭盒，一下了蹦到半天高，晚上睡觉也抱着饭盒睡。

因为是圆筒形的，这只饭盒看上去体积较大，可以比长方形饭盒存放更多的食物，而且做工精良，崭新锃亮，圆圆的筒体更显厚重感，盒身上有字：三五牌华德钢精厂出品。它的中部两端，还装有一个卡扣式拎环，平常时候，这个拎环两端可以卡住，以固定盒盖，刚蒸好饭，饭盒很烫，可以提着拎环走。吃饭时按下卡扣，拎环弹开，便可开盖就餐了。饭盒有两层，上面一层较浅，是盛放菜肴的，吃饭时将它提出来放至一边；下面一层较深，可装很多米饭，直接拿起饭盒就可以开吃啦。

这一晚我根本没有睡意，把饭盒捧在手里，一边看一边摸，手碰到拎环处，"啪"的一下，拎环弹开，再把它合拢，又弹开，开开合合不知玩了多少遍。看着窗外寂静的夜空，真希望白天能尽快到来，好捧着饭盒去学校。直到睡眼迷蒙，饭盒滑落在枕头一侧。

终于到了上学的时间，母亲把饭菜装进我的新饭盒中，我就捧着它去了学校。到了学校，果然，看到我手中的新饭盒，同学们一个个投来羡慕的眼神，一群人都围过来欣赏它，一时间，啧啧称羡之声，不绝于耳，极大地满足了我作为一个小孩子的虚荣之心。当同学们还在用蒲草饭包、搪瓷水杯带饭的时候，我已经在使用圆筒饭盒了。那时候在农村，想要得到一只普通的铝制饭盒已是极为不易，更不用说这种圆筒状上下两层的精美饭盒了。

看着同学们羡慕的眼神，我顿觉荣光无限，中午吃饭时拎着饭盒，顿感到威风八面、神气十足。但这天上午的课基本上没怎么听进去，心里光想着饭盒了。上午的课一结束，我第一个跑出教室，奔向灶房，去取我的新饭盒。打开锅盖，在各色的餐具中，圆筒饭盒鹤立鸡群，兀自呈现在那里，真是望之而喜，食之而香。在一名农村小孩的眼中，还有什么能比这更幸福的呢？

打开饭盒，是母亲为我单做的米饭，以及小鱼小虾和家里种的果蔬。十四岁以前的求学阶段，我所过的日子尚不算清苦，还有米饭可以吃，有农村人家的各种家常小菜可以带。鱼以河中最多的餐鱼为主，这种鱼在乡间的河道里到处穿梭。父亲把它们从河中抓上来，抓得多了吃不完，就会晒成鱼干，收藏起来，作为荤菜慢慢吃。还有用芥菜晒成的干菜，这就是上虞有名的"霉干菜"了，一直以来就是我们农村人家的一碗"老菜"，一年四季都可以吃。

十六岁以后，我的"好日子"到了头，不仅失去了求学的机会，从此跟课堂无缘，而且还要挑起家中的重担，外出做工赚取微薄收入补贴家用。在外做工期间，不仅干活累，而且连在家可以吃到的小鱼小虾和果蔬都无缘了，甚至米饭也很少吃。所以说，有母亲在，家是温馨的，失去了母亲，一家人的日子

2015年于杭州东航疗养院与小叔合影

马上就过得恓惶了。

小叔送我的这只饭盒，一直用了很久，到现在仍然保存着，只因卡环不是铝制的，后来锈蚀严重，有一部分断掉不见了。

后来小叔结了婚成了家，我的家族成员中就又多了一位婶妈。参加工作后，我曾多次到访小叔位于上海浦东的家中。第一次去，大概在1975年左右，婶妈十分热情地款待我，生活上的种种照顾相当贴心，真是亲如一家。吃饭时，丰盛的菜肴自不必说，她还会拿出家中最大的饭碗，将米饭装得满满实实，拿与我吃。一碗吃完后，她硬要再给我添上一碗，生怕我太过拘谨而没有吃饱，说是年轻人一定要吃饱饭。但我确实已经吃得很饱了。在婶妈的内心中，觉得上海人饭量小，吃一碗也就够了，但农村出来的人工作辛苦，体力消耗大，一碗米饭肯定不够。后来我经常去小叔家，每次去之前都会事先告知他们，婶妈每回都会准备好可口的饭菜，必得等我到了，全家人才一起就餐。每次都令我十分感动，真是宾至如归。离开时，婶妈还必有一番叮嘱："金奎，你去哪里应乘几路车，车子不要乘错，路上小心，注意安全。"尽管平时言语不多，但婶妈感情真挚，是一位非常有文化有修养的女性，令我长久地记在心头。

海涂磨砺

　　我只读了一年多的初中，就因母亲积劳成疾，身体累垮而被迫辍学。记得那一年，我还不到十六岁，就进了生产队，干起了壮年男劳力的活，成为全村年龄最小的劳动力。在生产队参加劳动，我在农活上从不服输。由于我父亲长得相对矮小，经常被别人所轻视，年小的我暗自长了心，发了愿，想让父亲知道，今后，只要有他儿子李金奎在，包括父亲在内，我们全家人都必须受到全村人的尊重。不到十六岁的我，自己跟自己较劲，逐渐养成了一股子傲气。那时候，包括挑担、撑船、上山、下海、抬石、筑塘的活，样样都做，其中印象最深的，当属下海打水草和围涂抬石两桩事。

　　早先，由于我们村离海很近，因此，刚到生产队，队里就组织社员们去海边打水草。当时村里打来的水草，有两种用途：一是用来沤肥，因为农业生产普遍缺少化肥，只能用人粪肥或牲畜粪便和水草沤肥，同时把河底捞上来的河泥一同酱进去；二是作为饲料，给村里饲养的牛羊吃。

　　因为打来的水草可以抵工分，如果不去的话，就没有工分可拿，再加上父亲不大擅长这种长途负重的体力活，于是，由我代表我们李家门，跟着大家一起去打水草，我也就成了全村打水草年龄最小的成员。大人们看到我也跟着去，就郑重地告诫我："打水草是个体力活，你这么个小孩也跟着去，肯定打不了水草，既使打了水草，你也挑不动呀！"但我就是想实地去体验一下，这水草到底有多难打！同时我也不相信自己打不来这水草。

　　确实，打水草需要有一定的体力，因为干活场地条件十分恶劣，而在干活过程中，又需周而复始地重复那几个动作，这就首先需要正确使用打草工具——横刀。

　　横刀是自制的，有三部分组成。手握部分是一根两米多长的竹竿，竿子前端开槽，将一把长约三十厘米，一端开刃的平直刀片插进槽口固定，这种刀片颇似如今办公用的钢尺，只是钢尺没开刃罢了，而下海打水草的人，都会事先将刀口磨得十分锋利。在刀片的另一端，竹竿的前端部位，还设有一个小小的竹篓。使用过程中，横刀呈扇形横扫过去之后，水草自根处断裂，然后水平倒下，正好收入横刀右侧的篓子里。一个扇形的横扫结束后，收割下的水草便集中在篓子中，然后合为圆圆的一把放置于滩涂地面上。篓子清空后，横刀再做下一个扇形收割，如此循环往复，直至收割到自己需要的斤两为止。但横刀在收割过程中，不能扬得太高或太低——高了，水草下部还留有较长的一截，收割的效果就不好了；低了，刀身就扫到地面泥浆里去了，草就收不到了。刀子横扫过去，还要非常平直，稍有倾斜，前端就又划进泥里去了。收割好的水草在滩涂地上呈现圆圆的一小堆，还需要抽空将这圆圆的小堆用手扒拉开，以便阳光晒干水草，减轻之后的挑担重量。

我们凌晨出发，经过一个多小时的跋涉，才能来到目的地。在这里，用跋涉这个词就十分恰当，因为当时真的是在"跋山涉水"：我们要走过多个泥泞的滩涂，要蹚过数个水漫的浅滩，最后才能来到那块海水冲积起来的滩头上——只有这种滩头，才会长满水草。因为海水的冲积，这片滩头的水平面会略高于其他地方，使得潮水不会天天漫上来，只有大潮来临时，它才会沉没在海水中。大潮过后，滩头受到水的滋润，于是长出水草，水草不受潮水影响，茁壮成长。每年夏季，是它最为茂盛的时节。这时候，海边的人们就可以去收割了。

到了目的地，大家便各自散开，每人找好一块中意的打草地，便开始收割起来。当时我们到海边打水草，每个人都须拿上横刀、扁担和柴绳，以及饭篮和瓦壶。饭篮里盛着早上刚煮的米饭，瓦壶里装的是没有烧开的"天落水"（雨水）。

天气十分炎热，海风吹在人身上，感受到的是阵阵热浪。因此，我们每次去打水草，都是赤着膊，下身仅穿一条短裤，而短裤也是湿了干，干了湿。一天下来，身上、裤上都沾着一层白色的盐渍。带去的饭篮，在滩涂上不好放置，有人就想了办法，在沙地上插上一根棍子，在棍子上吊上一块破被单，再把饭篮挂到棍子上，用被单遮挡一下夏日的骄阳，避免阳光直射，把里面的米饭都晒干了。可是到了中午吃饭时，由于天气实在炎热，早上刚煮的米饭，很多都馊掉了，只能就着几蓬"霉干菜"和"天落水"，把这些馊掉的米饭吃掉。"天落水"盛放在粗陶烧制的茶瓶中，茶瓶上有嘴，渴了，就汲嘴喝上几口，往往一天的工作还没完成，那水早就喝完了。或者一不小心，茶瓶倾覆，那水就从壶口、嘴口中流失掉了，于是只能忍着渴。因此，在下海打水草的人中，也有渴死和中暑而亡的。

割到下午四五点钟，基本上就能割到自己能挑着走的水草分量了，有时候遇到水草茂盛的地方，结束时间还能更早。于是我们将水草收拢，先将部分水草搓成绳，把地上的捆成小捆，再把小捆堆成大捆，用带去的绳子满满地捆成两捆，就可以挑着回家了。

这样的水草担子，大人们可以挑个两百多斤，我却只能挑一百多斤。来时空手，跋涉已是艰辛，回去时更要负重一百多斤，这就更加难行了。须知在泥泞的滩涂上行走，十分消耗人的体力，有时走着走着，那泥浆更是没到了人的大腿处，腿都拔不出来了。因此，在返程途中，大人们会在滩途上四处张望，大声呼喊一同出来的小孩姓名，就是怕我们小孩子一不小心陷在泥地里出不来。当人群都离开后，一个人陷在泥地里无法自拔，而夜幕即将降临，潮水逐渐上涨，这可不是闹着玩的。所以有些长辈，一定要等人都齐了，才能放心地挑着自己的担子回家。

走完了滩涂，还得继续淌过那几个浅滩。到了这样的浅滩前，要先将担子放一放，把一捆草分成两捆或三捆，分多次挑着淌过水滩。路上或许因为水草打得多了，实在吃不消，只好沿路扔掉一部分。

等到把草担子挑过塘路，挑到蒋家附近，这才真正感觉是在平地上行走了，而且离家也近了，内心总算是舒了一口气，可以在路边的树荫下歇一歇了。而这一歇，就好像是享福了一样。这时候，带去的"天落水"早就喝完了，而经过一个多小时的跋涉和负重后，感觉又累又热又渴，人也要晒得虚脱了。于是，在蒋家的塘路边上，只要看到水塘子、水沟子，就猛扑上去先狂饮几口，然后到水里冲冲凉，幸好那时的河塘水还算干净。

打来的水草，直接就挑到村口田畈里，那里有专门称重和用于堆放的地方。称好重量后，一起卸到堆放地，本次打水草的任务就算完成了。这种水草，一般一百斤可以抵五六个工分。大人们挑的两百斤，可以抵十多个工分，我那时只能挑一百二三十斤，大概可以抵七八个工分。

上交完水草，这才可以回家吃晚饭。吃饭时，还能兴奋地跟家人讲述：今天打的水草比昨天多，昨天只打了一百斤，今天却有一百二十斤，多挣了一点工分云云。每年盛夏下海打水草，我参加了两三年，直到后来出外做工，才不必再干这种累活。

到了秋天，我还跟着大家一道去海边抓蟹。蟹有大个的青蟹，也有小个的白玉蟹和毛蟹。在初秋天还炎热的晚间，我们带上油灯，在海滩边上用它照蟹。

油灯的亮光照过去，密密麻麻的都是蟹，就用手把它们抓到自己的竹篓里。抓蟹的人很多，人手一个油灯，一眼望过去，那油灯恰似天上的繁星，煞是有趣。只是当人群离去，油尽灯灭时，就要注意行走的方向了，因为四周已然漆黑一片，谁能知道自己是不是正在往大海的深处行走呢？所以在晚上抓蟹时，千万不能远离人群和灯光，一定要看好灯光的位置，不然十分危险。而抓来的蟹，可以腌制起来，作为佐餐的佳肴，也可以拿到集市上换点小钱，但是买的人不多。如今在海边也有抓白玉蟹卖的，但价格却要二三十元一斤了，而我们那时候这种蟹十分便宜，卖不了几个钱。

十六岁那年，又逢生产队参加大围涂，当时队里派下了名额，叫我父亲去抬石块。但家里养着一头母猪和一窝猪仔，父亲因为每天早上要挑着小猪出去卖，一时走不开。我就自告奋勇，要求代替父亲参加。父亲自然反对，因为围涂干的活可不轻松，抬石头，那是重劳力干的活啊，我一个十多岁的小孩子干这么重的活，伤身体。但我坚持要去，父亲想想除此之外，也实在没有更好的办法，只好让我去试试。

围涂的场面相当壮观，我第一次看到有这么多人一起参加劳动。远处是水做的海，近处是人做的海，真是蔚为壮观。当时围的是上虞最西面三汇那一段的海，围海的石块从内河由船运来，再由人力抬到外围海边的塘路上。抬石的人两人一组，俗称"搭扛"，大家接力把一块石头从船上弄到海塘上。一扛的距离，大概一百五十米左右，也就是说，一块大石头，两个人要抬着往前走一百五十米，再回来抬下一块。

当时同我"搭扛"的，是村里一位五十多岁的矮个子长辈，绰号"小阿毛"，我叫他公公。他跟我说："干这种重力活，我们年纪大的人不要紧，你小小年纪，身子骨要压坏的！"言下之意也是爱护我，希望我能回去，叫家里的大人来代替我。但我来都来了，岂能轻言放弃，一直跟他"搭扛"抬石。重担压在肩头，骨头压得咯咯响，也只能坚持，坚持，再坚持，看前面接扛的近了，近了，整个人像刚洗过澡一样，浑身被汗水浸透了。

因为我跟"小阿毛"公公搭的是老少班，接扛时，看到前扛来了大石头，心里就发毛。但是没办法，再怎么着都只有硬着头皮往上顶。偌大的石块，几百斤重，一抬起来，我和"小阿毛"公公两人立马原地打转，石头却一步也没有往前挪，把我们这一老一少折腾得够呛。但抬不动也得抬，因为前扛已经等在那里了，而后扛也早已到了。当时也有好心人，如前扛的看到我们老少搭扛，比较关照，主动下来接我们的扛，让我们能少抬些距离。但也有故意欺负我们的，有意挑大石头刁难我们，看我们深一脚、浅一脚在那里打转，他们在旁边玩笑取乐。

跟"小阿毛"公公一样，当时村里参加围涂的人都说，杏新的儿子年纪太小，骨头太嫩，干这种活，身体要压坏的。这个道理我自己当然也知道，但这也是没有办法的事情，只能咬牙坚持。到吹哨收工的时候，其他人都背着杠子绳子，飞快地跑去吃饭了，我只能拖着小碎步，一小步一小步挪回住宿点。几天下来，不仅步子迈不开，连腰都不能任意转动了，看来是真的吃不消了。大人们都跟我讲："你还是回去吧，再干下去人就废了！"于是，我只好回家去了。

到了家，我对父亲说，自己吃不消了。可是父亲那一头，已经定好第二天一早要挑着小猪到绍兴那边去卖掉，说好的事情已经无法更改。没办法，第二天，还是我，硬着头皮重返海涂，继续拖着沉重的步伐挑起那一块块巨石。这样的重活，我咬着牙，连着干了整整一星期。

围涂结束后，我回到家时，已经连步子都走不稳当了。因为胸部受伤，肩膀受压，吃饭的时候，双手无力，连锅盖都揭不起来。想想自己还年轻，慢慢休养几天，总会好起来的。而在休养的几天里，只要听到人们挑担子抬重物口中喊着"吭唷吭唷"的号子声，我就会条件反射般恐慌起来，以为又到了围涂现场。

海涂磨砺，不仅强健了我的体魄，锤炼了我的意志，也较早确立了我个人"自强不息、艰苦奋斗"的工作作风与干事激情，对以后走上工作岗位，创办企业，助推企业发展起到了积极的作用。它不仅是我个人励志的座右铭，在我创办舜江公司以后，也成为了企业精神的重要组成部分。

年少早当家

我母亲患的是肺结核病，就当时的医疗水平来讲，已是不治之症。起初还能走动走动，后来就只能整天躺在床上了。再加上无钱治病，去不起医院治疗，就只能自己买点药来吃。记得母亲当时吃的是一种叫"雷米丰"的药，据说是专治肺结核病的特效药，但母亲的病拖得太久，连特效药也只能暂缓一下母亲的病痛。为了给母亲买药治病，父亲早已将家里稍值点钱的东西都拿去变卖了，最后能卖的就只剩下父亲和我一个壮劳力一个小劳力这两个人的体力了。

在生产队的同龄人当中，我算是比较出色的了。十八岁的时候，就能挑起两百斤重的棉花担到相距五里的沥海镇上去卖掉。一路行去，一路汗水。当我把棉花担挑到沥海镇时，整个人像刚从水里出来一样，但只要喝碗水歇一会儿，照样能挑能扛，似乎十八岁的年龄有使不完的力气。

从棉花收购站回来，我总要买一些饼干、柿饼之类的小食品带给病床上的母亲，让她能够吃一点，以恢复些体力，或者心情能够好一点，不要总是一个人胡思乱想。

母亲后来告诉我，她躺在病床上，只要听到我回家的声音，内心总会舒畅一些，病痛也能稍稍有所减轻。但我只要一进门，听到母亲痛苦的呻吟声，心情就会陡然低落，当时真想替母亲去承受这份病痛，可是这种事又哪能代替呢！

在生产队干完活，尽管累得要死，但一进家门，我必定要到母亲的病床前嘘寒问暖一番，和母亲说会儿话，跟她讲讲生产队发生的一些趣闻轶事，好让母亲能开心一下。我的弟妹们当时都还小，照顾母亲的责任自然落到了我头上。隔三岔五，我都要给母亲擦拭身体。大妹春兰自小就懂事，有时也帮着我给母亲洗头，擦身子，换衣服。

在陪母亲说话的时候，母亲经常跟我讲："金奎，你放工回来后，我就感觉病情似乎好了点，精神头也有了。你一出门，我就感觉病痛一下子就加剧了。"

她还语重心长地告诫我："儿呀，你要自己当心身体，你年纪还小，千万记住不能挑重担，会压坏身体的。现在只有娘跟你讲这些，可惜娘来日不多了。娘走了以后，就没有爱护和疼惜你的人了，你一定要自己照顾好自己。"

母亲一边说着，一边流着泪。看到母亲哭，我的泪水也止不住地往下流。半个多世纪过去了，母亲的话语还时常在耳畔回响，可她老人家却已早早地离开了我们。至今想起，我都会眼眶湿润，泪迷双目。我的母亲啊，儿想念您！

有一次，我问母亲想吃点什么，母亲说想吃馄饨。我就拿了家里的搪瓷杯，走五里多路到沥海镇，花三分钱买了碗馄饨，一路端回来给母亲吃，但母亲只吃了一半就吃不下去了。想到这里，我内心真是难受至极。母亲一生吃尽了苦，为了我们五个儿女，又受尽了累，最终却连一天福都没有享就早早地离开了我们，让我们这些子女在生活条件好转以后，想要好好侍奉她一天都不能够，真是树欲静而风不止，子欲养而亲不待。每每思之，都让人痛心疾首！

因为我是家中长子，自然要挑起更多的责任和担子。在母亲染病的那一年，也就是1962年前后，我随村里的大人们一道，分别去湖州市长兴县煤山镇和安吉县递铺镇挑沙、搬砖、做小工。白天挑沙，晚上还要用板车从山塘拉石头，一个来回十多里地，希望多挣点钱给母亲治病。

在安吉县递铺镇，我连米饭都舍不得吃，一日三餐，都以红薯为食，把省下来的粮食、粮票连同工钱一道寄给家里。大人们看我顿顿红薯，就对我说："你小小年纪干重力活，每天吃红薯可不行，一定要吃点米饭，不然扛不住的！"但我觉得吃红薯也能干活，米饭仍然很少吃。带去的一点点米，到最后还剩下很多，而大人们的米早就没有了。

空闲的时候，我们可以到集市上去逛一下，看到街面饭店的橱窗上放着蒸好的鱼和肉，看着眼馋，闻着咽口水。同行的大人们早已进入饭店去喝一杯了，但我只能待在外面，不敢进去。有时候实在受不了诱惑，脚都抬起来了，但猛然间想起我那躺在病床上受难的母亲，马上清醒过来，硬生生地缩回了脚。

我曾经花一分钱买过一个黄鳝头。现在的人是想不到的，怎么几十年前的饭店里还有卖黄鳝头的？黄鳝头我们不都是扔掉的吗？但那时确实有单独卖黄鳝头的，因为鳝肉都被做成了鳝丝炒成菜了，剩下一些黄鳝头废物利用，用少量菜油加点酱油炒在一起，再按一分钱一个出售。黄鳝头根本没什么肉，一个不够配一顿饭，只好请饭店老板多放点汤水，其实就是炒菜时放的酱油汤，勉强能够下一顿饭，也算是稍微奢侈了一把。

转眼到了下半年，我必须早上六点半就出门，傍晚五点放工回来。吃好晚饭，六点左右再出去拉板车。从山塘到目的地，一共十多里地，我要来回走四趟。拉完这四趟，已经是晚上十二点甚至子夜一点以后了。当然，板车是隔日拉的，算是挣点加班费，如果天天拉，时间长了，再壮实的人都会吃不消。

当时，我平均一天的工钱是六毛到八毛。这些挣下来的钱，我是一分都舍不得花，把每一分都积攒下来带回家，希望能让母亲和弟妹们日子过得好一点，能给母亲多买些药治病。可是一天几毛钱的工钱，对于整个家庭来说，仍然是杯水车薪。但出外打工，却锻炼了我的意志，增长了我的阅历，拓宽了我的眼界。一个人年轻的时候，确实应该到外面去闯荡闯荡。世界很大，也很精彩，不应该局限于一城一镇之间。年轻的时候多吃点苦，有好处。

2015 年，我受一位友人的邀请，和妻子钱珍一道，参观他开办在湖州安吉的乌毡帽酒厂，顺便重游了少年时打工之地，并且找到了卖黄鳝头的饭店和当初做工的粮管所。那一带已经成为了一条老街，到处都是数十上百年的老建筑。我们故地重游的时候，这条老街已经有一半的建筑被拆除了，后来被当地政府叫停，剩下的那部分才被保护起来。

当时这条老街已经无人居住了，只剩下一排排的老屋和一条窄小的南北延伸的弄堂街面。那年我们吃住的地方，就在这条老街的某条巷道里面，现在已经无从辨认了。当年的这条街道，是用青石板铺筑的，每块石板都因成千上万人经年累月的踩踏而光滑异常，逢着雨天就变成了映射着波光的江南雨巷，这条街道是当地最为热闹的街区，而今却早已人迹罕至。

一路走去，物是人非，或者说物在人无。沿着老街，由南至北走到尽头，看到一个门楼子，墙面上仍然挂着一块牌匾——安吉县孝丰粮食管理所，这就是我少年时在此打工的地方了。但粮管所已经不复存在了，门楼子里面也建起了居民楼，并且荒废多年。看着牌匾，我的眼前有些恍惚，它勾起了我少年时期吃苦打拼的全部印记。

2015年至安吉孝丰粮管所故地重游

慈母离世

1962年下半年，临近岁末，天寒地冻，我仍在安吉县递铺镇打工挑沙。此时距离农历除夕和春节已是不远。我一边干着活，一边掰着手指数日子。想着再过几十天就能回家过节看母亲，和家人一起过大年，内心激动不已，希望母亲能够平平安安地等着我回去。

大概是农历的腊月初十，收工下班，正准备吃晚饭。此时，一封由家中发来的电报，彻底打破了我的梦想。电报上仅有五个字：母病危速回！五个字，像五块巨石一样压在我的胸口，让我窒息，顿时感觉喘不过气来，整个人一下子透心凉。我心想，母亲肯定是不好了，不然绝对不会发电报的。想到这里，哪还有心思吃饭，忍不住号啕大哭，只怪自己没有长翅膀，不然立马就要飞到母亲身边去！

此时，我的堂阿叔——李柏祥的父亲李杏吉正在灶堂间给我们这群做工的准备晚饭，他听到我在前屋大声哭泣，以为我一个小孩子被大人们欺负了，急忙放下手中的饭勺赶过来。等他看到家里发来的那份电报，又见我哭着喊着要回家后，他跟我说："金奎，今天已经没有班车回上虞了，而且你一个人回去我也不放心。这样吧，今天先在工地过一晚，明天一早，我陪你一道回家去。"然后他立即向工地负责人说明了原委，并请好了假。

其实对于母亲的病，我早已有心理准备，母亲肯定是逃不脱这一难的，但是没想到这一天来得这么快。

从安吉递铺到杭州，晚上确实没有车子，于是一夜无眠到东方既白。次日凌晨，杏吉叔腰上绑好草绳，陪我一道往家的方向赶。先是乘坐早上七点的头班汽车，由递铺到杭州武林门长途汽车站，再乘电车到杭州火车站。到达杭州火车站，已是中午时分，又从杭州火车站乘下午三四点的火车回上虞。到达上虞曹娥火车站，已是晚上七八点。老曹娥街上的路灯发出微弱的光，昏昏暗暗，凄凄惨惨，夹杂着树影婆娑，前路一片黯淡，行程中且有夜猫子的嘶叫声。为了早些到家，我和杏吉叔两个人晚饭也没吃，每人买了一双草鞋穿在脚上，沿着曹娥江畔一路往家赶去。沿路过去，更是一路死寂，一路凄凉，那娥江滩涂上的片片苇草在冷风中起伏不定，远望去，素白一片。

走了近四个小时的路，到家已是子时。一进村，又过了村边的桥，我就开始留意家里有没有发出声响。但是没有声响，也没有灯光，屋门紧闭。我当时还心存幻想：母亲可能还在吧！

到了家门口，我开始喊："娘，我回来了！"但屋里传来的却是祖父嘶哑悲伤的声音："是金奎吗，金奎回来了？"没有母亲的声音，我预感到事态果真不妙，情不自禁张嘴就哭，这是一种绝望的哭嚎。

一推开门，在昏暗的煤油灯下，我发现了挂在墙上的麻衣孝服，就再也站不住了，一下子晕倒在地。一切都证实了，母亲是真的不在了，我的母亲呀，儿在外打工，现在回来了，但是您到哪里去了呀！

我晕倒，又醒来，醒来，又晕倒，哭得昏天黑地，哭得撕心裂肺。弟弟妹妹们也跟着我一块哭，顿时满屋的哭声。假如天地有知，天地也要为之动容。

哭声惊动了左邻右舍，大家都从各家赶来，到我家来安慰开导我们，人人眼中噙着泪水，有的还拿手抹泪。祖父在我心中，一直是一个坚强的人，但我看到他也含着泪水哭泣着。我的大妹李春兰，当时还只有十四岁，她一边哭着，一边把一根素绳挂到我脖子上。

父亲大概太劳累了，我们大声的哭泣起初都未能惊醒他。一段时间后，他才醒来，听到我的声音，就叫我："金奎，你回来了？"我就来到父亲床前，一边啜泣着，一边用颤抖的声音跟父亲讲："爹，您要保重身体，妈不在了，现在我们一家只有靠您了。您要是身体再不行，我和弟弟妹妹们怎么办？"

弟弟妹妹们也围拢来，把父亲从床上扶起来，端来一杯水给父亲喝。一个失去了妻子的丈夫和五个失去了母亲的孩子，满脸都是悲伤。我那上了年纪的老祖父，一边不停地揩着眼泪，一边劝慰我父亲："阿新啊，你可要扛住啊，孩子们今后可全得靠你了！"

这天晚上，几乎没有闭眼。我们五兄妹躺在一张床上，互相安慰，暗自伤心、哭泣。看东方逐渐亮出鱼肚白，我们按照农村传下来的规矩和老辈人的叮嘱，为母亲喊魂。

按照风俗，母亲走后，我们要在五更后天蒙蒙亮时打开窗子，连续七天呼唤母亲的亡灵。每当此时，大妹春兰总是第一个醒来，叫醒其他兄弟姐妹，一起呼唤母亲："妈妈回来！妈妈回来！妈妈到自己家里来！"喊着喊着，就成了哭泣，我们五兄妹，当时都还小，既想念母亲，又带着害怕，五个人依偎成一团，一边呼唤，一边瑟瑟发抖，无以自控，真是一副凄凉的景象。

早上起来，我们要到母亲的坟前去祭拜，出门前看到母亲吃过馄饨的那只搪瓷杯，禁不住又伤心地流下了眼泪。记得外出做工前，我就问过母亲，自己可不可以不去外地做工？母亲回说："没办法，去还是要去，就是到了外面要自己当心，自己照顾好自己。"母亲还说："娘总归是日子不长了，今后，你一切都要靠自己了，照顾好自己，也照顾好你爹爹和弟弟妹妹们，你爹爹也是苦命人啊！"

母亲的话似乎还在耳畔回响，但人却已杳如黄鹤了。那一趟外出做工，竟成了我与母亲的永诀。如果不到安吉递铺做小工，也不至于会连母亲的最后一面都见不上，但不外出做工，家里的日子又将如何维持呢？作为家中长子，我只能选择外出做工这条路。

母亲的坟地座落于村西南一里多地的田畈间。自此之后，母亲只能一个人孤零零地躺在家乡的土地上了。多年后父亲去世，才与母亲合葬在一起。母亲逝世时年仅四十一岁，实足年龄也就四十岁，正当年富力强之际，却过早地撒手尘寰，也过早地、永远地离开了我们。

后来我听说，在母亲出殡的那天，全村老少都流泪了。母亲去世后没有寿材，是祖父将自己的寿材拿出来给母亲用的。母亲的棺木由村里的四个帮工抬着，四个人一边抬着棺木，一边流着泪。一来我母亲为人确实好，大家都为她的离世而伤悼；二来也是看着我们这一群子女小小年纪没了娘而心生怜悯。当时，我们五个子女中，我十八岁，大妹春兰十四岁，二弟银奎十二岁，小弟金龙十岁，小妹夏兰仅有八岁。除我未能赶回来参加母亲葬礼外，四个孩子披麻戴孝、哭哭啼啼地跟着一位被病魔折磨至死的年轻母亲的棺木后面，年少失恃，真是人见人悲。

母亲患病期间，家中已是非常穷困；母亲病故后，更是一穷二白，连一件像样的家具都没有了。因此，母亲的丧事只能从简从速，当天就将母亲草草埋葬了。而我在收到电报后，尽管火急火燎地往回赶，但由于那时候交通的不便，到家已是母亲发丧后的子夜了，因而连母亲的最后一面都未能见上。至今想来，仍然万分遗憾。当时也曾对父亲有过怨言，为什么不能等我回来再为母亲发丧！可是反过来想想，母亲多停灵一天，就是一天的花费，20世纪60年代我那穷困的家庭，确实已经是到了崩溃的边缘，再也担不起这一两天的花费了。因此，我也只能无奈地接受这样的现实。

母亲的离世，至今让我挂怀，成为我这么多年来的一个心结，一个永远都无法释怀的心结。她老人家真的是一天的福都未曾享受到，生活所给予她的，只有贫穷和伤痛。假若换到现在，肺结核算个什么病，说治好就治好了，母亲再活个四十年肯定不成问题，那她便可以享受到儿女们的孝敬和天伦之乐了，也可以享受到改革开放后富足的物质生活了。可惜，这一切都不能假设。

而今，当我们一家人逢年过节聚在一起，吃着丰盛的饭菜时，吃着吃着，我就会想起她老人家。母亲，您要是活着，或者活得更长久一些，该多好。我可以让儿孙们天天给您做您爱吃的饭菜，天天陪您上街买新衣裳穿，天天让您的孙儿、曾孙、玄孙哄您开心，让您颐养天年，弄孙为乐。

父爱如山

为了治疗母亲的病，父亲把家里能卖的都卖了，连箱柜上的铜铰链，窗户上的铁栏杆，甚至房门上的铁门把，凡是能换点钱的，都拆下来变卖。母亲走后，真是家徒四壁。这样一个家庭，这样一种现状，父亲艰难地守护着这个家，拉扯着儿女们长大成人。现在想来，我的父亲，确实算得上一位伟大的父亲。母亲去世那一年，父亲四十八岁，上有老下有小，肩头的担子很沉很重。那时候，全村人都为我们这一家人担心：杏新能照顾好这一老五小吗？一家子七张嘴巴呢，能行吗？

村里人起初都觉得父亲一定照顾不好家里，至少小孩子肯定会吃不饱，家里肯定是个烂摊子。后来，他们看到一个平凡的农村父亲在家庭遭受磨难后所迸发出的能量远远出乎他们预料。

母亲去世后，凡是生产队里最苦最脏的活，父亲总是抢着做，别人不愿意干的重活，他也愿意干。比如抬石块，这个活很多人都不愿意接手，因为实在太累了，但他却争着去，为的是多挣些工分养家糊口。可以这样说，当时即使是为了一分钱，父亲也愿意去干这一分钱的事。这一分钱或许可以为家里多弄一点口粮，让孩子们能多吃一口。累了，饿了，他自己却舍不得吃，尽量把能吃的省下来给儿女们。

曾经有一天晚上，父亲在生产队做夜工。工作结束后，生产队分给他一碗南瓜当夜餐，但父亲没有吃，他把这碗南瓜带回了家，分给了自己的几个子女。这件事，即使在我年逾古稀之时，仍然记忆犹新，这就是我那伟大的父亲啊！

在母亲还在世的时候，父亲的性子是暴躁的，但当母亲离世后，父亲突然改性子了，变得慈祥而温暖，对自己的孩子不仅舍不得打，而且比别人家做母亲的还要尽心呵护。母亲走后，父亲真正做到了既当爹又当妈，艰辛异常。

当时，父亲干活已经没有了白天黑夜之分。白天忙完生产队里的活，晚上还要喂养家里的几口猪，照顾五个小孩的衣食起居，一家人的生计都要他一个人来维持。母亲走后，父亲居然学会了缝补衣服。

我至今记忆犹新的是，在昏暗的煤油灯下，父亲用他那干惯了农活的粗黑的手，拿着细细的针线，一针一针地缝补着孩子们的衣服，有时候一不小心针扎在了手上，嘴上发出痛苦的咝咝声。后来缝得久了，便不再扎手了。在父亲的操持下，孩子们虽然衣着破旧，但总还有衣可穿，有学可上。

晚上放了学，吃过晚饭，一群孩子就围着父亲，在昏暗的煤油灯下做起了作业。父亲呢，一边搓着草绳，打算趁白天空闲时将门口的篱笆修一修，一边看顾着孩子们捏着铅笔头写作业。

静谧的晚间，父亲搓绳发出细微的嚓嚓声，孩子们围着父亲，在煤油灯下认真地做着作业，时不时地受些父亲的指点和教育。已经削得很短的铅笔头书写在粗糙的麻纸上，同样发出轻微的嚓嚓声。月光从堂前破旧的窗子里照进来，映射到父亲那黝黑而慈祥的脸上，折射出的，是一名江南普通农民坚毅的内心和对子女的尽心呵护，以及对于生活的热爱。

作为农民，父亲一直没有正式的工作，除了下地干活外，就是瞅着机会干点小活，养几头猪什么的。直到后来我参加工作，帮忙创办了农垦公司，才请他老人家去公司下属的上虞县第二家具厂做了一名普通门卫，算是有了一份正经的工作和一份稳定的收入。

除了母子、母女关系外，父子、父女关系就是这个世界上关系最为紧密的联系体了，这是一种永远都无法割断的血脉亲情。父亲是一位农民，生在农村长在农村，直至1993年1月27日，农历正月初五，他以八十岁高龄过世前，一直没有离开过家乡。他没有见过外面的花花世界，也不想被外面的世界所惊扰。八十年来，一直本本分分地做着一个普通农民该做的事情，并以自己的微薄收入，辛勤地抚养着几个儿女长大成人，成家立业。

记得我还在读书的时候，父亲对我一直比较严厉，对我上学获取知识还有几分不屑，经常指着我的鼻子评价我："你小子真是光长个子不中用，文不能文，武不能武，整天背着个书包去读书，家里的农活也不干，光识那几个字能供你吃、供你穿吗？我看你小子将来怎么办！"

小时候只要听到父亲这样讲，我就比较腻烦。现在想来，老人家当时也是替我担心，怕我将来无法自食其力，立足于社会。在他心目当中，农民，就得像他一样，一辈子下地干活，种些粮食，养家糊口，除此之外，还能干些什么？特别是作为长子，父亲觉得我更应该继承他农民的衣钵，安安分分，做一个地道的农民该做的事情，上学读书，实在毫无必要。

等到后来我不得不放下书包，到生产队里去干农活，父亲对我的态度就完全变了，认为自己的儿子终于走上"正途"了，终于干起了一个农民该干的事情了，他的一颗悬着的心才总算放下了。从那时开始，他不仅细心地教导我怎么使用工具，怎么将农活干好，还将少得可怜的吃食省下来给我吃，自己则忍饥挨饿。我自然也不愿父亲饿着肚子干农活，对于父亲递过来的吃食总是一口回绝。父亲就跟我说："金奎，你现在正是长身体的时候，一定要尽量多吃一点，爹爹年纪大了，少吃一点无所谓。"

我噙着泪水吃下父亲递过来的口粮，心里暗暗发誓，一定要把自己锻炼成生产队里干农活的一把好手，好替父亲多干一点，让他老人家能省点力气多休息一下，这也是我当时唯一能报答他的了。当我终于把自己练成生产队里干活样样出挑的好手时，我看到，父亲的脸上多了一丝欣慰。

二十岁的那年冬季，我已在外地做工，突然接到县人武部和征兵办通知，让我积极响应国家召唤，踊跃接受祖国挑选，回乡参加征兵体检。根据义务兵役法的要求，我必须到崧厦征兵处报到，参加为期三天的征兵体检。

那时候，崧厦是个大区，管辖的不仅有崧厦本镇，还有沥海镇、沥东乡、新建乡、谢塘镇、盖北乡等，这些个乡镇的应征青年，一下子全都来到崧厦征兵处，整个镇子一下子热闹起来。

这些人当中，很多人都想成为一名光荣的解放军战士，十分渴盼体检这一关能够顺利通过。20世纪60年代，农村人想要跳出农门，除了读书上进以外，参军是一条重要的路子，部队还是能够培养人的。

我也希望自己能够顺利地通过体检，这样不仅能报效祖国，还能光耀我李家门楣，让全村人都看得起我们"朝北屋"李家。一人参军，全家光荣嘛，成为军属，我祖父、父亲和弟妹们或许能够得到村里更多的关照。对我来说，这是一次尽忠尽孝的好机会，自己也能在部队里得到锻炼。吃苦受累我不怕，在生产队和手工业社里，我什么苦没吃过，或许还能通过自己的努力，在部队里有所成就，光宗耀祖也说不定。

三天的体检非常细致，每个人都要接受一项项检查。第一天的检查结束了，我回到家，看到父亲一副心事重重的样子，晚上连饭也吃不下，整晚在床上辗转反侧，无法入眠。

第二天一大早，父亲送我到村口，看着我健步如飞地又去了征兵处，目送我消失在旷野中。一连三天，父亲魂不守舍，每天干完手头的活，就到村口的桥边等我回家。

第二天傍晚我回到家，父亲不无担忧地对我说："金奎，参军是好事，能当上解放军，家里也光荣。但是我们家情况特殊，全家就我和你两个壮劳力，你爷爷年纪大了，你弟妹们都还小，如果你这次体检通过，参军去了，我整个人估计也就垮了。我还是希望你能够守着这个家，而且你出门在外，我也不放心。"

第三天清早，父亲又送我到村口，看着我远去。但是这一天，我却没有按期回家，因为征兵处安排大家在晚上进行抽血，所有应征者晚上都必须留下来，睡在崧厦中学的一间教室里。征兵处起初也没告诉我们，晚上要留下来过夜，当时也没有电话可以打回家报信。

当晚，父亲照例又去村口的桥边等我回家。这一等，就是整整一个晚上。那时已经入冬，天气非常寒冷。在寒冷的冬夜中等待，他也无所谓，一心只惦记着自己的儿子。父亲肯定是一边等待，一边胡思乱想起来，想着我是不是体检通过了，然后连夜被送到部队里去了，或者在体检过程中发生了什么事，闯下了什么祸，不然怎么一整晚都不回家呢？父亲当时的内心肯定相当焦急，但他想不出办法。如果有什么不利的事情发生，作为一个农民，他也只能逆来顺受，什么作用也起不了。

我回家后，父亲终于松了一口气，同时也知道我体检没通过。确实，因为我当时虽然个子高挑，也有力气，但身板却是精瘦精瘦的，征兵处认为我太瘦了，最终把我给淘汰了。

自此，我明白了自己在父亲心目中的重要位置。长久以来，我一直把父亲当成家中的顶梁柱，特别是母亲去世以后，父亲就是我们五兄妹在这世上唯一的依靠了。自然，我也明白，除了父亲外，我这个长子在家中也发挥着重要的作用，我是家中仅次于父亲的第二顶梁柱。在那特殊的年份里，我始终把父亲当成支撑全家的顶梁柱，父亲却慢慢地把我当成家里的第一顶梁柱，把我当成了他的精神寄托。

父亲曾经对我说："金奎，你就是我们李家的太阳，有你在，我们全家人还能抬得起头来，被人瞧得起，有你在，我坚信咱们李家总有翻身的那一天，咱们李家的复兴就全靠你了。"

在我长大成人，并一步步走上工作岗位后，父亲对我是寄予厚望的。父亲对我所说的那番话，令我终身难忘，父亲对我的期望和嘱托，令我一刻都不敢忘却作为长子、长兄所要肩负的责任与重担，一刻都不敢忘却在任何艰难的环境中都要拿出十二分的斗志与勇气，来努力改变人生轨迹，以保障家人幸福而体面地生活。

父亲还教导我们兄妹五人要同心协力，互相扶助，共同来改变李家破败的家境。在父亲的教导下，以我为首，我们兄妹五人在以后的生活中，果然互敬互爱，分外团结；而且与别人家的孩子相比，我们兄弟姐妹间感情更加深厚，手足更加情深，平时也更加亲近。

虽然只是个农民，没读过几年书，但是我的父亲却以自己坚忍的意志，辛勤地拉扯着几个儿女长大成人。父亲的伟大，在于他始终肩负起家庭重担，并把这种责任担当灌输给了下一代，这是一笔永远取之不尽、用之不竭的精神财富。

父亲穿着小叔从上海带来的羽绒衣裤，手持保暖杯，耳听收音机，一边喝茶，一边收听节目，十分惬意，这是父亲生前留下的最后一张照片

相濡以沫

真的是穷人的孩子早当家，我的大妹春兰，自小就比较懂事。母亲去世后，她看到父亲奋力支撑着这个家，一天到晚地操劳，就想替父亲分担一点，于是开始充当起家中女主人的角色，帮助父亲操持家务，好让父亲回到家能够喘上一口气，包括做饭、洗衣等家庭琐务和照顾弟妹的事情，春兰都争着做。在她的操持下，家里居然井井有条，父亲自然也就省心不少。

当春兰跟她同村的小伙伴们在一起的时候，父亲总能大老远认出她来——不用猜，在一群小姑娘当中，衣服补丁最多的那一个肯定就是我大妹春兰了！看那东一块西一块的补丁，几乎是将整件衣服重新缝补了一遍。和春兰一样，我们全家几乎找不到一件完整的没有补丁的衣裤，有些补丁甚至补了两层、三层，如果又破了就再找块碎布补上去，由此可见当时家里的困难程度。可以说，我们家从原先的殷实之家，一下子沦落为全村最穷困的家庭。不过，虽然日子过得穷困，但一家七口人逐渐从失去亲人的悲恸中缓过劲来，积极而乐观地过好每一天。

大妹春兰，在操持家务时，每当家里有点吃食，总是私底下藏下一点，留着给我这个大哥吃。她当时已经懂得，在家里，除了父亲外，我这个大哥就是顶梁柱了，她必须尽她所能，给父亲和大哥一点帮衬。所以在五兄妹当中，我与春兰最贴心。即使到了现在，我也这样认为，春兰和我肯定是这个世间最好的一对兄妹。不仅不分你我，且还心灵相通，互相依赖。天冷的时候，我看春兰衣着单薄，宁可自己受冻也要把身上的衣服脱下来给她穿，好让她能够暖和一点；春兰呢，宁可自己忍饥挨饿，也要尽量让我这个做哥哥的能够吃饱。我们兄妹俩的感情可以说是亲密无间，可惜在她五十岁以后，即1998年，可恶的病魔毫不留情地将我的这位好妹妹过早地带离了人世间，让我痛心不已。直至今日，我对我们的兄妹之情仍然难以忘怀，时常惦念与春兰一起度过的时光。

在那艰苦的岁月里，除了大妹春兰外，我的其他几个弟妹也比别的孩子懂事得多，平时兄妹之间也是相互扶持、相互慰勉。兄弟姐妹们都知道，自己的家庭和别人的家庭不一样。我的两个弟弟，银奎和金龙，后来在我个人工作和事业的发展中，也都逐渐成长起来，且都与建筑业结下了不解之缘。

银奎小时候比较贪玩，读书也不怎么上心，小学才读了两年就辍学了。当时也是家里穷困，银奎既然不乐意读书，那也只能随他去了，让他去田间割羊草猪草。家里还有一辆轧麦车，母亲患病之前，车子还在，给村里人轧个麦皮之类的事情，有时候也交给银奎去完成，一趟还能收个两分、三分钱的劳务费。因此，对于使用轧麦车轧麦，银奎虽然年少，却能非常熟练地操作。别的如烧水洗碗做饭，银奎也是一样不落，小小年纪，很早就知道帮助家里了。只是由于贪玩，有时候就会找不到人，一打听才知道，原来又跟着小伙伴们一起去野地里玩耍了。

银奎走上建筑之路，是在他十六岁那一年，我通过李培林公公和周阿和婆婆的关系，将他从村里带到了杭州工地，从此，银奎不必整天在生产队里拔草施肥种庄稼了。从刚开始的拎泥桶、做小工，再到学徒，学了几年之后，银奎基本上就算出师了，开始能够独立工作了。后来银奎一直在舜杰、舜江两家企业所属工地一线从事建筑行业，直至退休。如果能和小弟金龙一样，多读几年书，银奎的建筑生涯估计还能走得更高更远，但是教育程度限制了他的发展。唉，谁让我们小时候那么穷呢！当别人家的孩子坐在温暖的课堂里朗诵着"我们是祖国的花朵"时，春兰、夏兰、银奎和金龙他们可能正在田地间辛勤地劳作着，可能正在野地里一把又一把地割着猪草羊草，回家后还要喂猪喂羊做家务。

作为兄长，我因经常出外做工，自认对弟妹们的照顾相当不够。我在杭州等地做工期间，即使母亲已经去世，也会尽量多寄些钱回去，让父亲和弟妹们能够多吃一点，吃得好一点，多补充点营养，除此之外，能做的也就不多了。母亲去世以后，我们兄弟姐妹更加紧密地团结在一起，一起度过那段艰难的岁月。

数十年以后，当兄弟姐妹们难得有机会聚在一起，聊起年少时的点点滴滴时，话匣子一打开，便再也合不上了。

第二部分

如歌岁月

结缘建筑

我从初中辍学以后，直接到生产队参加劳动。但在生产队，不管如何辛苦，所挣工分却不多。当时村里就有一些人，经队里许可后，能去外地揽活做工。在外揽活做工，自然比生产队里挣工分要好得多。当时队里有一位叫李培林公公的，按辈份是我的长辈，他就经常外出揽工。我妈生病期间，李培林公公和他的妻子阿阿和婆婆对我们一家相当关照，时不时地给我们送些吃的，还给我们做衣服。我第一次走出家门，外出做工，也是通过培林公公的关系，这样能让我在外面多少挣一点工钱给家里。我妈过世后，他在自己外出揽活的同时，再次把我带了出去。在此之后，我开始一步一个脚印，学徒做泥工。所以我最终走上建筑行业这条道，并在这个行业中逐步成长，有所成就，培林公公可以说是我的引路人，同时也是我的师父，我一辈子都忘不了他。

1963 年 8 月，我十九岁，跟着泥水匠人李培林公公一道，来到杭州工地学泥工，出行时只带了一包干菜和几件换洗衣服，以及一床铺盖卷。我在安吉做工之时，曾经路过杭州，但一路行色匆匆，无心观看杭城风貌。这次来杭州学徒，想着可能要在此生活一段时间了，这才仔细打量了一下这座有着美丽传说的省会城市，此间所见，都是令人新奇的。我背着铺盖行李，跟在培林公公身后，一路亦步亦趋。马路上疾驰而过的各类汽车，以及白色的斑马线，还有白的黄的各类标线，有的是一条条的，有的则是一块块的，当时令我感到非常好奇。为什么杭州的马路上有这么一条条、一块块的标线，为什么杭州的马路这么干净整洁，汽车驶过，不会带起一点尘土，而我们上虞的马路，却是那么的坑坑洼洼，马路上只要开过一辆车，就会扬起一地的尘土呢？

因为路途稍有点远，培林公公还带我坐上了一辆人力三轮车。我坐在车里，左右观看着马路两边的建筑物，感觉舒服得不得了，十分逍遥自在，一任三轮车夫踩着车子驶过一个个路口，心里充满遐思，好似赶集看戏，胜似闲庭信步。

三轮车载着我们缓缓地驶入杭城腹地，从而迎来了我与杭城的第一次"亲密接触"，大城市的华丽面纱渐次向我铺展开来，让我进入，让我品味，让我沉浸其中。

跟随培林公公在杭学徒期间，我深知要养成勤奋努力，吃苦耐劳，尊敬长辈的良好习惯。每天天刚亮，师父还未起床，我就早早地起来了，把装满开水的暖瓶放到师父的房门口，给师父的脸盆中也倒上水，供他洗漱用，凡是宿舍周边的垃圾，也由我一个人负责清理。

在工地食堂吃饭，师父先买先吃，我是长期只买饭而不买菜，每次都以霉干菜泡汤佐餐。我吃饭比师父迟，但吃得却比师父快，因为吃好后还要给师父洗碗。当时食堂最便宜的菜是两分钱一盘的青菜，但是就连这两分钱一盘的青菜我都舍不得买。有一次，我给师父洗碗，在收拾碗碟的时候，看到菜盆中还剩有一些菜汤，我就尝了一口。菜汤中有油水，而我已数月不沾油腥了。尝了一口以后，我感受到了与干菜汤迥然不同的滋味，那真是太美味了！因此，几天之后，我终于花两分钱买了一盘青菜，因为肚子里没油水，身体实在撑不住了。一盘两分钱的青菜，对于当时的我来说，那真是奢侈得不得了！

后来，培林公公还把我介绍给同村的李吉水公公做学徒，跟随吉水师父至安吉孝丰粮管所工地搞基建维修。在粮管所工地，吉水师父又把我介绍给他的同行好友，上海虹口人菊生师父。因此，我在泥工学徒时，总共拜过三位师父。三位师父对我的工作生活一直较为关照，而我也比较懂事，懂得给师父们做点力所能及的事情。对于师父们布置的工作，我也都是认认真真地完成，并且提前做好。

我在杭州有一位姨妈，即我母亲的妹妹，尊讳叫陈其仙。我到杭州工作后，穿着一身素服去拱宸桥一带找我姨妈，姨妈一家就住在那里。姨妈见我穿着素服前来，自然想起了自己去世的姐姐，拉着我的手就哭起来。知道我一人在外打工，同时又失去了母亲，姨妈对我心生怜惜，就总是给我做好吃的，同时也给了我无微不至的关爱。所以我在杭州干活，每星期都要到姨妈家去，而我每次去，姨妈都给我准备了可口的饭菜和其他食物。有时候，姨妈还带着吃的来工地里看我，让我的心里暖暖的。

在母亲过世后，可以说，我的姨妈让我再次尝到了母爱的温暖。再加上我的姨父（我叫他三爹），对我也十分关心呵护，我每次到他们家做客，他们总能千方百计地弄点猪肉来，在当时还十分困难的情况下，别的人家都只能喝粥，他们却用米饭招待我，还给我的碗里夹上香喷喷的红烧肉，自己却舍不得吃。姨妈和三爹对我的付出都是真心实意的，所以我至今都记得二老对我的好。

数十年后，姨妈已经年逾古稀，身体也很不好，我就经常抽出时间去看望她老人家，给她买点东西送点钱，以报答她的恩情。他们二老中，三爹于2016年4月23日离世，闻此噩耗后，我匆匆赶往杭州，送了他老人家最后一程。两年后的2018年，姨妈也跟着离开了人世。

我的建筑生涯，最早应该从安吉县递铺镇做小工算起，后来又至安吉孝丰粮管所从事泥工学徒。继孝丰粮管所之后，跟随吉水师父和菊生师父，又至杭州大关桥兽药厂搞基建维修。兽药厂之后，先后在杭州生物药厂、杭州化学纤维厂、杭州火柴厂、杭州东南化工厂、杭州制氧气厂、闸口电厂、清河中学，再到杭州中药厂、杭州民航疗养院、杭州商业局仓库（下辖火车站储备仓库）、杭州梅家坞茶厂、杭州鹿山人造纤维厂等地工作，一直到萧山棉纺厂，成为放样施工员和"关砌师傅"。其中较有印象的是南星桥秋涛路上隶属于浙建二公司的一个工地，因为在那个工地，我由一名学徒成为施工带班技术负责人，这是我个人成长的重要一步。而杭州木材厂，是我单独负责的第一个工地。

宁绍平原，特别是我们上虞这一带，要成为农村手艺人，拜师学艺是必不可少的。我很庆幸在自己年轻的时候遇到了培林公公和吉水公公两位师父，他们将自己多年积累的经验和手艺倾囊相授，使我一生都受用不尽。如今，我们建筑行业的匠人们仍然传袭着老一辈"师带徒"的方式，以使我们的手艺能够薪火相传，不致湮没。但是现在从事建筑业的年轻人越来越少，能吃苦、肯吃苦的徒弟就更加稀缺了，让我时时为我们建筑业今后的发展而担忧。在我们之后，谁能够传承老辈人的手艺，传承我们"精雕细筑、追求上品"的工匠精神？这个事情值得深思啊！

杭城学艺

上虞县沥东乡燎原村（横河）的村民素以勤劳著称，在这片广袤的虞北平原上，早出晚归、汗滴禾下成了这一带村民农忙时节的"必修课"。农闲时，这里的村民就摇身变成了农村手艺人和"百作"师傅，外出"盘灶""糊墙头"，有的甚至到省城杭州去承揽基建业务。当时这些出外揽活的人都归沥东手工业社管理，凡欲外出揽活，事先须征得手工业社的同意。到了年终，再用所挣工钱抵扣生产队的工分，给生产队稍稍增加一些经济收益。这些农村手艺人，有活就出去干，没活就回家务农，相对比较松散，有些类似于战争时期的"游击队"，不像后来有了建筑公司，才有了正规的建制和制度化管理，最终使这些老辈的建筑人都成了改革开放后建设祖国美好家园的"正规军""主力军"。

跟着李培林和李吉水两位师父一同做完杭州兽药厂工地后，我也曾返虞务过农，后又回杭继续做工，其间断断续续，也没个准头。其后的两三年，我跟着两位师父，依托省建筑公司第三工程处，以杭州为中心，走南闯北，到处揽工。

在杭州民航疗养院工地，我成为了四级工。当时工级的评定，跟现在又有所不同，那时候评级是由班组自评的，不像现在，要培训，要考试，然后颁发证书。当时，如果班组长觉得你已经胜任了几级工的工作，就给你评几级工，而班组评级，最高的是六级。当时有个不成文的规定，四级工以上便可以独立操作和带徒了。我升四级工的时候，年龄大概二十一岁。此后，我才慢慢成长为工地负责人，带领一帮人去开拓自己的事业。

在杭州化纤厂工地，我又由四级工升为五级工。而杭州木材厂工地这笔业务，则是我自己承揽，自己带队完成的，这也是我年轻时在杭务工的最后一个项目。

在杭打工期间，我曾被沥东手工业社派到杭州清河中学担任职工宿舍楼项目的施工负责人。就在清河中学，我认识了在自己的人生当中起到关键作用的导师——裘佐老师，从而使我对自己所处的行业性质有了较为全面的认知，也激起了我对建筑业理论知识的孜孜追求，并最终树立了我人生中新的目标，以及对未来的憧憬。

当时和我一起负责清河中学施工建设的这帮泥工，均来自农村，平时也就盘个灶、砌个墙。用些石灰纸筋，造些土房土灶还凑合，一旦使用钢筋水泥混凝土造房子，一群人就傻在那里，束手无策了，活脱脱的乡村"土八路"。而在我们这群人中，就算是当时村里技艺最高的李长琴师傅，一时间也无法适应钢筋水泥混凝土和现代砖混结构墙面砌筑，很多人还都是"土泥师"。这种情况被当时负责该校基建的裘佐老师看在了眼里，这位南京大学土木工程系毕业的资深教师由于被打成"右派"，因而不能继续担任大学讲师，只能担任某所中学的老师，但这丝毫没有阻碍裘老师投身教育事业的热情。真是风云际会，如果裘佐老师没有被下放到清河中学任教，我这一辈子就无缘与之相见，更无缘受教，我的整个人生轨迹极有可能就会往另一个方向行去。

看到这帮"土八路"以后，经裘老师考虑并经校方批准，组织成立了一个类似于现在的民工夜校性质的培训班，让大家工作之余都来听他讲课，以增强"土八路"们的专业技能。业余培训班开班这个信息马上被我捕捉到了，有这么好的学习机会，我怎能错过！这对于提升自身能力将会有多大的帮助呀！于是我克服了施工时间紧，工作繁忙等困难，毅然报名参加了裘老师的培训班。

在工地一年多，裘老师的课我也听了一年多，有关力学、解析几何等各类课程，几乎全无落下。由简到繁，由易转难，统统装入脑中。当时还用攒下的工资买了好多书，如《建筑设计手册》《建筑施工设计手册》《房屋建筑设计手册》《工程施工实例》等技术类、设计类专业书籍。每晚上完课后，还要挑灯夜读，稍有不懂处，便去请教裘老师。

当时年轻，精力足，白天干完活下班，晚上可以学习到很晚。夏季到来了，住在简陋的工棚里，一边摇着蒲扇，一边就着昏暗的灯光看书学习。暑热倒还罢了，随便拿个脸盆到盥洗处接盆凉水从头浇下，尚可带来些许的清凉，但工棚里成群结队的蚊子可怎么也驱赶不了，只好将学习的"阵地"转移到床铺上。进了床铺，把蚊帐一放，便是"里外两重天"了，外面的蚊子再也无法干扰我的正常学习了——多年以后，儿子李标也爱在床上看书学习，大概就是受了我的遗传吧。

那时候，工地上也有一些活动。工棚里和我同住的一群工友，一到晚上，就都出去找乐子了。逛街的逛街，聊天的聊天，也有一起打牌的，而我却独自一人猫在蚊帐里，乐此不疲地计算着一些建筑公式，一道题解答出来后，能够像吃了蜜糖一样乐个半天。但是这样的学习非常枯燥，建筑书籍又不像小人书，一看就懂，那里面有很多符号、很多公式、很多专业术语，有的还印着希腊文，这些看不懂的文字，只能靠死记硬背，慢慢掌握。

上海科学技术出版社出版的《钢筋混凝土结构计算》，此书经我早年学习使用后，交由李标继续使用

时间久了，裘老师也被我这种学习的劲头所感动，他感到在这一群手工艺人当中还有这样一个热爱学习的年轻民工，对此十分欣慰，便将我内定为他的门生，对我的教诲就更加孜孜不倦，每有问，必倾囊相授。可以说，裘老师不仅是我的恩师，更是我从事建筑业的启蒙老师。如今，当我回想起当年裘老师在简陋的宿舍里，手把手教我用工具测绘图纸、制作图纸、设计图纸的一幕幕，仍能激荡起对于恩师的感激之情、思念之心。

我的建筑理论素养在那时候慢慢积累，且在工地练就一身过硬泥工技能的基础上，通过裘老师的悉心指导，还掌握了一门在今后工作生涯中起到关键作用的技能——建筑设计。当时能够在整个行业中懂得建筑设计的专业人才可以说是凤毛麟角。如果说我的泥工技能带来了人们对我的尊敬，那我所学会的建筑设计技能更为我在建筑业中的发展插上了腾飞的翅膀。

包括裘佐老师，以及培林公公、吉水公公，还有一位在省商业厅仓库工地直接带我的上海虹口人菊生师父，都给了我极大的恩惠和指导，我非常地感念他们，这些都是我早年工作生涯中的贵人。我们每个人的一生，可能都会有几位贵人相助，当贵人出现时，你一定要把握机会，虚心、虔诚地接受教诲，踩着命运铺垫的脚步走。年轻人要热爱学习、尊敬师长、勤奋上进，才有可能在今后的人生中获取事业的成功。张良与黄石公圯桥进履的故事就正好能说明这一点，在我早年建筑学徒生涯中的，悉心指导和培养我的培林公公、吉水公公、裘佐老师、菊生师父，就是我的"黄石公"，传授我立足于建筑业天地间的"太公兵法"。

初出茅庐

在杭打工的几年里，有时也断断续续回家务个农。有一次，我正在村里干农活，突然接到电报，说杭州塘栖造船厂工地需要一名能打独立砖柱，砌筑技术过硬的师傅去工地把关，手工业社便委派我过去。

造船厂工地的人发出电报后，整天翘首企盼着大师傅过去。那时候我刚二十四岁，按当下来讲，完全是大毛孩子一个，有的还在大学校园里读书呢。我辗转到达工地后，大家看到手工业社居然委派了我这样一个年纪轻轻、乳臭未干的"大师傅"来给他们做技术把关，大旱之望云霓的渴盼之情一时间全都成了霜打的茄子，蔫了。有些人还窃窃私语，说从业几十年的老师傅都砌不了这独立砖柱，派个毛孩子来不是开玩笑嘛！我一看这些人的神色，再听他们交头接耳的话语，就全明白了，原来他们是不相信我。一颗好胜要强之心在我二十四岁的年轻胸膛里跳动着。

我让他们带我到施工地点，叫他们拌好灰浆排好砖，我拿起瓦刀"腾腾腾"就干了起来。结果不到一天时间，十多个独立砖柱全部砌完，而且我在砌砖的时候，根本不用线坠，直接凭感觉就砌上去了，砌好后垂直度还相当高。砖柱砌好后，工地这班人围着砖柱，全都冲我竖大拇指，原先不信任的神色早已被你一言我一语的溢美之词所取代。这班工地里的匠人们，年龄都在五十岁左右，但不管自己年龄比我大多少，自此以后，只要见到我，一律尊称我为师傅。

记得在造船厂工地一道工作的，还有李顺来的父亲和岳父，以及杭国涛的父亲，他们对我都较为熟悉，可以说是看着我长大的。当我以"大师傅"的身份出现在这个工地，并承担了砌筑独立砖柱的艰巨任务后，他们都惊叹不已："眼睛一眨，咱们以前的金奎小年轻成了'大师傅'，真是出息了！"虽然我的年龄比他们小很多，按着年龄只能算是他们的"小阿弟"，但从造船厂工地开始，他们对我都相当尊敬，而且也替我的成长感到高兴。从那以后，只要见到我，他们也同样称我为"金奎师傅"。从造船厂工地开始，我与他们也都成了朋友，经常往来。

在造船厂做了半年时间，我又被委派到平窑砌独立水塔，也是因为没人能胜任这项工作，手工业社再次派我过去救急。

平窑的独立水塔有三十米高，呈圆形，顶端再用混凝土浇筑一只水箱。当时可以利用的测量工具很少，靠的都是平时积累的经验一砖一皮往上砌筑。由于有三十米高，砌到一定的高度，如果底下稍微有一点偏差，都将导致整个砌体瞬间坍塌，且会危及自身生命，可谓是当时的"高、难、险、重"工程。这三十米的高度，我分几天的时间，最终砌到了浇筑混凝土的高度，一观之下，还非常的平整顺直，大家看着都比较满意，且都表露出敬佩之心。

这两件事，让我感悟到：人一定要有钻研精神，要有力求上乘、追求卓越的那股子狠劲，才能学到本领，才能受人尊敬。我们立足于天地间，最大的心愿，除了满足我们的物质所需以外，不正是为了得到别人的认可，获得他人的尊敬，以满足我们精神上的需求吗？要获得他人的尊敬，你首先必须练就一身超强的"功夫"才行。1967年，我二十三岁，所干的已经是全工种技术含量最高，普通人难以胜任的工作了，并以自己过硬的本领，成了全乡有名的"关砌师傅"，这是大家对一支施工队伍中经验最丰富、技能最优秀的匠人的尊称。

到了1968年，我仍回杭州工作。这期间，在杭州富阳的杭州鹿山人造纤维厂的经历，给我留下了较多的回忆。

我在杭州鹿山人造纤维厂担任基建技术负责人时，正好是李伟出生的那一年。当时这个厂子正在新建厂房和宿舍楼，还有一个污水处理工程，属于厂里的重要项目之一，项目投资两百七十八万元，现场施工方圆五公里。其中污水池的浇捣面积较大，其地下深度近五米，那时属于施工难度较大的单位工程。因此，在污水池浇捣施工中，我们经过摸索，采用了优先脱模法，既提高了工程进度，又节省了大批模板。最终，该工程得以提前四十五天竣工，得到了厂方和建设单位的表扬。

在鹿山人造纤维厂施工接近尾声后，我又至杭州南星桥、龙翔桥等地工作。这时候，发生了一件足以影响到我整个人生的历史转折事件。

我到杭州木材厂等工地工作后，原鹿山人造纤维厂工地仍有同村的几个人在从事工程扫尾工作，其中就有我的好友李尧根。有一天，李尧根通过公用电话联系我，说要到我这里来玩。到了晚上，他到我所在的解放街龙翔桥附近工地和我碰了面，当时我正在工地上开夜工，工地上到处都是沙石等建筑材料。

数月不见，我们聊了好久。当他跟我讲到，在我离开鹿山人造纤维厂以后，厂里劳资科便把他们同村留下的几个人全都招了工并转了正，现在他们已经成为工人阶级的一员了。

后来我还听说，在李尧根等人被招工以后，厂里还派专人到燎原村来找过我，说我这人不错，也想把我招到厂里当工人。但当时因我在外打工，厂里、村里的人都找不到我。等我再回到村里，几个月都过去了，再去鹿山厂询问，招工早已结束。我就这样丧失了两次跳出"农门"，成为一名正式国营厂工人的机会。此事让我后悔了很长一段时间，内心长久不能平静。

后来我不断给自己打气，不断激励自己：只要平时够努力，机会总会青睐有准备之人，是金子到哪里都会闪光。于是，我更加咬紧牙关，在工作学习上加倍用功，刻苦钻研专业知识。从看专业书籍，到学看图纸，熟悉经纬仪等仪器的使用和丈量等。我的内心中有一个强烈的愿望：一定要在建筑行业中有所成就，要比我的朋友李尧根他们更加有出息。我要做工程师、做设计员，要在宽敞明亮的办公室里看图纸、出蓝图、建大楼！这样过了几年，那些被招工的同村人回老家探亲，此时的我，已经在带班承包工程了。于是，形势又发生了逆转，反而是他们那些正式国营厂的工人要对我产生羡慕之心了。又过了几年，我们之间的差距就拉得更远了。

1968 年，杭州木材厂甫一完工，我便回到了上虞，此后便一直在上虞工作。这次返虞，不像以前那样，回乡就直接务农。当时县里要建党校，需要既懂施工又会建筑设计的专业人士来担纲负责项目建设。但在 20 世纪 60 年代，全县还没有一家建筑设计院，懂建筑设计的人可谓凤毛麟角。有能耐的人都到大城市去了，小小县城一时还真找不出这样的人。后来县里打听到沥东乡燎原村有一位既会施工又懂设计的李金奎师傅，就通过沥东手工业社跟我联系，让我担任党校项目技术负责人。因此我一回到上虞，就接下了这个项目。

当时的党校是两层楼建筑，总建筑面积大概两千平方米左右。我担任党校工程技术负责人之后，从绘制施工图，到指导施工，再到技术把关，前前后后忙了半年多，终于圆满完成了建设任务。现在位于上虞人民中路上的老党校是在我负责建造的党校原址上重建的，原先的党校早已拆掉不见，我们老一辈的人可能对原党校还稍有些印象。老党校虽然是两层楼的建筑，但在当时已经算得上是县里的重点工程了。此后整整五十年，位于人民中路的老党校为国家培养了无数的党员干部，直至 2018 年底，位于春晖中学旁的新党校投入使用，老党校这才退出历史的舞台。

党校完工之后，我就一直在上虞工作了，从搞设计到做预算，从制图到做技术负责人，由于在上虞已小有名气，很多单位、部门搞基建都来请我绘制施工图并担任现场指挥。一时间，我忙得晕头转向，一项工程完工后，下一项工程接踵而来。

在这之后的几年间，我通过上虞县建筑工程公司，陆续接下了下管中学、岭南供销社、章镇中学和丰惠中学的建设任务，都是设计、施工、预决算一把抓，从施工图设计到选材用材、技术把关、质量控制，都是由我一人负责，统筹全局。当时除了建楼外，还有各种形式的建筑，有桥、水站、仓库、地下油库和影剧院等，我是来者不拒，每一个工程项目都能高质量按时完成。

在上建公司，我又碰到了一位贵人，即上建公司技术负责人王守富，当时他负责工程设计与预决算，我则负责现场施工和实际操作。从本质上来讲，我是"泥腿子"出身，王守富却是正经的"科班"出身，是知识分子，理论素养自然比我高出许多，个人涵养也令我十分钦佩。虽然当时在虞已小有名声，但我没有一丝的骄傲和自满，在设计和预决算的某些问题上，我会虚心向他请教，他则耐心向我解析，为我去惑解疑。

我们经常在一起，因志趣相投而惺惺相惜。他比我年长，却非常喜欢我这样的年轻人，我也敬佩他的学识和为人。我们既是朋友，又有师徒之谊。在他的强化指导下，我原本相对薄弱的建筑绘图这门技术也日渐精通起来，并较早学会了计算尺的使用。他后来调任上虞建管局，任质监站站长直至退休。他的儿子王黎明和我儿子李标也是同学加好友。可惜的是，2017年4月18日，我的挚友王守富不幸因病离世，令我十分痛心。在他生病期间，我还专程去上虞人民医院探望过他。在他去世的次日，我和李标前去吊唁，送了他最后一程。

在上建公司的那几年，是我工作和学业的巩固期、提升期，也是我在整个上虞走村串镇，担纲营建，名声初露的启程时刻。年轻的我，意气风发，却也虚心好学，不骄不躁，一步步树立起自身对于建筑行业的理解、定位与目标。我明白，未来的从业之路还很漫长，我必须一步一个脚印，坚实而沉稳地走下去。

跳出"农门"

1973 年，沥东乡筹办预制厂，派我到预制厂担任基建负责人。厂子建成后，又让我担任厂长。这也是我走上工作岗位后的第一个"官职"，但还算不上是吃国家饭的正式公职人员，因为预制厂是乡镇企业，跟国营企业又有所区别。预制厂的创办，可以说是白手起家建立起来的，建成后，陆续生产了一些预制建材。当时由我负责设计的一些预制构件还受到过用户的好评，如民用二绞房架、跨度八米的民用预制排架等，后来预制厂慢慢退出了市场。在担任预制厂厂长期间，趁着工作的闲暇，我还应邀主持了各类基建项目的设计与建设，如当时体量跨度较大的百官物资局仓库等。

1975 年，县里筹建棉花原种场，场址就设在现在的盖北镇。刚组建的棉种场完全是块白地，设施全无。当时县里点名要我担任棉种场的基建总负责，负责棉种场总体规划、土建设计及施工。因为县里没有一个会搞设计的技术员，没有技术员就不能出设计图纸，棉种场的基建工作将无从开展。县里点名后，乡里不答应了，认为棉种场的这种行为无异于挖沥东乡的墙脚，乡里原本就人才稀缺，再把人挖走，以后乡里的基建工作还怎么开展！因此，乡里无论如何都不放我去别处任职！相持不下时，只好请出当时的一位副县长来"主持公道"，最后这位副县长拍了板：李金奎可以去棉种场！于是乡里又专门召开党委会，专题讨论我的去留问题，最终通过决议，决定放我去棉种场任职。当时的组织纪律性极强，我们农村的每个人都是集体的一部分，个人要调动，要先得到村支部和乡党委的同意，所以我能去棉种场任职，这是非常不容易的事情。

这一年，我失去了一位重要的亲人，即我那受人尊敬的祖父。祖父于这一年的盛夏七月去世，地里的棉花植株正拔节疯长。此时，在我和钱珍的共同努力下，家里的条件已得到相当大的改善，因此，我们能给祖父操办相对隆重的丧礼。

直至去世，祖父都是十分清爽洁净的，他老人家是无病无灾，寿终正寝的，仙逝时享年八十一岁。当时村里人都说，祖父既是位有识之士，也是位有福之人。村里人说得一点没错，即使在困难时期，祖父也没有忍过饥挨过饿，且从来都是衣着得体。这与我们晚辈的孝顺与照顾是分不开的，特别是上海的巧珍姑妈和小叔，几乎每个月都有一笔生活费寄给祖父，使祖父能够衣食无忧，再加上我们几个孙辈陆续成年后，也有了自己的收入，使得祖父的晚年生活过得更加安逸而欢心。

1975 年，我穿着一身整洁的工作服，到县棉种场走马上任。从此，我由一名土生土长的农民蜕变成为一名吃"公粮"的国营单位中层干部，从而彻底跳出了"农门"，实现了自己人生之路上的第一次重大转折。这一年，我三十一岁。

我在棉种场干了不到一年，具有历史转折意义的 1976 年到来了。1976 年对整个国家来说，是非常沉痛的一年，同时也是国家历史进程中极其重要的一年。元旦过后没多久，为了国家命运殚精竭虑的周总理逝世了；这年的清明节，还爆发了纪念周总理、反对"四人帮"的天安门事件，全国政局越来越乱；7月 28 日，唐山大地震，二十四万人死亡，伤者无法统计；9 月 9 日，伟大导师、伟大领袖毛主席智慧的大脑永远停止了思考，全国人民沉浸在哀悼中，而"四人帮"则加紧攫取党和国家最高权力；此后不到一个月，"四人帮"倒台，长达十年的"文化大革命"结束。而上虞虽然只是全国的一个县，也多少受到以上事件的影响，特别是毛主席的逝世和"四人帮"的倒台。但不管政局如何混乱，县里的经济建设还是要抓起来，棉种场项目建设必须加快推进。

记得刚到棉种场时，什么都没有。我和当时担任棉种场书记的曹华根，场部生产副场长陈永根等同志一起，暂居于盖北沿海村搭设的几间草房内，吃住办公全在里面，条件十分简陋。在其后的两年间，我是规划、设计、施工、预决算一把抓，硬是在昔日荒凉一片的虞北海涂上，建起了一座宜居、优美、功能齐全的崭新农场。作为省投资项目，棉种场项目总投资额三百万元，包括场部生活用房、生产用房，以及桥梁、水闸、公路等，都由我来承担设计与施工管理。包括选择施工队伍、签订施工合同和进行工程结算等，全都由我负责，工作十分繁忙而琐碎。

农场建成之初，展眼望去，一排排簇新的农用房整齐排列，屋前是连片的混凝土棉花晒场，前有沟渠水闸可供灌溉，后有几座混凝土拱桥连接着中心河的南北两端。农场屋舍俨然，房与房间，田与田间，纵横相间的机耕路路路相通，平直交叉的河网水道环绕其间，真是阡陌交通、鸡犬相闻，一时成为荒凉海涂的世外桃源和虞北平原的地标性建筑。

但棉种场在开建之初，就遇到了难题，即地质问题。原棉种场因地处新围垦海涂地，要在此类地质上建房，当时根本没有相关案例及地质资料、技术资料可供参考，一切只能靠自己摸索。两年后，棉种场建成，并有一幢四层楼房拔地而起，大家都惊呆了，在新围垦沙地上建房的难题由此得以破解。建成后，它被省农业厅授予全省农场规划、设计优胜单位和标兵，另有邻近几个县的同行，专程来到场部借阅技术资料，并参观农场总体设计。

棉种场投入使用后，知名度极高。那时只要提起棉种场，大概虞北几个乡镇的老百姓没有一个不知道的，如果再说到有哪位亲戚熟人曾经在棉种场工作过，准能得到大家的羡慕。2000年以前，棉种场虽然破旧些，但还能比较完整地呈现在世人眼前。2000年以后，棉种场被一点点蚕食殆尽，到现在已无踪迹可寻。如果幸运，或许还能看到一两座建在中心河上的小拱桥，算是当年我在此处付出自己青春年华的一点见证吧。

"棉种场忆芳华，四十载醉回首"，四十年后的2019年，原棉种场部分干部职工及其亲属于娥江之畔的百官广场舜江集团总部再聚首

在棉种场工作期间，我结交了一帮朋友，除了早已结识的崧厦分金桥郑土龙外，还有盖北河东村的阮张尧、阮张根四兄弟，以及场部生产副场长陈永根，而这位陈永根，正是现在舜江建设集团杭州分公司老总陈建华的父亲。

当时间推进到1978年，这一年，由县政府和县农林牧业局领导出面，借调我到农垦局（也叫围垦局），担任农垦局下属联合垦殖场（简称联垦场）之下的联合国2700项目上虞机械化农场基建总负责，担纲农场总体规划设计工作。

联合国2700项目机械化农场位于上虞沥海北面的海涂滩地，是当时围涂围起来的土地，后由联合国扶贫组织投入了大量的农业机械，兴办占地五万亩的大型农场项目，农场主要以养鱼和种植水稻为主。根据当时的设想，还准备建造农用机场，实行飞机播种和喷洒农药，再配备机场地勤人员。后来因为某些原因，农用机场没有建造。需要农用飞机喷洒农药时，改由萧山机场起飞，抵临农场上空后，农药像雨雾一样喷洒而下，当时很多人都来观看。

在我的记忆中，机械化农场的建设任务一点也不亚于海涂围涂，可以称得上是万人大会战了。当时农场筹建处书记是朱菊生，场长是夏友甫。由于农场占地较大，筹建处专门给我配备了一辆吉普车。我乘着这辆吉普车，整天驰骋在广袤的海涂农场间。哪里挖水渠，哪里建仓库，哪里修道路，哪里筑桥梁，我是胸有成竹，整天指挥着大家，一起建设社会主义新农场。在大家的共同努力下，沥海北部荒草杂陈的五万亩滩涂地顷刻间变成了布局井然、规模宏大的浙东"南泥湾"。农场建成后，也成为农垦局下设的国营场办企业，内有新建楼房、住宅和办公楼等各类设施。项目在竣工验收时，得到了相关领导特别是联合国代表的较高评价，只是后来资源浪费严重，一些收割机、播种机因长久不用，慢慢生锈，最后烂在机库中。但从此以后，一个生机盎然，万绿丛生，拥有崭新办公楼、宿舍楼的社会主义新农场，就这样呈现在人们眼前。

辗转农林局

　　1978年，改革的春风吹融了江南的积雪寒冰，激起了人们对于贸易经商，发家致富的美好憧憬。当时的上虞县基础建设风生水起，建厂房，办商场，兴建各类商业场所，个私与集体、乡镇、国有企业经济活动频繁。计划经济的栅栏一旦被打破，各类买卖就立即活跃起来，小到针头线脑，大到大宗货品，无不涉及，很多人喝到了改革开放的"头口水"。

　　乘着改革的浪潮，县农林牧业局也要创办自己的企业，但缺少基建技术人员，只好一个报告打上去，请县里解决。县里就将我从棉种场调到了农林局，担任农工商、农工贸联合企业下属各个场部的基建设计规划与预决算负责人。到了1980年，上虞农工商建凤山饭店，又委派我承担了凤山饭店的建设任务。

　　说起这个凤山饭店，至今已很少有人知晓，但若是说到上虞日报社原办公场所，知道的人应该会多一点。不错，它就是位于丁界寺的老报社所在地。当时，凤山饭店共分前后两幢，前四层，后五层。凤山饭店也是上虞农工商最早的办公场所，同时也是当时整个上虞非常有名的聚会之地，后来才作为上虞日报社的办公场所。在这项工程中，我还根据该地块地质特点，因地制宜地设计了上虞独一无二的蘑菇形螺旋梯，彰显了该楼的特色，被县有关部门评定为设计优良和质量优良奖。

　　1981年，我还接受了上虞农工商凤山彩印厂的筹建工作，负责该厂规划、设计与施工。此处地质条件极差，四周都是淤泥质土，地下水位较高，当时面对这样的土质，都会用到深基础、厚底板。但我在设计厂房土建基础时，打破了这一固化思维，将设计改成了板式浅基础。由于做足了功课，使用板式浅基础建成的厂房沉降均在规范允许范围内，不仅施工质量得到了保证，而且仅此一项，就为厂里节省了资金七万五千元。

　　20世纪80年代，国家有政策，号召农业企业经商。于是在我任职县农工

原凤山饭店、上虞日报社所在地

商的几年间，公司各处基建活动频繁，其中最具代表性的是建造农林牧经营中心大楼。它的设计及施工调度等，全由我一人完成，是当时由我设计的楼层较高的建筑，具有一定的挑战性。

该大楼地上八层，地下一层，坐落于百官镇解放街92号，现在仍然矗立在那里，但解放街后来改造成了步行街。当时，该楼是上虞全县的最高楼，其建筑总高近四十米，同时也是唯一建有地下室的大楼，属于那个时代的地标性建筑。在项目建造过程中，原地基基础设计为桩基，但我的设想是大楼不用桩基，改用箱形基础也能建造，在向上海有关工程技术行家请教后，这一设想得到了领导和专家的肯定。于是，在我的主导下，大楼地基基础由原桩基改为箱基，从而成为上虞全县第一个箱形基础试点工程。

桩基改箱基，不仅缩短了施工周期，又节约了项目投资，还可利用箱形空间，增加楼面使用面积。后据统计，仅桩基改箱基一项，就为项目投资节省近十二万元，大楼地下室平时作为物资仓库，其堆放面积变得更大了。这一施工方案为上虞全县使用箱形基础起到了一定的促进作用，并提供了可靠的技术依据。箱基施工过程中，我们采用一次性连续浇捣，而在当时尚未普及商品混凝土的情况下，要实现混凝土一次性连续浇捣，还是十分困难的，因为现场拌制混凝土的数量毕竟有限。在浇捣过程中，还要谨慎处理内外施工缝，严格做好基础抗渗处理。而这一切的付出都没有白费，当时大楼被县有关部门评为优良工程。即使到了现在，该大楼基础部分仍未有一处渗漏，质量相当过硬。

1984年，县农林局创办农林牧经营中心，成立中心管理班子，其办公地点就在新建成的农林牧经营中心大楼内。我由县农工商基建技术负责人转任该中心总经理，它与县农工商原本是独立的两家单位。几年后，为充实农工商力量，陆续抽调各场部人员到县城，又将农林牧经营中心与农工商合并，统称农工商总公司，办公地点仍在农林牧经营中心大楼，但大楼更名为农工商总公司办公大楼，内设农工商舜江商场、槐花饭店和旅馆，进行商贸经营和零售批发等商业活动。后来，槐花饭店及旅馆等业态逐渐消亡，只有舜江商场一直存在，于是，大楼的名称又改为舜江商场。当时由顾金尧担任合并后的农工商总公司总经理，我任副总经理，而局里分管农工商总公司这一块的，是王海洪副局长，可以说，农工商总公司是王海洪副局长一手创办和发展起来的。

这一年，上虞县农垦局要创办局属建筑公司，再次借调我到农垦局，负责公司的筹建事项。这家公司就是之后名扬上虞的农垦建筑公司，当时公司的名称也是我给取的，后来沿革为浙江舜杰建筑集团有限公司。因此，从1984年4月到1988年10月，我主要在农垦建筑公司任职。公司建成后，农垦局还向县组织部打了报告，想暂调我出任公司一把手，但被我婉拒了。由于自身在农林局任职，属于国家公职人员，去农垦公司任职似有不妥，想想自己这么多年才调到县城百官也不容易，去农垦公司任职还是算了吧。但我还是举荐了同村好友李华杰来担任农垦公司总经理一职，局里也表示同意，我就把华杰叫来了。华杰一开始担心搞不好，我就为他加油鼓劲。于是华杰在台前坐镇，我则在台后时时帮衬着他，农垦建筑公司就这样开始运转起来了。

当时，农垦建筑公司的大小事务都离不开我，但我又不在公司任职。于是，由当时的王润生县长出面，与农林局商定，暂由我抽时间去农垦公司担任副总一职，负责公司常务工作，实际上也就是常务副总了。这样一来，我便可放开手脚为农垦公司办事，为华杰出谋划策了。我虽然只在农垦建筑公司担任了常务副总一职，但可以这么说，上虞农垦建筑公司，是在我和华杰的共同努力下，快速发展壮大起来的，最终发展为浙江舜杰建筑集团有限公司，成为上虞建筑企业中享誉多年的"大哥大"，华杰自身也成为舜杰集团的董事长，成为上虞建筑界的名人和能人。至今说起农垦公司和舜杰公司，说起舜杰的李华杰，应该没有几个上虞人不知道的。

一边是农工商总公司副总经理，一边还兼着农垦建筑公司常务副总，一切都那么顺利，在农林局或农垦建筑公司的道路上走下去，一路的康庄大道，似乎将成为我毕生的归宿了。作为国家公职人员，我应该算是满足了，工作顺利，家庭幸福，还有一门看家手艺，走到哪里都受人尊敬。年逾四十的我，有时候想想，似乎还缺少些什么，趁着自己年富力强，精力充沛，还可以再干点什么。不久，上虞县农委要创办自己的建筑公司，这才有了后来我离开农垦建筑公司，接手上虞新建建筑公司这档子事。

1987年9月于上虞越瓷陈列馆

农垦公司与谈家桥工地

  上虞农垦建筑公司成立于 1984 年。农垦公司刚成立时，没有多少人，业务量也不是很大，上海谈家桥拆迁安置房项目算得上是上虞农垦公司第一个上规模工程。这个项目还是我的堂兄弟李柏祥接来的。当时，李柏祥通过关系，得到了上海谈家桥拆迁安置房工程的相关信息。得到信息后，他立即与我和华杰取得联系，希望得到公司层面的支持。我在得知这一情况后，十分重视，马上出发赶往上海，与他一起参与项目洽谈。上海谈家桥拆迁安置房项目，又名上海市政工程开发公司动迁用房工程，总建筑面积近两万平方米，是当年上海市政府十五件实事之一，也是上海市新客站配套工程。如果这个项目能够交由农垦公司做，那么公司就能以此为契机，在上海开创出一番天地来。

  我当时赶去上海，主要是说服上海市政工程开发公司动迁办的一位主任，他是这个项目的甲方负责人。我到上海后，与华杰、柏祥三人，一同到他家中交流洽谈。当然，在去之前，我已做足了功课，将这项工程各项技术参数做了多方论证。在动迁办主任的家中，我将论证结果向主任一一做了汇报。虽然过去了几十年，但我对这位主任印象依然深刻：戴着一副眼镜，文质彬彬、气质高雅，虽是领导，但却礼贤下士、平易近人，对待我们农村出来的"乡下人"也是极为友善，笑脸相迎。

  一进他家，首先看到的是客厅电视机柜上安放的一台彩电。那时候，彩电绝对是个稀奇物件，普通人家连黑白电视机都还没有普及，更不用说彩电了。我在上虞老家时，最早拥有过一台九寸大的黑白电视机，那也是有一次到小叔家中做客，小叔慷慨相赠的。这台九寸的黑白电视机，当时都被视为珍宝，一台大彩电在农村人眼中那是个什么概念？在主人的引导下，我们穿过客厅，步入主任家的起居室兼办公室，我又看到他在办公室里安放了一幅巨幅油画，这一切都渲染出主任家书香门第的氛围。

当时以我为主，跟这位主任攀谈交流。我从技术和施工质量等方面，向主任娓娓道来。我向他保证，如果上海谈家桥动迁房工程交由上虞农垦建筑公司负责施工，公司一定优质高效、保质保量完成这个项目的施工任务。

这次的交流非常顺利，交流双方又比较投缘。主任看到我对工程施工讲得头头是道，又听到我方信誓旦旦的保证，因而表示出极大的好感。此次交流后，他即做出决定，将上海谈家桥动迁房工程交由上虞农垦建筑公司负责施工。当时的公建项目，还没有实行公开招投标，建设方有权将项目发包给他们中意的施工单位。后经洽商，该工程砖混结构住宅以每平方米一百三十元，框架结构以每平方米一百四十元的价格一次性承包给公司。没过多久，第一笔共计七十万元预付款到账，这在当时完全算得上是一笔巨款了。当时连银行工作人员都没见过这么大的款项，以为汇款单上那一个又一个的零肯定是搞错了。

工程接下后，堂兄弟李柏祥有点担心，因为他此前从未负责过这么大的工程项目，而且先前做过的项目，都是清包工程，只负责包工，不负责包料，而谈家桥工程却是农垦公司第一个总包工程，不仅体量大，而且单体多，这一切，都让他感到压力山大。我看到他愁眉不展，便同他讲："不必担心，我会经常来上海，帮助你开展工作的。"柏祥听我这么一说，紧锁的眉头才有一丝舒展，马上跟我说："金奎，以后你一定要多来工地，我是真的有点怕！有你在，我就放心多了！"

为了便于柏祥开展工作，我还专程赶赴杭州，邀请当时在杭州某厂区搞基建的师父李吉水共同参与到上海谈家桥工程的施工管理中，让他来给这个项目把把关。我到了他那里，开门见山地跟他讲："上虞农垦建筑公司在上海有一个项目，现在缺人管理，想请您过去，做谈家桥工程施工中的'压舱石'，在各方面进行指导把关，不知您这里能不能抽出身？"

吉水师父听我这么一说，马上接受了我的邀请，立即收拾行装，和我一同赶往上海谈家桥工地。到了工地后，吉水师父也向我做出了保证：一定会把这个项目做好，让我放心。过了一段时间，他还向我提了一个请求：希望我能同意，将他的小女儿李冬兰叫到这个工地上来学习工程预决算。我自然同意了他的请求。当时工地上的预决算由李国寿负责，我便同国寿讲："吉水师父的女儿冬兰要来工地学习预决算，请你关照一下，带带她。"这样，冬兰就来到了上海谈家桥工地，开始学习预决算，从此也和建筑业结下了不解之缘，并慢慢地开创了自己的一番事业。

还有一位上海的技术工程师王瑞林，也是由我出面，聘请他为农垦公司驻上海技术负责人，为谈家桥工程提供技术支持。这位王瑞林师傅，当时就住在淮海路，我到他家中不知去了多少趟，与他交流技术与管理。我还多次邀请他到上虞来做客，以联络感情，增进友谊。友谊的小船荡出涟漪，我们的关系越拉越近。为此，王瑞林快速地融入了农垦公司，并毫无保留地将他的技术知识倾囊相授，我们从他身上学到了很多知识和技术要领，包括很多施工安全方面的知识，他也一并传授给了我们。

在农垦公司，我有着很高的威信。在上海谈家桥工地，大家都十分尊重我，只要我进入工地，原本吵闹的场景马上就会安静下来，人们都变得小心翼翼，生怕哪里出错，被我问责。当时农垦公司其他工地亦是如此，每次我下去检查，工人们都战战兢兢，唯恐出错。我们早年在工地一线做工的，很多都是同村、同乡，他们都有一份心，都想把工程做好做优，如果哪里做的不好了，他们自己也觉得会失了脸面。当时从农村出去的人，内心都比较纯朴实在，又能够吃苦，不像现在的年轻人，八小时工作结束，下了班还不肯加班，即使给双倍工资，还要额外提条件。我们那时候的人，白天的活干完了，晚上还要挑灯夜战，大家挤破头皮抢几个加班的名额，抢不到名额的还有意见，为的是多挣点钱早日致富。所以后来我们在沪承建的很多工程项目，基本上都是提前竣工的。那时候虽然苦，但从管理上来讲，还是那时候容易。

但一大群人在同一个工地上共同工作生活，难免会产生一些内部矛盾，包括项目部与班组之间、班组与班组之间、技术与采购之间，平时难免有个"磕头碰脑"。有了矛盾，都要我去替他们调解。谈家桥工地施工过程中，负责材料采购的同志便与李吉水师父产生了工作上的矛盾，两人逐渐有了嫌隙。那时候，吉水师父跟我讲："金奎，如果这个工程没有你，我早就走了，我受不了这个气。"在了解了整个情况后，我请他放心，并告诉他，一定会处理好这件事。于是，我又找负责材料采购的那位同志，跟他讲了很多道理，直到这位同志接受了我的意见，与吉水师父重新握手言和，两人在材料和技术方面精诚合作，从而保证了整个项目的高效优质完工。

对于谈家桥工地，我平均一周或者半月，便会去走走看看。作为当时农垦建筑公司的常务副总，对于这个当时公司最大的，同时也是最能助推企业发展的形象工程、样板工程，我一直比较关注、留心。当然，作为农垦公司一把手，华杰也希望我能多关心一下这个工程，在安全、质量等方面多多把关。最终，上海谈家桥工程在李柏祥为首的全体人员的共同努力下，优质高效，提前十五天完成了全部施工任务。为了这个项目的如期竣工，柏祥工作压力最大，投入的精力也最多。因此，我向华杰提出，将柏祥提升为农垦公司副总经理兼沪办主任。此时的农垦公司，除李柏祥在上海开辟了"第一主战场"外，李宝灿也在上海宝山一带开辟了"第二主战场"，而我内弟李建祥的农垦百官办事处也为公司在上虞开辟了一块"主战场"。多年后，我在与柏祥的闲聊中，再次追忆起往昔创业时的种种艰辛，柏祥颇为感慨地表示："上虞农垦建筑公司自创办以来，我们这些人对企业的发展，确实做出了一定的贡献。"在谈家桥工程之后，农垦公司上海市场在李柏祥的领导下，一年一个样，得到了快速发展，而上海谈家桥工程也被誉为整个上虞建筑业在沪"一号工程"，一度名扬沪、虞建筑界。

现在来看，上海谈家桥工程作为农垦公司初创时的重大工程项目，不仅收获了业绩和荣誉，成为农垦公司在沪发展的"开山之作"，同时也成为上虞建筑界培养建筑人才的"黄埔军校"，为家乡培养了许多建筑能人。现在成为浙江舜杰建筑集团董事长的任国龙、舜杰建设集团董事长李寿祥、舜元集团董事长陈炎表，自然也包括我的堂兄弟李柏祥，他现在是上海仲盛建设的董事长，以及李吉水师父的小女儿李冬兰，等等。他们都在上海谈家桥工地付出过自己的青春与汗水，如今都已成为上虞在沪建筑界叱咤风云的人物。记得我的妹夫李苗根，也曾去谈家桥工地历练过，后来我又把他调到农垦公司担任会计。

当时农垦公司有一辆吉普车，我就乘坐着这辆车，隔三岔五便去上海谈家桥工地，而每次去工地，必定会住在工地旁边的一家小旅馆中。我能为农垦公司这么卖力，也是华杰与我互相信任的结果。那时候，我和华杰之间从无二话，两人目标一致、同舟共济，就是要把农垦公司办好。在农垦公司，华杰只要遇到困难，则必定找我商议。只要我出面办一件事，华杰便万分放心。在他心中，只要我去办的事情，就一定能够办成。我们干工作，倘若有合伙人，则合伙人之间必得相互信任，才能最大程度地迸发出个人的能量，才能激发出个人的担当精神，从而把一项项工作做好。

干工作，把工作做实、做细、做好是一方面，但另一方面，人脉和关系也同样重要，要让人家认识你、关注你、赞赏你，就需要向外推广。在农垦公司的那几年，我每天想的就是怎样把上虞农垦公司向外推广出去，让更多的领导来关注和支持企业。于是我总在工作间隙，乘着那辆吉普车，到省厅等职能部门负责人处汇报工作，联络沟通。农垦公司资质由三级升二级，就是由我来主抓的。当时一心为了农垦公司，个人的利益早已抛至一边。为了农垦公司的发展，我还利用自己的圈子，邀请上虞县内七个局的局长到农垦公司来调研——包括王润生县长、王海洪局长等，都曾经应邀到访农垦公司——以使领导们能够更加了解公司、支持公司。

后来农垦公司的发展风生水起，我一边为他们感到高兴，一边又发展了从新建公司改制过来的舜江公司。因为基础不同，这个过程走得异常艰辛，到了年齿渐长，才逐渐好转起来。父亲曾经请算命先生给我卜过一卦，说我这个人，总是给别人搭桥铺路，灭火救急，等事情做成了，自己却两手空空，原来都成全了别人，要至五十岁以后才开始时来运转，才能够成就自己的一番事业，从此越老越红火。卦词有语：夕阳晚霞一片红，落山太阳晒死人。现在回头看看，似乎还真就应验了算命先生当时的话。

上海谈家桥动迁安置项目（金舒燕摄）

接手新建公司

1988年，上虞农垦建筑公司已经步入正轨，公司运作十分顺畅，连年取得较好业绩。看到农垦局办建筑公司风风火火，卓有成效，县农委领导心里都很羡慕，也想创办自己的建筑公司。但当时上虞建筑公司已经趋于饱和，不能再新办了，只能通过收购重组获得。

没过多久，县农委就有了这样一个机会。当时位于新建乡的新建建筑公司负责人有意将公司转手，并找到了农委负责人唐小文商谈此事。经过协商，最后由唐小文与我商讨后下定决心，将这家濒临倒闭的公司接收了过来，成为当时农委下属的一家建筑公司。农委领导在找我商谈后，任命我为新建建筑公司总经理兼法人代表。

在接收新建建筑公司前，公司原负责人自称有最多不超过六十万元的债务需由继任者偿还。为了这六十万元债务，农委还专门召开过研讨会，主要是征询我的意见，看这六十万元债务是否有能力清偿。1988年的六十万元可不是一笔小数目，完全不比现在的六千万元少。但当时我向农委领导们做出了肯定的答复，并同意这六十万元债务会在规定的年限内予以偿还。那时的我，可谓心潮涌动，激情澎湃，一时踌躇满志，正想利用平生所学，大干特干一场，算算六十万元债务，压力也不是特别大。当时工程项目普遍以挂靠为主，工程管理费取费较高，可以收八至十个点的费率；而且当时承接一项工程，不仅不需要垫资，还能在开工前拿到建设方两成左右的预付款，所以企业承揽工程业务，并没有多少资金压力。在这种大环境下，假如新建公司一年能有一千万元的业务量，企业管理费就能收个百把万元。就是再怎么不济，两到三年内，这六十万元的债务也总能还清了吧。

但是我错了！大错特错！这位新建建筑公司原负责人在所欠债务问题上居然撒了个弥天大谎！据后来清查，新建建筑公司所欠外债不是六十万，而是三百多万元，是六十万元的五倍多！1988 年，这是一笔多么庞大的债务呀！后来据我所知，在我接手新建建筑公司后，原本一直愁眉不展的原新建建筑公司负责人终于如释重负，仿如劫后重生一般，据说还欣喜若狂地跑去附近的庙里烧了一炷高香，庆贺自己终于将一个沉重的包袱甩掉了。甩掉了新建建筑公司包袱后，这位负责人随后又开办了别的厂子，小日子又过得美美的了，但它的代价是我一连多年的水深火热。

艰难的创业之路由此而始！

接手公司后，我发现，新建公司不仅债台高筑，而且管理极其混乱。因此，刚一接手，我便陷入了困境。当时，公司在上海倒有几个在建工程，但管理均已失控，已完工程也是做一个赔一个。作为公司总经理，我必须三天两头跑上海，为这些在建工程和已完工程"擦屁股"，处理各类经济纠纷，并亲自指挥管理失控的在建工程逐渐走上正轨。往往是一边正在工地指挥施工作业，一边法院的传票一张张接踵而来。我只能一边叮嘱项目部人员严管工程质量与安全生产，一边奔波于法院、银行、债权人住所，请求宽延还款时限。拆东墙补西墙，稍有营业收入，便用于缴付紧催债务。

在担任新建建筑公司总经理之前，我工作轻松，经济宽裕，每月有固定工资可拿，当时是七十六元的月工资，足可以供全家人过上安逸舒适的日子了。接手公司之后，一下子多了三百多万元债务——这个数字起初还不知道，只是有一笔还一笔，待到全部偿还后，逐一统计出来的。于是整天奔波操劳，为债务纠纷伤透脑筋，为接手的几项困难工程疲于奔命。

说起这段经历，我真是感慨万千。那几年，可以说是我人生当中最为黑暗、最为无助和艰难的几年。很多亲朋好友和村里人都不知道我的处境，以为我隔三岔五跑去上海定是风光无限。每次去沪，亲友们都会托我捎些上海的"洋玩意"回来。你十元，他八元，凑了七八十元让我捎些上海的"卡琪布"。到了上海，竟连这些钱都被垫付了债务，让我回虞后都无法向亲友们交待。

家里的经济状况也随即困窘起来。妻子钱珍不时劝告："算了吧，金奎，我们安安分分地吃口太平饭，就是回家种地，日子也会比现在好过，这个总经理咱不当了行不行？"但是从小到大，我天生就有一股子倔脾气，我就不信这个邪，我不信新建公司会走不出困境。越是艰难的事情，对我就越具有挑战性，即使上天注定新建公司最终难挽败局，无法步入正轨，我也要同天斗一斗，看我能不能扭转乾坤！

钱珍几次三番劝我退出新建公司，加上公司状况的不如人意，使我和钱珍两人之间也闹起了矛盾。有一次，我还在钱珍面前发起了脾气，我拍着桌子跟她讲："要我退出公司，这事办不到！要么不吃建筑饭了，要么就把这烂摊子来个彻底了断！"

钱珍从没见过我在她面前发那么大脾气，一时间，长久积累的悲伤和委屈一股脑儿全上来了，顿时号啕大哭起来，喊着要寻死上吊。我哪有心思跟她吵，于是一甩门，就想逃离这个家，任由她在家里哭泣好了。

但我在甩门的一瞬间，听到钱珍一边哭着，一边大喊一声："我死了，三个小鬼头你自己去管！"我心中猛然警醒，自己真的是对不起钱珍和三个孩子啊！以前好好的安稳工作不干，硬是要接手烂摊子公司，害得全家担惊受怕，对妻子和孩子们，我是有愧的呀！于是我徘徊在门外不走了，一边缓缓地吸着烟，一边静静地落泪，原先暴躁的脾气也一点点平缓了下来。听她在里面哭完了，我又进了门，去劝慰她，向她保证，不用多久，我们就能摆脱困境，重新开始正常的幸福生活。钱珍也就不吵了，答应再给我一段时间，如果还是不行，她就带着孩子们回横河老家。

虽然陷入了困境，但为了不让主管局领导担心，我从来没有将公司的窘境向他们反映过。时间长了，当时担任农林牧业局党委书记兼局长的谢卫星等领导见我比以前消瘦了许多，就问我："怎么样，李经理，不顺心？有困难？"我也只是嘿嘿苦笑："没事！没困难！"而此时，或许家里正有一群债主上门逼债呢！

我虽然心硬，但是公司状况摆在那里，也不知这样的困境要到什么时候才能了结。夜深了，我却无法入眠，一个人来来回回地踱着步，一支接一支地抽着烟。我备感压力沉重，这种压力，已经到了常人无法忍受的地步。四面八方的债务，在建工程的管理与整改，新业务的承接又相当困难，再加上局里和公司内部个别人员的干扰与挖苦，使我也曾想到过退却、想到过放弃。说实在的，我当时在农垦建筑公司仍然有着较高的威望和地位，只要我愿意，去农垦公司继续担任常务副总绝对不是问题。在农垦公司，我仍然可以过我的逍遥日子。现在想来，如果那时真的放弃了，则舜江公司的历史就完全不是现在这个样子了，甚至连企业名称都将被改写，这是公司非常时期的重要历史转折点。

在我犹豫不决，一度动过放弃念头的那段时间里，县里和农委领导发挥了很大的作用，使我最终能够坚定信念，自始至终地扛起了公司重担。我最终没有选择放弃公司，必须感谢这些老领导，尤其是时任农委主任的谢卫星，时常为我加油鼓劲，为我顺利开展工作提供了较多的便利。

有关上虞县农委，这里有必要做一下补充：上虞县农委的前身，是县农林牧业局，20世纪80年代中后期至90年代初期，上虞县搞机构改革，县农林牧业局先后更名为县农委、县农林牧业局和农经委，先后由唐小文、谢卫星担任主要领导。在谢卫星出任上虞市副市长后，由郑文钊接任农经委一把手。农经委下设企管科，专门帮助下属各个企业开展工作，我的亲家公梁忠岳当时就担任企管科科长。自然，企管科还有其他一些同志。而在公司内部，除了我这个总经理外，还有一名副总经理兼沪办主任。鉴于公司许多业务都在上海，沪办主任在公司内部的实际权利仅次于我这个"一把手"。

我在担任新建公司法人和总经理以后，企业外部官司缠身，发展困难；企业内部也面临着诸多管理上的掣肘和不便，使企业很难拧成一股绳，发挥出它最大的合力。鉴于此，县农林牧业局谢卫星局长和郑文钊副局长对我工作开展提供了极大的支持，他们对新建公司人事安排重新做了调整，从而为我更加高效便捷地开展工作扫清了管理上的障碍。

在公司最为艰难的几年里，谢卫星局长就多次找我谈心，他相当耐心和贴心地跟我说："李经理，你必须坚持！农委办建筑公司，主要是你有这方面的特长，想充分发挥你的特长和聪明才智，为我们农业系统的发展添加浓重一笔。因此，你在建筑公司日常管理中如遇阻碍，只要有我在，就一定支持你！天塌不下来！"谢卫星局长的话，以及当时所采取的一些措施，给了我相当大的鼓舞，使我重新振作起了精神，为公司各项工作能走上正轨而东奔西跑，左抵右挡，使企业能够继续运作下去。

我的老领导谢卫星，当时不仅给我加油鼓劲，而且还数次伸出援手，将我从逆境中解围而出。记得有一次，上虞法院又来翻新建公司的老账，把我传唤到法院，逼着我还钱，但是不管怎么逼，这钱也不会从天上掉下来呀。不还钱，法院的人也是王八吃秤砣，铁定了心不放我离开，双方就这样僵持着。也不知道坐了多久，法院那扇封闭的门突然开启，一个壮实的身影占据了整个门框，我一看，来人正是谢卫星，当时他已升任上虞市委常委、组织部长。他一看到我便跟我说："李经理，你还在这里干什么？走，跟我一起吃饭去！"法院的审判长看到谢卫星来叫我，只好卖他一个人情，极不情愿地放我离去。这样，我才从法院逼仄的环境中解脱出来。原来，谢卫星得知我被法院传唤去了，而且长时间没有出来，他就亲自过来，以回家吃饭为由，将我带离了法院。

还有时任上虞县县长，后来担任上虞市委书记的王润生，也给予了我极大的帮助和支持。企业困难阶段债务缠身，官司累累，他就跟我说："凡是新建建筑公司在上虞的案子，金奎师傅你不要怕，有政府给你出面调停。凡是外地的案子，我们可通过法院进行沟通协调，想办法先给退回去！"这当然是出于领导的善意支持，但是欠债还钱，天经地义，公司所欠的外债到最终还是要清还的，这也是我们做人和开办企业必须恪守的诚信原则。但是能给我缓一缓，也总是好的。

在许多领导的关心支持下，我总算没有失去继续奋斗的信心与勇气，最终硬挺过了这段公司最为艰难，也是我人生当中最为黑暗的时光。

这其中，我对一件事情仍然记忆犹新。那是 1991 年的年关时节，我东挪西凑了两万块钱，打算用这笔钱度过公司的年关。包括员工工资、开会和过节礼品，最后都在这两万块钱中开销了。哪知就是因为这两万块钱，又凭空惹出一些麻烦。

那时的农垦公司最为兴旺鼎盛，与我们公司相比，不啻天壤之别。我看到农垦公司兴旺发达的场面，再反观自己的企业，内心的委屈真是无以言表。但我天生就是要强的性格，即使有再多的苦和难，我也默默承受，平时在外参加各种场合，也都装作没事人一样，在坚忍中继续自己的创业与奋斗之路。外人看我一副不温不火、不急不躁的样子，到了年关还能拿出钱来给员工开工资、发礼品，以为我还有私存的"小金库"，其中有债务关系的就到法院去起诉我，要求银行封号封账，冻结公司资金，于是我又到处求情，请求他们网开一面，宽限时日。

从 1988 年至 1991 年，真可以说是我人生中最为黑暗、最为无助的几年。这几年当中，各种不利事件接连发生，债务累累，终日奔波，心力交瘁。我至今香烟抽得这么凶，能一天抽掉三包烟，也是当时由于心中烦闷，借烟消愁和思索难题养成的陋习，到后来企业渐渐好转，事业又一帆风顺了，这吸烟的陋习却始终都改不掉了。

那几年，我不仅养成了抽烟的陋习，还得了"警车警灯恐惧症"。只要看到法院的警车，看到警车亮着警灯从面前呼啸而过，我会陡然间心惊肉跳，头皮发麻。即使到了 1996 年公司搬入江扬路 88 号新办公大楼以后，由逼债索债、法院传唤等引起的恐惧症仍然没有得到消除，生怕平地一声雷，哪里又突然翻出一笔老账，冒出一笔债务来。

企业刚开始这几年的经历，虽说是吃苦受难，但对于我个人，其实也是有所补益的，可以说是我人生中的宝贵财富，多少金钱都难以衡量。企业初创时，虽然我是公司"一把手"，但在很多时候，我更多地只是担任着一名"救火队长"的角色——哪个工地出现"险情"了，我就奔向哪里，为这些工地"抢险堵漏"。但是企业一把手最重要的，是要做企业的主心骨，做企业同心圆中最为核心的那一个点，把企业的所有力量都凝聚在自己那个点上，把分散的五指拧成拳，再发力击打出去。那几年，我发现自己在这方面做得还不够，并且还停留在工地"关砌师傅"的角色中。而现实中，技术与管理是两回事，企业管理更倾向于人的管理，只有管好了人，才能管好企业，这是一门大学问。所以从那时开始，我就慢慢地将自己从一名技术型领导者向管理型领导者转变。

在此后几十年的企业管理中，我从来都将如何留住人才，如何更好地发挥公司下属各个办事处、分公司、项目部管理者及其团队赋能，如何让舜江精英们与企业共融共创作为我这个董事长首先要考虑的事情。我们舜江的各级管理者，我都将他们视为自己的兄弟子侄，并努力营造"舜江是个大家庭，企业上下一家人"的和谐氛围，这种氛围后来慢慢演变成舜江的"家文化""孝文化"。在这种"家"的氛围中，"父亲"做好"父亲"的角色，"兄弟"做好"兄弟"的角色，"子女"做好"子女"的角色，大家各司其职、各守本分，各有各的责任和担当、各有各的抱负与憧憬。

人在顺境中容易满足，容易消弥斗志、坐享安逸，结果反而成就不了自身梦想，促成不了事业的成功。但如在逆境中浸泡几年，再突围而出，经历了苦难"洗礼"的人，再重新面对生活、面对人生、面对事业，他就无所畏惧，而内心就一定只有两个字：向前、向前、向前……

1990 年 4 月留影

药水弄与洋泾工地

我接手新建建筑公司后，除了原有的几个工程外，新业务的承接相当困难。此时，农垦建筑公司的业务发展已相当迅猛，经公司总经理李华杰与班子成员商议，决定拉我一把。经他出面，将属于上海农垦五工区的几个工地全部划给了新建建筑公司。此时，公司在上海的办公地点暂设于中山北路改建指挥部内，而由原农垦五工区划编过来的工地散落于上海各区县，其中就有药水弄和洋泾工地。

作为上海旧时著名的"三湾一弄"的药水弄，位于上海市普陀区。1985 年以后，上海市政府对药水弄进行了大规模的改建。当时由公司负责施工的药水弄工地，其总包单位是福建省四建，分包单位为上虞农垦公司，工程由七八幢五至六层多层住宅组成。新建建筑公司接手工地时，工程进度已经上不去了，质量安全和文明施工还相当差，而且最严重的问题是连工人的工资都发不出了。于是工人们都不愿干活，整天围在项目部办公室，堵住门口，不放里面的人出来，除非发了工资才肯作罢。此时的我，早已把工作重心放置于上海，想尽我所能，把农垦五工区划过来的这几个工程做好。

当时工区办事处负责人是邵其庚，他这个人为人比较耿直，也比较讲义气，但就是不善于管理，而且也不是吃建筑饭出身的，因此工区下辖的几个工程都是一团糟，没有一个工程像样的。此时，我的次子李标在上海读大学也毕业了，读的是工民建专业，毕业后也到了五工区，成了办事处的一员，既搞预决算，也参与处理工区几个工地的一摊子事务。

药水弄工地陷入困境后，我到这个工地长期驻点，吃住都在工地上，一边指导工作，一边协调问题。而从工地到办事处，有一条两三里长的路。路的一侧，就是苏州河。这条路，我也不知道走了几百回，一边走，一边想，什么时候才能走完这条道，从此跟药水弄工地挥手说再见，让我的工作、生活重归正常。

苏州河平静的河水映衬着朝阳、晚霞与漫卷的乌云，以及我每天早晚一次往返的匆匆身影；平静的河水反衬出我心头的焦虑，更掩饰不了一个烦心人紧蹙的眉头。

记得第一次来到上海，我在打浦桥渡口与黄浦江来了个不期而遇。波涛滚滚的黄浦江让人激情豪迈，有一种催人奋进的感受。站在浦东荒芜之地，一时间，心绪也如雄浑的黄浦江水一样，波澜壮阔，不能自已。对面不远处即是浦西外滩繁华之地，高楼依稀可见，巨轮溯江而上，驶向黄浦江腹心之处，驶向远处的十六浦码头。不时汽笛长鸣，响彻两岸，一种想在上海滩闯出一番事业的雄心壮志油然而生。不想才过了没几年，我的这番雄心壮志一下子由滚滚的黄浦江变迁成了款缓的苏州河，由波涛汹涌变迁成困顿偃蹇，变迁成心烦意乱与焦虑不安，变迁成平庸、无助、局促、无奈，这真是世事难料啊。

由于基础较差，又是半途接手，之前的情况完全不了解，所以药水弄工地各项工作根本无法开展。当时我要做的，就是协调协调再协调，沟通沟通再沟通，嘴皮子都磨破了，但还是徒劳无功的多。傍晚，从工地返回办公室。一条绵长的小道仍然毫无尽头，通向远方，静谧的苏州河仍然不徐不疾地流淌着，晚霞映射在河面上，呈现出一片又一片莽苍的血色的光芒。

刚进办公室，工人们又一哄而上，把整个办公室围得水泄不通，吵着闹着讨要他们的工钱，但当时哪有钱给他们呀！

不仅工人们吵着要工钱，还有材料商，隔三岔五来工地讨要材料款。当时工区办事处主任邵其庚急中生智，顺手操了把菜刀往办公桌上一扔，跟一群讨债的人说："要钱没有，要命一条。桌上有刀，想要命的，随便砍！"算是稍稍能够唬住一些人。除此以外，我们管理层的这帮人，就再也没有其他有效的办法了。

我在工地待了七八个月，上面又要来检查，而这样的工地，如果遭遇检查，肯定要被通报。于是又到处托关系、找路子、求人情，希望能够避免检查，或者检查时能够网开一面。后来仍然不可避免地接受了检查，自然是没什么好果子吃，最终连省建管处颁发的进沪施工许可证也被收了去。记得当时来检查的，是上海市质量监督总站四科的人员，我们这样的工地，他们看了，也是直摇头，进沪施工许可证自然要先收了去，以观后效。那时候，公司还只是三级企业，为了这本进沪施工许可证，我又到省里不知跑了多少趟，沪办建管处也跑，跑得我心力交瘁，不知道我这个"救火队长"什么时候才能有个了结。

最终，药水弄工地在甲方、工区办事处，以及我这个"救火队长"的共同努力下，一点点理清头绪，慢慢地提升进度。从基础完工，到结构施工，一层层往上建，最终勉强合格完工移交。工程完工后一算，药水弄工程不仅没有挣到钱，反而还亏损了不少。由于账目不清，上虞检察院还派员来工地查账，最终也是不了了之。

对于药水弄工地，作为工区办事处负责人的邵其庚后来跟我说，自己相当内疚，由于他个人的管理不善，给公司造成了这么大的损失，也只有来生再来弥补自己对于这个工地，对于大家的亏欠了。那时候，事情早已过去了很多年，亏欠不亏欠的，也只是嘴上说说了，一同回忆往昔的辛酸苦楚，彼此倒是呵呵一笑。想来，即便再苦再难的事情，也总有结束的那一天。不是说，古今多少事，都付笑谈中嘛！

1990年10月，药水弄工地的事情刚刚有个了结，我就将新建建筑公司更名为上虞舜江建筑工程公司。关于企业名称的变更，是我长久思虑的结果。当时新建建筑公司无论在上虞还是上海，都是相当"有名"。在建筑业的圈子里，新建建筑公司几乎成了艰难困苦与各类难题的代名词，是上虞、上海建筑界反面宣传的典型，那可真是"名声在外"，只不过这个"名声"不是好名声，而是坏名声、臭名声。我是多么希望公司能够化蛹为蝶，获得重生呀。除此之外，我还想给公司去去晦气，变更了名称，或许就否极泰来了呢！至于更名为舜江，也是希望我们的企业能像上虞母亲河一样，源远流长，从此生生不息。

洋泾工地跟药水弄工地时间上差不多。药水弄工地完工后，位于上海浦东的洋泾工地又遭遇了"黄牌警告"事件。

1991年初，刚刚更名不久的舜江公司各项工作稍有起色。羊年的到来，使我期盼着这一年能成为吉祥之年，让企业和我个人都能够迎来全新的发展。但是我错了，1991年对我和公司来说，不仅不是吉祥之年，反而是将我推入风口浪尖的险重一年。

刚刚过完羊年春节，年事已高的父亲再次生病住院。记得上一次父亲得病，我还在上海处理药水弄工地各项事务，突然收到家中发来的电报，说老父病重，已急送上虞人民医院抢救。当时我的两个兄弟银奎和金龙也在上海工作，收到电报后，两兄弟先我一步，连夜赶回家中照料，我因被药水弄工地缠住手脚，确实抽不开身，等忙完了手头工作，这才回虞看望父亲。等我来到医院，父亲还躺在人民医院的病床上输氧，但人总算是救过来了。

而这次住院，父亲的病情比上次更为严重，我们几个子女都感觉到，父亲的时日不多了。作为家中长子，照顾父亲的担子自然落在了我和钱珍身上。白天忙完了手头的工作,晚上我还要赶往医院看护父亲。连着几天几晚,十分疲倦。

这天晚上,在父亲的病床前,我收到了《新民晚报》和《解放日报》两份报纸,先是《解放日报》刊登了上海市质监总站发布的一条消息,我还记得这篇消息的标题叫《施工单位"出烂污",羊年首亮"黄牌"》,文中写道:上虞县舜江建筑公司浦东洋泾工地施工质量低劣,记黄牌警告一次,要求立即整改,如整改不力,上虞县舜江建筑公司将被"赶出"上海建筑市场!然后《新民晚报》在晚间转载了这条消息。第二天一大早,上海人民广播电台又对此进行了播报。

真是一个晴天霹雳,不仅记黄牌警告,还有被赶出上海市场的危险,这已经是十分严重的事件了。事后我才知晓,在朱镕基担任上海市市长期间,对上海建筑业特别是住宅质量管得十分严格,目的是防止各类"豆腐渣"工程的出现。当时,上海市政府及行业主管部门专门在黄浦区试点(浦东洋泾1984年归黄浦区管辖,1993年后划归浦东新区),督查治理建筑业乱象。洋泾工地出事,正是在这样的背景下发生的。兹事体大,又十分紧迫,且无半分回旋余地,我必须暂时告别病重的父亲,立即赶赴上海处理工地整改事宜。

把父亲托付给了钱珍和弟妹们以后,我连夜来到浦东洋泾工地,开始着手进行工地整改。当时去上海,已经不必再乘火车了。新建公司移交过来以后,有一辆奶白色的柳州五菱小面包,这是公司当时拥有的第一辆车子,车牌号为浙江0400540。我们现在的浙江车牌,D代表绍兴,但在20世纪七八十年代,04代表绍兴籍车辆,后面的00540应该是按车子上牌时间依次排号的,说明那时民用小车还相当稀少。该车车身极为狭小,虽有三排车位,但最后一排极为局促,全车勉强能塞下七个人。而沪办另有一辆七座"三峰"牌面包车,车子的使用频率也是相当高,几乎一天到晚不停地跑。虽然都是"老爷车"了,但出行有车总比没车便利得多。开车的司机是部队复员回来的上虞章镇人高银根,也是原新建建筑公司一同接收过来的员工,因此可以说是进公司最早的员工,也是公司早年唯一的一名驾驶员。作为一名汽车兵退伍军人,小高驾驶技术娴熟,组织纪律性极强。当时公司用车的地方实在是太多了,他就整天开着"老爷车"跑来跑去,迎来送往,寒来暑去,没有片刻的休息。2000年,高银根向我提出,希望能够转个行,从事其他岗位工作,经我同意后,他花六个月时间考出安全员证书,后被调去公司宁波办事处从事安全管理工作,又从甬办质安科长升任公司工程部副经理,负责全公司安全生产管理工作。至2021年,小高也已经到了临近退休的年龄了。

当时开车去上海,都是早上出发,到上海一般在傍晚时分。因为还没有高

公司第一辆车子——柳州五菱小面包同款车型，原车于1993年作报废处理

速公路，出行只能走国道及省道。道路坎坷，车子开过，一路尘土飞扬，其间还要在浦东、奉贤等处摆渡经过黄浦江。记得那时有公平路渡口、陆家嘴渡口等各个渡口，都曾经摆过渡。这样，从上虞到上海，就非得一天或者一晚的时间不可。

记得有一次去上海，正好被大妹春兰看到，就吵着跟我说："哥哥，我也要乘车去上海。"我笑着答应了她，然后我们兄妹俩就一同去了上海。哪曾想"老爷车"开到半路又抛锚了，我们只好在路边过夜了，直到第二天下午3点，"老爷车"经过修理，终于又可以跑路了，于是我们继续向上海进发。至今想来，和春兰一同乘车去上海，也是非常有趣的一次旅程，虽然当时懊恼，几十年后再回想，苦中却也带着几分乐。

可是洋泾工地出事后的那一次去上海，却怎么也欢乐不起来，我是在极度伤感、烦恼和劳累中连夜乘车去的上海。到达上海，天已蒙蒙亮。

浦东洋泾工地，由六幢六层的住宅楼组成，当时刚刚建设完毕，等待着最后的验收。结果被黄浦区质监站发现该工地存在着质量通病，就通报到市里，于是被定为全上海建筑工程反面典型。

到达工地后，我下定决心，要将工地在短期内彻底整改好。我下令把原先拆除的外架重新进行了搭设，所有外墙面、地坪分项工程全部进行了整改。上海市质监总站给公司的整改时间只有短短的一个月，这一个月，我仍然跟以前一样，在工地蹲点，吃住全都在工地，不敢有一丝的懈怠，严密管控着工地整改工作。这一个月过得艰难而漫长，我东拼西凑，东挪西借，调动了公司所有的人力、物力、财力，各项整改工作迅速而有条不紊地推进着。

那时候，我们五工区有多支队伍，洋泾工地出事后，各支队伍、各个工地都陆续派员过来，支援洋泾工地，大概有四五个班子的人马。我记得101队的负责人叫祝尧土，在工地整改过程中，他出人出力贡献最大。根据整改方案，我们工地上一大班子人，采用车轮战术，夜以继日地施工，把工地原有的楼面板、踏脚板、窗台板，凡是用水泥砂浆粉饰的部分通通敲掉重做，包括内外墙壁粉刷层，全部铲掉，重新粉饰。当时的房子还都是简装的，不像后来的毛坯房，啥都没有。简装的房子连抽水马桶都给安装好了，这马桶安装好之后，工程验收之前都脏掉了，按照验收标准，这每一套住房中的马桶都得洁净如新。于是我们每一名管理人员都被分配了清洗马桶的任务，你负责哪几间，我负责哪几间，一时间，人人都在清洗卫生间的马桶。我记得李标当时就被分派了好几间房子的马桶清洗任务，连着干了好几天。

1991年9月，李标在上海浦东南路临时办公室工作场景

一个月后，旧貌换新颜，一个整洁、优质、文明的工地呈现在上海市质监总站检查组人员的面前。工地整改后的面貌，让他们都不敢相信，眼前的工地竟然就是原先那个施工质量极差的洋泾工地。事后，《解放日报》又专门派一名记者到现场采访查看，所看到的工地现状大大出乎他的意料，回去后马上在《解放日报》上刊登了一条快讯，对此事做了公开表扬，有关报纸也对此做了转载宣传。这样，"坏事变好事"，不仅挽回了企业声誉，扩大了影响，从此还在上海树立了舜江公司重质量、讲信誉的良好社会形象。

　　此次"黄牌警告"事件对企业产生的"蝴蝶效应"是巨大的。如果当初整改不力，也就没有企业今天在上海的这一片天地了，舜江的创业史将被改写；如果没有"黄牌警告"事件，我也不会提出将"精雕细筑、每建必优"的建筑理念作为企业承建业务的首要之务。

　　在洋泾工地的整改工作中，我曾清醒地告诫自己：从哪里跌倒，就要从哪里爬起来！舜江在此后的创业历程中所取得的成就，也正是我们广大的舜江人一直贯彻执行我当年提出的"以质取胜、创优夺杯"经营路线，以及"自强不息、追求卓越"的舜江精神所带来的成果。

　　洋泾工地"黄牌警告"事件是我人生当中的重要一课，使我明白自己所创办的舜江集团必须要建精品工程，必须倡导卓越理念和工匠精神，才能办好企业，才能得到外界的称誉，舜江人必须与卓越和精品画上等号！

　　对于农垦公司将上海五工区业务整个划拨给舜江公司这一友情支持，几十年来，我一直秉持感恩的心态。当时，公司在沪业务拓展才刚刚起步，业务承接十分困难，力量亦十分薄弱，农垦五工区的几个工地又都是半途接手，对各种情况了解不够，事后才知晓这几个工地在施工管理方面均有不同程度的问题，处置不够及时。匆忙接收过来后，没过多久就变成了烫手的山芋，还一口气囫囵吞下，自然问题百出了。

　　除了上面讲到的药水弄和洋泾工地外，五工区另外还有位于宝山吴淞的上海人民印刷厂21厂工地等，但药水弄和洋泾工地在划编过来以前，其管理已积重难返，质量和工期已经上不去了，项目亏损也是在所难免，最后还是靠着公司全体人员的力量，终于挺过了这一关，回想起来也是终生难忘。总归而言，处理药水弄与洋泾工地，十分磨练人的意志。

舜江起步

关于新建建筑公司，这里有必要再补充一下，新建建筑公司成立于 1980 年，是一家集体所有制企业，隶属于上虞县新建乡政府，其办公地点位于新建乡新江闸附近，原新建菜场边上。到 1988 年，它的产值也仅为八百万元。由于管理混乱，经营不善，实际上到 1988 年，它已经经营不下去了，这才有了将企业转让给县农委，县农委再任命我为公司法人代表和总经理这一重大事件的发生。

因此，现在溯源舜江公司的成立年份，一说是 1980 年，一说是 1988 年，还有一说是 1990 年，其实这三种说法都是有其依据的。而对我个人来说，更倾向于 1990 年，因为在 1990 年，新建建筑公司正式更名为舜江公司，从此脱胎换骨，化蛹为蝶。而 1980 年至 1988 年间的新建建筑公司，与我们现在的舜江集团可以说是关系不大，我们只是买了原新建建筑公司一个"壳"而已。1988 年，公司刚刚接收，名称仍然为新建建筑公司，从我内心而言，极为不喜新建公司这一名称，因此将 1988 年定为公司成立年份，亦是老大不愿，在我内心当中，新建公司是与黑暗、彷徨、磨难、无助画上等号的，提都不愿提及。

当时间的车轮跨入 2018 年，公司内部有人提议，可以搞舜江集团成立三十周年庆了。我和李标他们商议，最终决定，公司三十周年庆典还是定在 2020 年吧。舜江集团的真正成立时间，现在可以明确，就是 1990 年！而 1988 年，则是企业的初创之年，企业尚未更名为舜江公司。至于 1988 年之前的新建公司，仅是舜江公司的前身而已。

我们可以想象，从 20 世纪 80 年代初开始，全国掀起了一轮又一轮的基建热潮，而从 1980 年至 1988 年，正处于改革开放的第一个十年期内，中国经济迅猛发展，中国建筑业也由于受到开放政策的滋润和浇灌，从而进入了它的发展期。长三角特别是上海区域的城市建设，虽然无法与 20 世纪 90 年代中后期相比，但其造楼建房的热情也十分高涨，而这同样也是事物发展的必然。随着上海经济的繁荣发展，仅从居住环境而言，上海还有着千家万户挤住在几十平方米甚至十几平方米的"蜗居"内，这种现状必须加以改变，包括政府公建和配套工程，这里面会产生多么大的市场呀！在这样的历史背景下，原新建建筑公司的经营状况居然会处于巨亏，以至于濒临倒闭，作为企业的管理者，无疑是有责任的。

1988年9月，经县人民政府办公室、新建乡政府和上虞县建设银行三方共同协商，将新建建筑公司转让给县农委，从此成为农委下属建筑企业。公司交接以后，我即走马上任，从此开始了艰难的创业之旅。

公司接手过来以后，实际上只是一个空壳子，无业务、无资金、无队伍、无设备，是一家十足的"四无"企业，又背负着三百多万元债务。作为农经委下属企业，出于经营和管理上的便利，我将企业办公地点设于百官镇解放街92号的槐花饭店，也就是九层楼高的上虞县农工商总公司办公大楼内，这是当年我自己设计和负责建造的大楼，那时候仍然是全县最高楼。当时，我们在槐花饭店四楼分配到一间办公室，企业初创时没有那么多部门科室办公人员，包括我在内，公司财务室、综合办，加起来也就四五个人，一间大办公室用屏风隔开，大家都在这一间房子里办公。

从1988年到1990年，通过两年努力，公司由原四级资质升级为三级，并在上海、宁波等地重新申领了施工许可证。至1990年，公司承接业务达到了一千八百万元，也就在这一年，企业正式更名为舜江建筑公司。没过多久，农工商总公司就经营不下去了，于是划分为三个部门，处理相关事务，员工全部解散。下属企业也只剩下了四家，即由倪瑞祥负责的上虞彩印厂，由我负责的舜江建筑公司，由顾金尧负责的舜江商场和金锦尧负责的贸易公司。

在此之后，我又花了两年时间，抓管理、建制度、订章程，使企业一步步迈入正轨。至1992年，通过努力，三百多万元债务已基本还清，企业开始扭亏为盈，并逐年向农经委上缴利润。企业不仅摘除了"管理乱""业绩差"等反面典型的帽子，反而在每年召开的全市各级表彰会中获得表彰。

开始创业那几年，新建建筑公司从来没有资格参加各类表彰会，倒是参加通报批评会，每次都有份。即使有机会参加表彰会，也只能悄悄站在后面，或者坐在后排角落里，不敢靠前，怕受到与会领导的批评，以及与会人员的嘲讽。所以县里召开各类表彰会，新建公司派不派员参加是无所谓的，因为接受表彰之类的好事，从来不会跟新建公司扯上关系。有几次参加会议，即使坐到角落里也没用，各类批评仍然接踵而来——质量检查不合格、安全防护不过关、

1992 年留影

年度业绩拖后腿等，都会提到新建公司，吃通报、挨批评、找谈话、表决心，自然免不了。所以很多会议，当时都是硬着头皮去参加的，没有一丁点表彰会的概念，一提起开会，马上联想到"批斗会"，听到自己公司的名称一次次被作为反面典型在会上点名，心里真不是滋味。当时只要在会场听到台上领导在那里点名："新建建筑公司，新建建筑公司有没有人来参加会议？"就感觉脸上发热、头皮发麻，想找个地缝钻进去。看到年度先进单位的代表风风光光地上台领奖，而自己作为新建公司的代表，就那么被人家嘲讽、被人家轻视、被人家瞧不起，我当时在心里私底下发了愿：有朝一日，我也要代表企业上台领奖，成为上虞建筑界的先进典型！

没过几年，这个愿望就实现了。企业更名为舜江公司后，我们慢慢地有机会走向领奖台。记得舜江公司获得的第一个县市级以上荣誉，是由上虞市人民政府颁发的 1992 年度"重合同守信用单位"荣誉称号，这一年，上虞撤县设市，气象万千。1993 年，企业又获得省人民政府驻上海办事处颁发的进沪施工"优胜单位"及上虞市建设土地环保局授予的"建筑优胜企业"奖。当年，公司承建的上虞市工商银行大楼也获得了建设方好评，荣获该行颁发的"优良工程"锦旗一面，而在此前的 1991 年，企业就曾经获得过工商银行赠送的"重合同、守信用"锦旗。1994 年，企业被评为了绍兴市建筑业利税二十强企业。1996 年，企业获得上虞市建筑十五强企业称号。从 1999 年开始，企业进入全市建筑十强企业行列。而上虞市先进党支部（党总支）这一荣誉的获得，起始之年是在 1995 年。这些荣誉虽然不能与现在企业获得的荣誉相提并论，但在当时十分来

20 世纪 90 年代舜江公司收到的部分证书和锦旗

之不易，非常鼓舞人心。

可以说，从 20 世纪 90 年代中期开始，企业开始走上台阶，逐年收获荣誉与业绩。从上虞县市级到绍兴地市级，从绍兴地市级到浙江省级，乃至国家级的各类荣誉纷至沓来。如今，公司展厅早已堆满了各类荣誉奖牌和证书、奖杯，有些奖牌因为放不下而只能存放到档案室，它们见证了企业从初创到发展壮大的一项项成绩。

工程创优方面，1997 年，由舜江 106 项目部邵伟英老总负责的上海七宝仪电房产宝仪二期住宅楼工程为企业创出了第一只上海市"浦江杯"优质工程奖，该工程同时也是上海市安全文明标化工地。企业要在上海市场进一步提升品牌，拓展市场的理念就是在那时候全面推广开来的。当时的舜江六分公司负责人还是李福来，后来才把六分公司的牌子交给了邵伟英。可以说，邵伟英为公司在上海市场提升品牌、拓展业务开了一个好头。继七宝仪电房产住宅楼工程之后，他还在上海闵行区做过几个项目。多年后，邵伟英由施工承包商向开发商转型发展，并取得了成功。如今上虞城北高铁站东侧的鑫隆财富广场，就是他与朋

上海宝仪二期住宅楼工程

友们一起投资开发的，而施工方则是我们舜江建设集团。

1999 年，由舜江八分公司陈志龙负责施工的团结花苑 2 号楼喜摘公司第一个上海市"白玉兰"优质工程奖。到了 2001 年，由舜江一分公司李顺来负责施工的莲浦花苑为公司创出了第一个"白玉兰"双包工程奖。次年，由一分公司负责施工的莲浦新苑 8 号房、闵行区中心医院病房大楼，以及由舜江 118 项目部（即后来的三分公司）李佳庚负责施工的静安区新福康里 2 号房三项工程喜摘三朵"白玉兰"。

在当年 9 月召开的上海市"白玉兰杯"、"浦江杯"优质工程颁奖大会上，时任上海市建筑业联合会秘书长高志海在讲话中对我公司给予高度评价，他说："一家外地进沪企业在上海建筑市场中，一下子就摘得三只'白玉兰'奖，很不容易！这是舜江公司对质量高度负责，认真对待每项工程的结果，我们上海欢迎这样的施工企业。"

这一年，甚至连当时上海市建委的主要领导也为我们舜江慨然题词：舜江建筑誉扬申城！企业还被虞籍在沪施工企业同行们誉为上虞建筑企业在沪的一匹"黑马"。从那时开始，舜江建设在上海已经小有名气，而且我们在上海闵行区扎下了坚实的根基。

上海团结花苑2号楼

上海莲浦新苑8号房

上海静安区新福康里2号房

闵行区中心医院病房大楼

2001 年以后，不要说通报表扬和上台领奖了，在全省建筑行业各类会议上，就曾多次安排我们企业上台作典型发言，向全省同行分享企业发展的成果和经验。在 2007 年、2009 年和 2011 年，李标就多次代表舜江集团，在全省建筑业（进沪施工企业）会议上作典型发言、专题发言，这是非常荣耀的事情。到了 2014 年，我更是以浙江省建筑业行业协会副会长、执行会长的身份，与时任省住建厅副厅长樊剑平及省建协赵如龙会长等领导一道，在全省建设工程"钱江杯"颁奖大会主席台就座，向获得"钱江杯"优质工程奖的建筑业同行们颁发奖杯、奖牌。2017 年，省里领导又来电邀请我参加颁奖大会。

在浙江省建设工程"钱江杯"颁奖大会上为获奖企业颁奖

从反面典型、无缘奖杯到先进典型、上台领奖，从先进典型、上台领奖到坐在浙江省建筑业行业协会主席台上为获奖企业颁奖，这是多么巨大的反差、多么巨大的角色转变。我戏称为"从奴隶到将军"的转变，也是从战场中的失利一方向获胜的战地英雄的巨大转变。每每思及，总是慨叹不已。

舜江公司人员队伍的不断壮大，发端于 1990 年。从 1990 年开始，随着企业业务量的逐年提升，舜江公司在上虞建筑界逐渐崭露头角，一批批建筑业精英人士陆续加盟公司。

在我创办公司后，朱光林是最早进入公司的一员干将。1990年，朱光林的苏州办事处向公司一次性上交了一笔五万元的管理费，成为当时公司一笔相当巨额的款项。

刚进公司时，光林还比较年轻，有一股子冲劲和闯劲，不仅使公司成为外省市进苏施工最早的企业，而且办事处自身也在不断的发展壮大。因此，早在1994年，我就任命光林为舜江公司副总经理，兼苏州办事处主任，算是对他工作能力的一种认可。2009年，光林因身患疾病而英年早逝。作为舜江建设集团副总和苏州办事处原负责人，朱光林为舜江事业的发展做出了卓越贡献，是舜江公司的元老，同时也是我工作与生活中的亲密战友。他的过早离世，使我扼腕痛惜，感叹天不假年。

约莫是在1990年，公司在上海大连西路沪办所在地开了一场年中工作会议，当时只有金水洋和朱光林，以及奉贤南桥办事处的阮张尧三位驻外机构代表参加。阮张尧是后来成为公司常务副总的阮张根的大哥，当时在上海奉贤区也有自己的一块"根据地"。金水洋后来离开舜江公司去别处发展，当时可以说是舜江公司最具实力的一员战将，光林苏州办事处的业绩那时候还远远比不上他。

加入舜江公司前，金水洋个人已经颇具实力了，他在浦东川沙唐镇（现在的上海迪士尼乐园所在地附近）拥有一个占地面积很大的基地，基地里有码头，也有汽车等各类设备。在搞其他产业的同时，他也搞搞建筑，并陆续有项目承建。在创业初期，金水洋对公司的贡献比较大。当时公司若有领导和友人前来上海视察参观，我都带他们去金水洋的唐镇基地，一同观看他所做的在建工程。

可以说，在企业创业初期，金水洋、朱光林、阮张尧、赵善根等精英人士的加盟，共同推动了企业的发展壮大，增强了企业的经济实力，使企业能够购置一些急需的资产，这类资产，包括一些工地急需的设备设施、办公器材，当然也包括交通工具和办公用房。

在1992年，我淘汰了公司原有的两辆"老爷车"中的柳州五菱，花十三万元新购了一辆红色捷达小轿车。在此之后，公司陆陆续续购置了一些车辆。从红色捷达到六缸的奥迪车，然后是奔驰，最后是劳斯莱斯幻影，而公司购置的商务用车那就更多了，当然这都是后话了。关于买车，我也有些感慨：企业买车，实际上也是企业发展的象征，是一部微观的企业发展史，它见证了企业一路走来的风风雨雨。

在1993年的年初，我将公司办公地点由槐花饭店搬迁至百官镇丁界寺弄

18号，这里是原县农林牧业局的机关办公用房，因农林牧业局搬迁至新址办公，留下的老办公用房就被公司买了下来。办公楼分上下两层，位于原凤山饭店（后来一度成为上虞日报社办公用房）的前面，后来公司搬迁至江扬路88号办公，该办公楼被拆除，原址兴建起了一幢六层高的居民楼，这是后话不提。

在这一年，公司已拥有注册资本金1000余万元，拥有的固定资产也有近千万元。当年实现产值1.5亿元，实现税利450万元，竣工项目15个，年施工总建筑面积10余万平方米。在其后的1996年，《经济日报》刊登了1995年度产值在1亿元以上的建筑企业入榜名单，舜江公司虽然榜上有名，但追溯企业首次突破1亿元产值"大关"的，当属1993年。虽然公司还是很弱小，但发展已步入正轨，其内部管理及外部债务已经逐步理顺，经营理念与发展模式

1995年工作照

已日趋完善，企业也就年复一年地发展壮大起来了。

1997 年是个非同寻常的年份，这一年的 7 月 1 日，香港回归了，中国人的国际地位也得到了空前的提升。我们办企业的人，也不同程度地受到了国家上升势头的鼓舞，想把企业办好的劲头那就更足了；再加上公司刚刚搬入新大楼办公，不再像以前那样寄居于农委或是农林局的办公用房，人家腾出地方来，我们才能搬进去。使用人家用过的二手办公用房，从我内心上来讲，心情多少还是有点不那么畅快。当时，公司位于江扬路 88 号的四层办公楼可是全新的独立办公场所，可谓窗明几净、墙白楼新，坐在里面办公，满脑子都是创业的激情和对未来的无限遐想。

1997 年以后，在金水洋、朱光林、阮张尧和孙志尧等原有骨干人员的基础上，又有邵伟英、李佳庚、陈志龙、李顺来、俞岳芳、陈军华、陈忠孝和陈建华等得力干将的陆续加盟，企业人员队伍和业务量得以不断壮大和提升。人员队伍的陆续扩充，使公司在沪、苏、浙长三角一带拥有了多支在外打拼的生力军，舜江公司的综合实力一年比一年雄厚起来。可以说，到 20 世纪 90 年代后期，舜江公司已经成为上虞的知名建筑企业。

我们浙江的民营建筑企业，从企业创办以来，一直就是以内部承包模式来拓展、壮大企业的，主要还是吸引一些有实力、讲信誉的优秀建筑人才和队伍加盟企业，这就是所谓的"浙江模式"。"浙江模式"确实在很长一段时间助推了企业的发展壮大，但时至今日，浙江的民营建筑企业，已经到了改变模式，转型升级的关键时期了。不是自己改变自己，就是别人改变自己。"生"还是"死"，我们每一位企业家心里都有一本谱，当前的外部经济和政策环境，不仅需要我们转变观念、改变思路，更需要由不同专业的人才为公司的发展提供智力支持。

不拘一格揽人才

舜江公司在企业发展步入正轨之后，逐渐形成了一套适合自身发展的经营路线、经营理念和企业精神，即"以质取胜、创优夺杯"的经营路线、"以人为本、诚信经营、铸造精品、奉献社会"的经营理念和"自强不息、追求卓越"的舜江精神。这其中，很多方面都反映出企业以人为本的"人本"理念，仅以舜江精神而言，八字当中，前四字讲的是做人，后四字讲的才是做事。再加上企业精神最早还有两个版本，即"团结、奋进、务实、高效"和"团结、奋进、务实、创新"，其中的"团结、奋进、务实"讲的也是做人，只有"高效"和"创新"讲的才是做事，可见企业对于"人本"理念的贯彻之深。

以前我们一直在说，企业的竞争，最终是人才的竞争，特别是建筑施工企业作为轻资产企业，其人才的需求更加强烈，而人才的竞争也就更加激烈了。对于舜江公司来讲，只要有了人，有了推动企业发展的各类人才和优秀施工队伍，则无论企业初创时多么艰难困窘，只要挺过了这一关，总会有"咸鱼翻身"的那一天。所以从企业创立的那一刻起，我就清醒地认识到——公司要发展，人才是关键。任何一家企业的发展壮大，起决定因素的从来都是人，有了优秀人才，才会有一流管理与优良业绩。

以这一理念为出发点，至今，舜江集团内部已集聚了一大批优秀人才，这其中，既有通过"外引"吸纳到企业的，也有通过"内培"能够在企业内部独当一面的，还有一些人通过连续多年的自我提升，最终成为企业所需要的优秀人才，真可谓不拘一格揽人才了。

对于外引而言，必然要提到以李顺来为首的舜江分公司精英们，企业的发展壮大，他们战斗在第一线，起到了"急先锋"的作用。有关他们的事迹，我已经而且还将在本书的其他章节中讲到，这里就不再赘述了。而通过外引吸纳到企业，我所熟悉的，有现任舜江集团党委副书记及舜江建设集团副总的谢惠珍。

　　谢惠珍原是某中学的语文教师，下海后先去五洋公司办公室工作，后来五洋总部搬去了杭州，她因在杭生活不便，照顾不到家中，便想回虞工作。这时候，有位上虞建管局的友人向她建议，如果一定要回虞工作，最好到舜江公司去，一定会有前途的。

　　从那时开始，谢惠珍便关注上了舜江公司。记得她当时来了公司好几趟，强烈要求加入舜江公司。虽然那时候公司办公室岗位已满，但我还是被她那种坚定执着的信念所打动，于是聘用她在公司办公室工作。

　　谢惠珍工作认真努力，有着一般人所不具备的上进心和人际交往能力，给当时的公司融入了一种积极向上的氛围。工作中，她从不唯唯诺诺，不懂之处，别人藏着掖着，生怕被人所知，她却敢于直接提问，甚至不耻下问，虚心请教。即使面对的是我，也是如此。别人不敢写的报告、不敢提及的事物，她都敢提敢写。

　　一段时间后，我觉得谢惠珍确实可以在办公室岗位发挥出她的作用，帮助企业干成一些事情。于是就带她到绍兴市建管局和省厅、省建协去认识一些领导，并跟主管部门办公室对接好工作。不承想谢惠珍这个人，天生有一种"人来熟"的亲和力，省厅，我只带她去了一次，她就直接同部门领导们接触联络了，然后马上同各部门人员处得相当熟络，特别是办公室对口工作做得相当好，各方面反馈过来，对她的评价都很高。在企业发展的不同阶段，她同外界、同各级主管部门领导的联系与交往都十分融洽，同时也为公司建立了广泛的人脉基础。

　　对于工作，谢惠珍肯动脑筋，不惧辛劳，不怕折腾，心中时时装着对公司事业发展的紧迫感。从进入公司的那一天起，她就把公司的事情当成自己的家事来处理，甚至于把公司的事情看得比家事更重要，家事倒还可以先放一放，公司的事情一定是放在第一位的，真正做到了先企后家、先公后私，有时甚至因公废私。当企业内部需要有人站出来承担责任的时候，别人都想退缩，她却能够挺身而出。明明与她无关，她却能主动为企业揽下责任，十分果决坚毅，可谓巾帼不让须眉。承担了责任以后，个人所受的委屈相当大，但她仍然默默承受，平常时候，仍然嘻嘻哈哈，别人看不出，以为啥事没有，实际上对她个人来说，已经是处在风口浪尖了，一位普通女性内心的强大，由此可见一斑。在几十年的交往中，我对她一直十分认可，深感舜江公司有谢惠珍这样的一批人，十分难得可贵。

在其后的工作中，谢惠珍被公认为上虞建筑界的"一支笔"。作为曾经的语文教师，谢惠珍文字功底深厚，无论写材料还是写报告，无论写文章还是办简报，样样拎得起、放得下。特别是在企业升级当中，她带领办公室所发挥的作用和做出的贡献异常突出。

2006年，公司申报特级资质，也是谢惠珍积极主动挑起担子，负起责任，拼尽全力完成的。鉴于当年是建设部按老标准申报特级资质的最后一年，2007年将要出台的新标准远远高于老标准，她认为，最后的机遇不容错过，必须抓住。

之后在企业升特级的进程中，又是她，会同王雅琴等几个办公室的人，不分昼夜地加班加点，废寝忘食地搜集和整理资料。当时对她们而言，每天工作到深夜已经成了常态化。

申报资料经过收集、整理、装订之后，就要上报到省里。报上去不久，就有内部消息传来，说我们公司特级资质申报不成功，将要被排除出申报企业名单了。一得到消息，我们立即去省厅申诉，但是仍然不成功。被逼无奈，最终还是决定去找省厅相关领导当面汇报，不然事不谐矣。

到了杭州，谢惠珍让我先在宾馆休息，说自己先去找省厅领导汇报，想先去打探一下消息。对于她的提议，我虽然没有采纳，但我充分肯定她的胆识。作为女同志，谢惠珍办事从来都不会瞻前顾后、拖泥带水，她工作的劲头相当足，我们一般的同志哪里比得上她。再加上她十分擅长人际交往，因此，别人办不成的事情，往往她能够办成。

那天，在杭州，我们多管齐下，由我去省厅汇报情况，让谢惠珍去别处找其他领导申诉汇报。最终，在省厅领导的关心支持下，终于为我们的特级资质申报打开了一条小小门缝。有了希望，我连夜打电话给李标和谢惠珍，要他们按照省厅提出的指导性意见，抓紧补齐相关资料，第一时间上报到省里。

资料补齐上报之后，我们的希望就更大了，舜江特级资质申报这盘"死棋"开始起死回生。这就叫"一子落定，满盘皆活"。当然，在此基础上，李标早已在北京就舜江资质升级相关情况向建设部领导作了汇报，使领导们先期了解了企业的一些情况，这也是十分重要的一步"棋子"。所以对于工作，即使只有百分之零点一的希望，我们都要百分之百地去争取，只有坚忍不拔、奋勇前行，才会拥有最终的成功，而谢惠珍正是这样工作的。

人才需要"外引"，但更需要"内培"。企业"内培"人才的典型代表，有王雅琴、朱杰洲等。

作为舜江集团最为年轻的"老职工"，王雅琴进入公司，是在1997年，当年仅十九岁。从学校毕业后，她即进入公司实习、工作，一晃就是二十余年。从办公室打字员到档案管理人员，到负责处理办公室进出收发的一些工作，二十几年间，她通过自身刻苦努力，不断学习提升，慢慢成长起来，最终挑起公司办公室重任，被公司提拔为党建办主任和企管部经理。她的成长之路，有其自身努力的成分，也是公司培养的结果。因为她一直在我身边工作，公司对她的培养，以及她多年来的自我提升之路，我都看在眼里，且为之感到欣慰。

朱杰洲，是公司财务部原主办会计林通尧在退休前，通过"传帮带"，为自己培养的接班人。老林退休后，就由朱杰洲接替他成为公司财务部负责人，从而成为公司培养年轻一代的典范，在整个建筑行业中，这是十分罕见的。对此，杰洲是幸运的，因为他有林通尧这位师父，可以将老一辈财务工作者几十年来积累的经验倾囊相授。在老林的指导下，朱杰洲业务能力提升迅速，为多年后接班成为公司财务部经理打下了坚实的根基。现在，对朱杰洲来讲，既有老一辈财务人员的丰富经验，更有处理财税事务新的思路，而且能够熟练应用各类财务软件开展工作，可谓青出于蓝而胜于蓝。身肩集团财务重任，朱杰洲深知自己责任重大，时时做好企业"内当家"的角色，处处把好财务税务关，不敢有丝毫懈怠。实际上，这也是传承了老一辈舜江人的优良传统，希望这种传统能一直延续下去。

人才不仅要"引得进、用得好"，还必须要"留得住"，这也是我在吸纳优秀人才后，一直在做的一件事。而我所做的，无非就是两点：一是不断塑造和深化舜江诚信文化和卓越品牌，为分公司经理们更好地开拓事业提供便利，对于项目工程款，舜江公司一直做到专款专用，决不占用其中的一分钱，以使各大分公司经理们没有后顾之忧，能够全身心地投入业务开拓和施工生产；二是将他们视为自己和企业最为珍贵的人，在工作、生活中尽力给予关心和支持。一段时间以后，企业内部的这批人有感于舜江公司的诚信和实力，就全都围绕着企业相向而行了。但我是个急性子，外加暴脾气，有时候，当他们所做工作不称我心时，我也会发脾气，也会态度严厉地批评他们，虽然这种批评近乎于责骂，但他们都会乐意地接受，不会对我心存一丁点的不平与怨恨。他们有时候还会对我说，董事长就是他们的家长，正如父母责骂子女，是为了子女好，他们心里十分清楚这个道理，真的是难能可贵。心平气和之后，我又感到，他们所做工作虽然不称我心，但出发点是为了企业的发展，只不过在过程中出现了差错。于是，我又会从内心上体谅他们，变得更加关心和爱护他们了。因为，他们有一颗为了舜江公司的心。

　　舜江公司自身的良好发展，以及"德才兼备、以德为先"用人原则和标准，吸纳了一大批有识之士走进企业，如驻扎在西安分公司的严忠海、分管市场经营工作的副总张金波和分管工程管理工作的副总顾天标等，都是在建筑施工行业中具有丰富管理经验的专业人才。经过多年的赓续和演变，如今，我们舜江集团内部所汇聚的人才中，有的长于管理，有的善于经营，各自彰显着自身的能力与优势，但作为舜江控股集团的董事长，我最看重的，是他们身上凸显的那种忠诚企业、责任担当、积极进取和奋勇拼搏的优良品格。还是那句话，我为舜江集团有这么一批精英人士感到自豪和骄傲。

漫漫升级路

　　1988年，接收了新建建筑公司以后，我最为关注的，是公司的业务，以及日常的管理和运营。此外，企业的资质升级工作，也是我十分关心的一件事情。当时，新建建筑公司的资质是房建四级，只能承接较小规模工程。所以资质对一家企业的发展至关重要，为了承接更大的业务，我们只能一级一级往上爬。

　　到1990年，企业资质就从四级升到了三级，这是顺理成章的事情，不算很难。但从三级开始，升级之路就越来越艰难了。

　　1994年，三级升二级，申报工作逐渐有了难度。众所周知，建筑企业资质升级，必须要有符合资质要求的人员、证书、企业业绩及代表工程等，以及代表企业资金实力的注册资本金和近三年的财务审计报告，哪一个环节不到位，资质升级就很难通过。我们民营建筑企业各方面条件均不能与国企、央企同日而语，但是时不我待，有条件得上，没有条件创造条件也得上！舜江公司的资

1994年由省建设厅颁发的建筑二级资质证书

质升级之路，也是靠我们自己创造条件，填补不足，积极主动地去争取完成的。那一年，我们申报二级资质，由于省厅对我们企业情况的不了解，我专门恳请上虞市的主管领导带着我去省厅，向当时的倪厅长汇报情况，还请相关领导来公司实地核查，二级资质总算获得了通过。

2000年底，公司申报房建一级资质时，正值资质申报改革年，对资质申请和管理的要求特别严格，而且公司部分工程业绩资料的搜集工作也出现了困难，很难搜集齐全。在这种情况下，公司办事人员通过加班加点，加说明附依据，一点点补充和修改资料，多次上报，却多次被退回。特别是在最后一次的上报过程中，公司的复印机突然"罢工"了，导致准备好的资料当晚根本无法复印，而我们第二天就要把资料报上去。

收到复印机"罢工"的消息后，我的头"嗡"地一下大了起来。这可怎么办？明天一大早，资料就要上报到省里去了，这个当口发生这样的事情可如何是好？后来一琢磨，有了！我妹夫李苗根的弟弟，也就是后来担任过舜江集团党委书记和副总裁的李苗贤，当时就担任曹娥江大酒店总经理，他的酒店就有复印设备，而且离公司江扬路88号办公楼还比较近。于是马上打电话给他，然后让办公室打字员王雅琴带着资料过去复印。

等到王雅琴把所有的资料都复印好，天也快亮了。然而这还不算完，她还要把资料装订成册，然后马不停蹄地报送到省厅。我看她长时间没日没夜地做着这些工作，嘴上竟然没有一丝抱怨，只想着把手上的工作做好。对此，我是看在眼里的。一个二十岁刚出头的小姑娘，就这么全身心地投入自己的工作，并且无怨无悔，真是难能可贵。如今，二十多年弹指一挥间，她也由舜江的一名普通职工慢慢成长为公司企管部和党建办的主要负责人，同时也成为与公司同发展共命运的员工典范。

在我们多次向省厅汇报、申诉和上报资料后，又在上虞市委、市政府和绍兴市建管局领导的帮助和支持下，房建一级资质才最终得以通过。

2006年升特级资质的时候，困难程度就更不用说了，当时送上去的申报资料已经被数次退回。建设部第一次公示的时候，我公司被列为不合格单位，再加上省厅对我们也不太看好，眼看着舜江公司就要失去申报特级资质的机会了。而这一次如果错过，恐怕今后就更加没有机会了。

这时候，我没有气馁。我认为，企业办一件事情，但凡有一线的希望，就要有百倍的努力。只要有必胜的信心和坚韧的勇气与意志，就没有什么事情是办不成的！

我一方面要求公司办公室充实资料，继续申报；另一方面安排企业管理层领导，分头行动，逐级向上申诉。当时由公司办公室负责人谢惠珍主抓此项工作，在她的统一部署下，公司上下铆足了劲，大家把精力全部扑在特级资质的申报工作上。每一个人都在忘我地工作，搞出外申诉的办事人员整天奔波于省厅和建设部，搞资料整理的办公室人员更是加班加点、通宵达旦地工作。这种坚忍不拔的干事激情和负责担当的工作作风同时也感动了我，使我对特级资质能够最终申报成功信心满怀。有这样的企业员工和管理人员，我的内心异常自豪。

　　申报资料被退回来以后，大家的心都比较焦急。那时正值夏季中最为炎热的7月，我带着公司部门负责人员和相关工作人员，轮流到省府大院省厅办公楼前，等着向领导汇报公司情况，希望省厅领导能够同意我们的申诉意见。

　　7月的阳光异常猛烈，室外温度将近四十摄氏度。我们头顶烈日，无处躲避阵阵热浪，一个小时一个小时地熬过去。在灼热的高温中，从早上等到中午，从中午又等到晚上。每过一段时间，就上楼去看看领导来了没有。一天、两天、三天……就这样一次次往返、一天天等待，终于等到时任建设厅分管企业资质的副厅长出差归来。

赵如龙副厅长在担任省建协会长后，仍然十分关心舜江发展，2014年曾亲临舜江集团调研指导工作

当时省厅的这位副厅长，现在早已从一线领导岗位上退休，又从浙江省建筑业行业协会会长的职务上"二次退休"了，他就是我们的赵如龙厅长。向省厅汇报企业情况时，就是赵厅长接待了我们。领导听了我们诚恳的汇报，看到我们办企业的这股子百折不挠的劲头，也挺感动的，就给我们提了一些指导性意见，在关键时刻，又给了我们一次补充材料的机会，并最终同意将我们公司的特级申请资料报送至建设部。

省厅的局面打开以后，我们又赶往北京，向建设部领导汇报。当时李标担任公司总经理已有三个年头，关键时刻，由他负责向建设部领导做好相关解释工作。也许是舜江公司在创办企业和发展过程中的一路艰辛感动了领导，最终，在建设部、省厅、绍兴市和上虞市有关领导的关心与支持下，我们将申报资料做了最后的修改和补充，又一次送到了部里。总算是守得云开见月明，虽然经历了一波三折，但舜江公司最终还是通过了特级资质的申报。

在申报特级资质的那段时间里，大家看我意志坚定，对申报工作充满着必胜的信心，但其实我内心的压力也是十分沉重的。一连几个月，我白天吃不下饭、晚上睡不好觉，几乎是咬紧牙关，坚持推进着这项工作。我明白，自己是舜江公司的主要负责人，是李标他们的主心骨，如果我一松劲，负责资质升级工作的这一班人就要失去信心。我必须让他们坚信，舜江公司有这个能力，肯定升得上特级；我必须让他们知晓，我们办企业，一定要有一种推动企业不断向上、不断提升的勇气和决心！

当然，在那段时间里，我也深深地感受到企业同仁同甘共苦、齐心协力的劲头，这是我们舜江公司的一笔宝贵财富。以当时公司负责办公室工作的谢惠珍为代表的这一批同志，为了企业特级资质的申报成功，不仅承受着精神上的巨大压力，而且不论白天黑夜，几乎忘我地工作着。有时候，连我这个董事长都为他们的工作精神所感动、所鼓舞。企业有这样一批同志，我更加坚信，包括特级资质的申报，以及其他一些重大而艰难的工作，肯定都能得以实现。在舜江公司艰难的特级资质申报之路上，我和这些同志互相鼓励、互相打气，最终把一盘已经陷入绝境的"死棋"翻转过来，从而起死回生，出色地完成了舜江公司的发展历史所赋予我们的使命。

至今，我深刻地感受到，我们舜江集团在几十年的发展轨迹中，企业的发展，从来都不是依靠某一位主要负责人所迸发出来的那点能量，从来都不是依靠某一位舜江人个人的能力（包括我在内）所能实现的，我们靠的是管理层的群策群力和企业全员共同汇聚起来的团队合力，以及对企业的忠诚负责之心。这种精神、这股力量，在企业创办之初就一直存在着，随着人员的不断增加和企业的不断发展，这种团队的凝聚力正得到不断强化，并充斥于企业的角角落落。

2006年11月，建设部在网上发布特级资质核准公示，当看到自己企业的名称出现在名单上时，我顿时喜上眉梢。这一年，企业还收获了另外两件喜事，即顺利入围全国民企500强和企业由党总支晋升为党委，可谓"三喜临门"。从这一年开始，我们舜江公司的发展，基本上是一年一个台阶，没过几年，就连全国优秀施工企业、全国建筑业竞争力百强企业和全国建筑业先进企业这类国家级的荣誉都已经收入囊中。

2007年由建设部颁发的房建特级资质证书，当时全国仅有两百多家特级企业

当员工们沉浸在喜悦中的时候，我已经在着手思虑企业后特级时期的发展了。看着到手的特级资质，我又感受到了一种压力。对于建筑企业而言，虽然资质十分重要，但也只是给了企业一个平台。得到了这个平台，上到了这个台阶，就要以更大的发展来维护好这个平台，我们要更加努力地提升企业的竞争实力了。什么样的平台就要做什么样的事，接下去，舜江公司要做的事情是什么呢？这个问题摆在了我的桌案上。

沪办八迁

　　舜江公司在创办之初，除了朱光林在苏州有一点业务外，其余业务均来自上海。因此，上海是舜江事业开拓的"主战场"，舜江公司的发展和壮大，也是借助了上海这座国际化大都市给予外来创业者们的包容和机遇。但舜江公司在上海的创业之旅，同样艰苦卓绝。其中，光公司的在沪办事处，就先后有过九个办公地点，经历过八次搬迁，其中多数属于被迫搬迁，就像战乱中的叙利亚难民，到处都没有容身之所。

　　应该说，公司在上海的创业，从一开始就陷入了艰难的境地。1988 年，公司在沪的第一个办公场所座落于浦东南路 334 弄 50 号。1989 年至 1991 年，我将大部分精力花费在五工区的几个工地上，特别是普陀区药水弄工地，耗费了我极大的心力。当时公司在上海的办公地点暂由浦东搬到普陀区中山北路改建指挥部临时办公室内，而这也是公司下属五工区的办公场所，不过我在中山北路的办公室基本不怎么待，大部分时间都在药水弄工地，处理工地上发生的各类事件。这个办公场所靠近苏州河，距药水弄工地也只有两三里的路程。

　　1991 年，公司沪办办公地点又搬回到浦东南路 334 弄 50 号，而所谓的办公场所，实际上只是在一片绿化空地上搭建了几间临时活动板房，比现在工地上搭设的临时板房可能还要简陋些。活动板房所占的土地属于浦南居委，整个一块都属于绿化空白地带，我们在此搭设活动板房，其实属于违章建筑。这期间又发生了浦东洋泾工地"黄牌警告"事件，于是我在浦东南路的办事处办公场所也不怎么待，其中最为紧迫的一个月，几乎都待在工地上。五工区的几个工地了结后，公司在沪发展虽然归于平稳，但业务量又少了下来。

　　早在 1990 年，党中央、国务院就已经做出了开发开放上海浦东的重大决策，上海市委、市政府按照中央的战略部署，制定了"开发浦东、振兴上海、服务全国、面向世界"的开发方针。至 1992 年，邓小平的南方谈话更是掀起了上海浦东开发开放的热潮，也就是在这一年，上海浦东进入了大开发、大建设阶段。作为违章建筑，我们所搭设的活动板房自然要全部拆除。当时也是没有想到，如果在浦东大开发之前，我们能去当地土管所登个记，房子拆迁时就能获得赔偿，但是我们失去了这样一次机会，等到拆迁时已经来不及了。这时已经是1993年了，公司原沪办主任离职，我让我的徒弟夏克峰继任了沪办主任一职。此外，我还给我的儿子李标加重了担子，让他担任沪办副主任一职，好让他多历练历练。有关赔偿的事情，就是李标去办的。

李标当时去过动迁办，但动迁办的人要看相关手续和权证，而我们只有与浦南居委签订的一张租赁协议，而且规定的时间也过了，房子拆掉以后，公司没能获得国家赔偿。那时候公司仍然比较困难，根本没钱租赁一处像样的办事处场地。最后还是我的二弟李银奎联系了李标，说他在大连西路一带搞房屋维修，有两幢高层房子的住户还没有搬进来，包括地下室，也都刚维修好，暂时空置，因此可以搬到他那里去办公。因此，虹口区大连西路201弄1号楼地下室，就是公司沪办的第二个办公场所了。李标和克峰他们搬过去以后，沪办用水用电及办公条件得到了较大改善，但也只是待了一年，就又被迫迁移了。

当时的这两幢18层高层住宅，后来取名为虹连大楼1号、2号楼，现在在那片区域也仍然能称得上是高层建筑，其粉色碎花状外墙也能较好辨认。1993年至1994年，我也时不时地去大连西路工作一段时间，当时就住在大楼一楼

公司沪办第二个办公地点——虹口区大连西路201弄地下室

靠东的一间房子里，比起逼仄的地下室，一楼的条件自然要好得多，而且一楼东侧墙角处还另辟有一个独立的小门，平时出入也较为方便。

继大连西路之后，沪办办公地点又搬到了闸北区灵石路，这是舜江公司沪办的第三个办公地点。灵石路属于"三不管"地带，紧挨着马路，有一排破旧的店面房，一楼开着建材店，二楼五六间房子空着，于是就租了下来作为办事处的办公场所。即使这么破旧的地方，每年的房租也要两万元。

作为沪办第三个办公地点，灵石路环境条件较差。一是马路上车辆繁忙，各种车子从早到晚川流不息，即使到了深夜，仍有重型车辆不间断地从这条马路上通过，吵得办事处人员晚上都睡不好觉；二是环境卫生极差，"三不管"地带垃圾遍地，导致蚊蝇滋生、鼠患成灾，夏天的时候，蚊子苍蝇更是扎堆，工作人员难以较好地工作和休息；三是用水困难，整个二楼的日常用水，是从马路对面的一家小卖店中用一根皮管顺着架空电缆接过来的，接进来后还只有一个水龙头，很多员工晚上都洗不了澡，而天气又热，很多人都长出皮疹。在此工作、生活实在是异常艰苦，但大家都挺了过来。

沪办在灵石路办公期间，在上海又设立了一个八分公司，原沪办主任夏克峰自愿担任八分公司经理，而空缺出来的沪办主任一职，此后由李标担任，从此全面负责公司在沪各项工作，这是在 1995 年的 3 月。

八分公司设立后，沪办原先的一些业务和队伍都被整合了过去，这样，沪办自身的力量就显得薄弱了。但八分公司当时整合过去的人员队伍不到两年就宣告解散，克峰也离开了公司。直到 1998 年，陈志龙加盟舜江，成为舜江八

公司沪办第四个办公地点——杨浦区平凉路 1782 弄底楼钢窗厂集体宿舍

分公司的第二任经理，八分公司的力量才得以恢复，并在今后几年中得到了空前的发展和壮大。所以志龙这个人，能力还是非常强的，是我非常倚重的一员"大将"。当时公司获得的好多上海市"白玉兰"奖，都是八分公司陈志龙和之后加盟的一分公司李顺来创出来的，为舜江公司在沪打响了品牌，为企业今后在沪发展奠定了扎实基础。志龙后来离开舜江公司去了五洋公司，让我感觉十分惋惜，虽然我极力挽留，但志龙去意已决，我也只好接受了这个事实。

　　1996年，灵石路的房租也到期了，考虑到这个地方环境实在太差，于是搬到了杨浦区平凉路1782弄底楼的钢窗厂集体宿舍，办公条件又得到了一些改善。平凉路1782弄是一个由数十幢六层多层住宅楼组成的小区，当时我们租住的应该是其中14幢37—38号楼底层的两间房子，楼梯正中，一梯两户，一间作为沪办的办公室，另一间作为员工宿舍，这就是沪办的第四个办公场所。

公司沪办第五个办公地点——闵行区莘庄镇水清路水清二村12幢49号底层

　　1998年4月28日，公司沪办办公场所从杨浦区搬到了位于闵行区莘庄镇水清路上的水清二村12幢49号底层101、102室，这是舜江公司沪办的第五个办公场所。自办事处搬到莘庄后，公司发展很快，莘庄成为舜江在沪发展的一方风水宝地，公司继而以闵行区莘庄镇为基点，逐步向上海各区、县延伸扩展业务市场。

从 2001 年至 2003 年，沪办办公地点又搬到了第六个办公场所，即莘庄地铁北广场明珠苑九楼。后在 2004 年 1 月，又从地铁明珠苑搬到了马路对面的水清大厦五楼，这是沪办第七个办公场所。2004 年 3 月，李标担任公司总经理一职后，对公司在沪发展有了更具前瞻性的规划，认为必须购置公司自己的办公楼，于是在上海徐家汇永升大厦购置了办公楼，该处虽位于繁华的上海市中心，但人员进出市区却十分不便，而且大厦的物业费、停车费还相当昂贵，为此，经公司管理层讨论，决定将永升大厦出租，以房养租，用所得租金再租一处合适的办公楼面。经过最终的排摸和比选，最终选中了地铁明珠苑附近的水清大厦作为办公点。

但水清大厦毕竟仍是租借的房子。为此，在李标的提议下，2008 年，公司又在新建的闵行区莘建东路 58 弄绿地大厦内购置了办公场所。2008 年 12 月，绿地大厦装修完毕，沪办又"举家"搬迁。从那时开始，闵行区莘庄绿地大厦就一直成为公司沪办所在地，并进而成为舜江建设集团上海总部所在地，原来的沪办和现在的直营项目管理部一并在此办公。闵行区绿地大厦，成为了沪办第八个办公场所，同时也是公司在沪购置的第二处自有产权的办公楼。

近年来，舜江建设上海总部由于部门、单位和办公人员的不断扩充，使得原先宽敞的办公环境又开始变得局促起来，这印证了企业和个人一样，都有成长的烦恼。于是，寻找更加宽敞舒适的办公地点，又被提上了议事日程。最终，在 2019 年年中之际，李标在闵行区颛桥镇都会路 2338 号的总部壹号园区内找到了一处所在，即总部壹号 65 号楼。该楼地上七层、地下一层，总建筑面积有四千多平方米。在 2019 年 7 月签订售让合同后，大楼便开始了楼宇外立面改造和内部装修施工，并于 2020 年下半年装修完毕后投入使用。此后，公司上海总部、沪办、直营部及新成立的上海舜企建筑科技发展有限公司全部搬迁至新大楼办公。

公司在上海办公地点的每一次搬迁，都是企业在沪发展的一大进程，几乎每搬迁一次，企业就发展壮大一回。而购置自有产权的办公场所，也使舜江公司在沪发展的根基变得更加稳固。到了现在，公司在沪共有三处自有产权的办公楼，即上海徐家汇永升大厦、闵行区绿地大厦和总部壹号 65 号楼。

需要说明的是，沪办的几个办公地点，实际上，我都不大去。相反，在没有列入沪办办公地的中山北路改建指挥部临时办公室，我工作、生活的时间最久，因为当时需要我亲临现场，处理原五工区的几个工地。处理完工地上的事之后，我开始将主要工作放到企业管理上，而上海的市场拓展，主要还是由几

公司沪办（舜江建设集团上海总部）第九个办公地点
——闵行区颛桥镇都会路 2338 号总部壹号 65 号楼

任沪办主任及在沪的几位分公司经理们在打拼。1995 年以后，李标成为公司沪办主任，从而扛起了企业在沪发展的重任。至 1999 年底，他还被任命为公司副总兼沪办主任，直到 2004 年担任公司总经理，并于 2016 年接任建设集团董事长一职，从而挑起了舜江公司事业发展的"大梁"。在大上海磨砺、生活，也将他磨出来了。作为父亲和舜江控股董事长，一直以来，我看到他对于企业发展的执着追求与全身心投入，他的脚踏实地与沉稳负责，他的凛然正气与使命担当，他的以德为先与忠厚坦诚，他的不骄不躁与艰苦朴素，这一切，都使我看到了企业后续发展的希望之火。再加上我的小儿子李斌这几年也具备了企业经营与管理的各方面能力，使我对企业的未来发展更加信心满怀了。

2020 年 12 月 28 日，与儿子李标（左）、李斌（右）在上海总部壹号新办公楼举行简单的乔迁仪式

总部五迁

从 1990 年至今，公司上虞总部也经历过五次搬迁，先后在五个办公场所办过公，即解放街 92 号舜江商场四楼、丁界寺弄 18 号、江扬路 88 号、舜杰办公楼二楼、王充路 407 号，最终于 2015 年 3 月 18 日搬至享有上虞最高楼之称的上虞建筑业总部大厦——百官广场。这其中的每一处，都见证了企业的成长与蜕变，见证了员工的踔厉奋发与笃行不怠；这其中的每一次迁址，都标志着企业的发展之路又迈上了新的台阶，也从不同程度印证了上虞从"龙山时代"走向"曹娥江时代"，最终走向"杭州湾时代"的历史进程。

1988 年底，县农委接收了新建建筑公司，由我出任该公司法人代表兼总经理，办公地点位于新建乡新江闸附近。公司接收以后，我却从未去那里办过公，因为我还兼任着农委下属农工商总公司副总经理的职务。因此，我将新建建筑公司办公地点设立于解放街 92 号舜江商场四楼，那里也是槐花饭店所在地，我们在那里开展企业日常办公。办公场所虽然不大，但当时企业还比较弱小，因此设立的部门也不是很多，我的经理办公室，包括财务办公室等，都容纳在一处。

1993 年初，我又将公司办公地点搬迁至丁界寺弄 18 号，这里是原上虞市农林牧业局的机关办公用房。农林局搬迁了，留下的办公用房就被公司买了下来。这时的舜江公司经济情况开始好转，各项工作逐步走上正轨。而在解放街 92 号槐花饭店办公的这五年，也即从 1988 年到 1993 年，公司一直没有属于自己的办公用房，而没有公司自己的产业，总觉得缺少点底气，有种寄人篱下的感觉。在解放街 92 号的那几年，农委下辖的其他几家经营实体陆续从本系统中分得一些办公房源，我们舜江公司却是一间都没有分到。究其原因，还是由于企业草创阶段经济困难，没有富余资金来购置这些房产。虽是分房，但这些房子最终还是要由下辖企业出钱购买的，没钱自然就没房分了。看着这些当初自己负责建造起来的办公楼最终成为其他企业的不动产，我的内心充满委屈和无奈，但这份委屈和无奈只能往肚子里咽。

　　需要补充的是，在 1993 年之前，公司每年举办的年度表彰会，都是在槐花饭店三楼会议室召开的。其中，在 1990 年度总结表彰会上，我记得参加人员有顾永苗、陈镇良、顾金尧和阮齐德等；在 1991 年和 1992 年，时任农林牧业局党委书记的谢卫星出席公司表彰会并作重要讲话，鼓励舜江公司继续努力，加速发展；而 1993 和 1994 年度的总结表彰会，公司选址市农经委农技推广中心电化教室召开，参加会议的主要领导有钱哲、阮张根、郑文钊、夏克峰、朱光林和陈海熊等，特别是在 1994 年度公司表彰会上，因李标接替夏克峰担任公司沪办主任一职，因此，李标第一次在公司总结表彰会的主席台就座，从此真正进入了公司领导层；1995 年度舜江公司总结表彰会的召开地点则是在农委大会堂，市城建局局长夏以尧、副局长蒋福祥，农委党委副书记陈水贤等领导皆到会指导工作，多位领导在会上作了重要讲话，对舜江公司近几年发展业绩

公司 1990、1992、1993、1994 年度总结表彰会留影

给予了肯定和褒扬。

在1994年，企业的发展步入了正轨，这一年，公司已经在丁界寺弄18号办公了。但此时这幢两层楼的办公楼已经比较陈旧，因此在那一年，我开始酝酿并逐步实施舜江公司新办公楼的筹建事项。首先是选址，当时选中了江扬路上的一块土地，那时的江扬路一带还是城郊，比较偏僻，但建筑企业不同于商业企业，地方偏僻一点无所谓，只要交通便利即可。地点确定之后，接着就是向相关部门打报告，要求新建舜江公司办公楼。在当年的12月16日，上虞市计委作出批复，同意舜江公司在所选地块建造自己的办公楼。在此之后，公司位于江扬路88号的新办公楼项目立项上马，风风火火地建设起来了。

至1996年11月，江扬路88号新办公楼项目建设完毕，顺利竣工。在当年的11月28日，公司上虞总部办公地点就搬迁至新址，即现在的新大通购物中心所在地，这是公司自行建造的办公楼。这样一来，公司终于有了属于自己的新建办公楼。想想自1988年接收新建建筑公司以来，公司办公地一直使用农委的房子。农委有了新的办公地点，我们就使用他们空置出来的旧办公室，这使我早就萌生了建造公司办公楼的想法。这一想法在1996年11月终于成为

公司上虞总部第三个办公地点——江扬路88号办公楼

了现实。在那段时间里，我的心情无比愉悦。

　　江扬路 88 号新办公楼建成并投入使用后，我们于 1997 年 1 月 2 日在四楼会议室召开了公司新大楼落成暨 1996 年年会，邀请了上虞市副市长陈樱牛、市城建局副局长蒋福祥、农委主任魏小安等领导到会指导，领导们对公司搬入全新的办公楼表达了良好祝贺，并对公司今后发展寄予了殷切期望。

　　从 1996 年底到 2005 年下半年，整整九年，公司上虞总部管理人员一直在此办公。直至上虞城北大开发搞 CBD 商业中心，办公楼被迫拆迁，公司办公地点暂迁至舜杰公司办公楼二楼。

　　比起江扬路办公楼，舜杰办公楼二楼又局促了很多，但这仅是过渡时期，大家忍一忍也就过去了。我们上虞总部的全体管理人员，又在这里共同度过了数年时光。舜江公司的特级资质升级成功，就是在这段时间里完成的。

公司上虞总部第四个办公地点——舜杰办公楼二楼

　　到了 2009 年 5 月，位于城北王充路 407 号的公司新办公楼装修完毕，公司上虞总部全体人员满怀喜悦地搬入新址办公。该处与上虞国际大酒店相邻，是上虞市政府拆迁了公司江扬路 88 号办公楼后，安置给我们的办公场所。新办公楼共四层，其中一楼是大厅，并辟有前台、食堂和档案室、储藏室；二、三楼供各部门办公所用；四楼除会议室外，就以我的办公室为主了。王充路407号办公楼，四个楼层加起来，总面积两千多平方米，与原先租赁的舜杰办公楼相比，够宽敞，也够明亮。加上是独立的办公楼，交通便捷，进出办事也较为便利。

公司上虞总部第五个办公地点——王充路407号办公楼

为庆祝公司总部喜迁新址，在那年的端午时节，公司还特意举办了乔迁酒会，邀请了一大批关心、支持舜江事业发展的各级领导、各界友人和合作伙伴参加这一盛会，共同见证舜江集团这一历史性时刻。

在搬入王充路407号办公后，企业发展蒸蒸日上。这期间，公司在全省进沪施工企业合同签证额排名由第六位上升为第五位、第三位，到了2012年，一度跃居全省进沪施工企业合同签证额首位。

尽管在2008年发生了以美国次贷危机为导火索的全球金融风暴，以及以希腊主权债务为肇始的欧债危机，中国的房地产行业及其上下游产业受到了较大冲击，很多房地产企业资金链断裂了，相继出现了一些烂尾楼和破产企业，但舜江集团在江苏昆山开发的碧水豪园、浅水湾等楼盘的销售业绩仍然良好。

2010年12月，由我集团公司投资兴建的嘉兴平湖独山港大型远洋码头全面竣工，并于次年10月18日正式投入运营。当时我和几位股东参加了码头开港仪式，在宽阔的码头平台上，由我宣布码头开港运营，真是荡气回肠、豪情万丈！又过了一年，企业在虞投资兴建的舜江管桩厂也迎来了开业运营的日子。这些企业实体的相继创办，使全集团的综合实力和对外知誉度得到了大幅提升。因此，在王充路办公的那几年，是舜江事业飞速发展的几年。从此，舜江集团真正朝着集团化、多元化方向发展。

2011年10月18日，嘉兴平湖独山港大型远洋码头举行开港仪式

当时间的车轮行驶到2015年，在这一年的3月18日，我们舜江集团上虞总部最终搬迁至位于娥江之畔的上虞最高楼——百官广场。在这里，我们能俯瞰整个上虞城区，甚至更远的地方，整个虞舜大地尽收眼底。天气好的时候，还能看到虞北嘉绍跨江大桥的六根桥柱，其前端直指上海方向。

关于百官广场的筹建，有必要做些补充。2007年，由上虞市委、市政府牵头，召集上虞十八家建筑企业（后来还不止十八家）组建上虞六和置业有限公司，选址上虞城北娥江东岸地块，共同筹建地下两层、地上五十层，建筑总高两百零七米、总建筑面积十三万平方米的上虞第一高楼——百官广场。该楼建成后，将作为上虞建筑业总部大厦，矗立于曹娥江畔，从此成为上虞市的新地标和金名片。作为六和置业大股东之一，舜江集团认购了百官广场三层楼面，作为企业将来办公所用。

百官广场项目在施工招投标时，包括舜江公司在内，很多上虞特一级企业都参与了投标竞争。当时的五洋建设认购了百官广场五层楼面，在招投标时，他们中标的机率比我们高很多。他们志在必得，我们也是摩拳擦掌、跃跃欲试。结果在投标当天，我们稍微差点时运，最终，五洋建设顺利成为百官广场工程建设的施工方。如果百官广场由舜江公司中标承建，那么今天舜江集团的工程业绩就将再添华丽的一笔。毕竟是两百零七米高的工程项目，我们上虞的七家特级企业想在自己的家乡亲手建造第一高楼的愿望一个比一个强烈，大家都想将这块蛋糕收入囊中，结果除了五洋建设，其余六家都失之交臂了。该楼于 2007 年 9 月 28 日隆重开工，时任上虞市委书记杨文孝、市长叶时金等领导出席了项目奠基仪式。历经多年建设，百官广场最终于 2014 年顺利竣工，而我们舜江集团也成为较早搬入百官广场办公的建筑企业之一。

公司上虞总部第六个办公地点——百官广场

在百官广场三十四到三十七层办公，登高望远，视界开阔，自然激情豪迈。很多来公司参观的领导和友人都说，这回舜江公司是"更上一层楼"了，事业肯定更加繁荣昌盛，纷纷对公司喜迁新址表达了良好祝愿。但我想，我们舜江集团这回跨出的台阶何止一层楼的高度，那是整整几十层楼的高度了。所谓"站得高望得远"，按照我的想法，舜江公司搬迁至百官广场，不仅企业的办公地点有了高度上的提升，同时也使企业的发展站在了新的历史"制高点"上。处于这样的"制高点"，我们企业管理者创业创新的思路势必要更加开阔，对企业未来的发展也应有更加精准的定位。也就是在这一年，企业开始制定第三个五年发展规划，即舜江"三五"战略规划，对企业2016—2020年发展进行了全局把控和精准定位。规划指出，"三五"期间，全集团仍然坚持"稳中求进、进中向好"的发展基调，继续深耕主业、多元发展，特别是在建筑主业领域，一是走区域化发展之路，二是走"绿色"发展、"创新"发展和建筑产业化之路，三是将完成由施工总承包向EPC工程总承包的完美转身。最终，到了2020年末，这三步果然都跨出了较大的步伐。

在2020年3月，上虞区委、区政府召开了"一江两岸"总部楼宇项目推介会，致力于开创上虞总部经济新时代。我公司积极响应区委、区政府号召，筹划参与上虞滨江总部经济建设，有意于在娥江西岸滨江新城总部楼宇地块建造舜江控股集团上虞总部大厦。在这一年的9月2日，我们通过浙江省土地使用权网上交易系统，成功拍得滨江新城27-1-B号地块商务金融用地。如果项目推进顺利，两年后，一幢总高近百米，集现代风格与智能化绿色建造于一身的独立崭新大厦将矗立在娥江西岸，与公司当前总部大楼百官广场隔江相望。大楼建成后，必将进一步彰显舜江集团企业形象，并对提升上虞城区城市品味，打造"一江两岸"中央商务区起到积极的推动作用，届时可成为上虞城西一道靓丽的风景线，也可成为城区标志性建筑。与百官广场作为上虞建筑业总部大厦，公司产权仅占三层楼面有所不同，城西舜德大厦整幢大楼都是舜江集团自己的产业，它的立地而起，更能彰显企业所积累的竞争实力，从而迸发更加强劲的辐射效应。这是舜江集团从过去没有自己的办公楼到有自己的办公楼，从有办公楼到有高层独幢地标性办公楼的华丽转身，它将书写舜江集团新的发展史册。

位于娥江西岸城西滨江新城核心区的舜江控股集团上虞总部大厦——舜德大厦效果图

转战上海市场

20 世纪 90 年代中期，舜江公司已初具规模，但综合实力与舜杰、五洋、中富相比，依然存在差距。企业年度综合实力排名，尚未列入前十强。1994 年，公司已成功晋升建筑二级资质，我的次子李标也已经担任了公司副总经理，并兼任沪办主任一职，开始承担起公司在沪发展的重任。

作为企业的一把手，在舜江公司逐渐步入正轨之后，我清醒地认识到：为企业制定更高战略目标的时刻到来了！经过慎重考虑，我认为，舜江公司今后的发展，必须立足上海而辐射全国！当前要做的是，必须把队伍拉到上海、苏州、杭州、宁波等大中城市，在长三角一带占领更为广阔的市场空间，大胆"走出去"发展！凭借公司前两年在上海打下的扎实根基，我的心头开始浮现出第一个"走出去"战略规划的宏伟蓝图：以上海为中心，辐射周边，在长三角建筑市场占得一席之地。

从 1992 年开始，上海的城市建设掀起一轮又一轮的高潮，从浦东大开发到郊区成片动迁，从上钢五厂到宝山钢铁厂，国家把上海列入"四个中心"，即将上海打造成国际经济中心、国际金融中心、国际航运中心和国际贸易中心；要实现"四个率先"，即率先转变发展方式、率先提高自主创新能力、率先推进改革开放、率先构建社会主义和谐社会。

在"四个中心"和"四个率先"的推动下，很多上虞手艺人用一根扁担，一头挑着"蛇壳袋"，一头挑着"海蜇皮"（"蛇壳袋"和"海蜇皮"为两种常用的编织袋，其中前者装工具和简单生活用品，后者装衣服、铺盖卷等），背井离乡来到上海，淘取上海城市建设的"第一桶金"。这其中，就包括来自上虞的数万建筑大军，后来逐渐发展到十万人。这些人中，很多人经过自身努力，多年后成为事业有成的企业家，而靠此发家致富的老板、小老板，那就更加灿若繁星了。这里面就有我的同村挚友李华杰，我的堂兄弟李柏祥，我的徒弟李宝灿等。

在这样的历史背景下，我要求公司沪办管理层必须在上海放开手脚，争取闯出点名堂来。但是"打铁尚需自身硬"，如果没有点"看家本事"和"真家伙"，想在"十里洋场"的上海滩立足，那可真是痴人说梦。此时，我认为舜江公司在沪发展的首要之务，在于树形象创品牌，不断提升舜江公司在沪品牌知誉度。

而要提升品牌，必先提升管理。为提升公司整体管理水平，提高工程品质，公司开始狠抓企业内部质量管理，率先通过了企业质量、环境、职业健康安全三合一整合管理体系第三方审核认证，以消除各类质量通病及安全隐患，以免重蹈"黄牌警告"的覆辙。在此后的许多年，舜江公司一直严格执行着体系贯标工作，内审、外审每年开展，并且不是走过场，而是真抓实干。此外，企业还确定了"以质取胜、创优夺杯"的经营路线，并在多年间逐步营建了"团结、奋进、务实、高效"的内部氛围，为打造舜江优秀品牌形象，实现企业持续发展奠定了扎实基础。

1998年，舜江公司由原集体所有制企业转制成为产权清晰、权责明确的民营建筑企业。在此以后，凭借民营企业灵活机动的体制机制，舜江公司有了更多的自主经营决策权。作为企业一把手，我可以迈出更大的步伐，更加大胆地推进舜江的创业之旅了。

这一年，有两位建筑精英加盟舜江公司，这两位"大员"的加盟，使舜江公司的发展又往前迈出了一大步。其中一位，是舜江一分公司的老总李顺来（当时担任 108 项目部负责人）。

多年来，舜江一分公司老总李顺来为企业品牌的创建立下了汗马功劳，从二十多年前的 108 项目部开始，到之后的一分公司，各种奖项与荣誉纷至沓来。在一分公司内部，李顺来带领他的团队积极创优夺杯，开拓市场，逐渐成为全公司业务量最大、实力最强的分公司之一，动辄几亿、十几亿的项目，一分公司都可以轻易接到，并且优质高效地完成大项目的建设。由于质量过硬，服务至上，一分公司真正做到了"建一项工程、交一方朋友、塑一座丰碑"。

2002 年，由一分公司负责施工的闵行区瑞金医院集团病房大楼工程与地铁南广场莲浦花苑工程双双荣获上海市"白玉兰"优质工程奖，创下一年内摘取两朵"白玉兰"奖的光辉业绩。这是一分公司争创"白玉兰"工程的开山之作。在此之后，李顺来带领一分公司，创优夺杯的品牌创建之路愈走愈宽广。

2009 年和 2012 年，在建设部开展的全国工程建设质量执法大检查和保障性安居工程质量执法大检查中，由一分公司组织施工的上海浦江宝邸二期工程和浦江新一轮选址基地 01-03 地块市属动迁安置房工程迎检。在顺来的精密部署、精心安排与积极筹划下，两工程人力、物力调配得当，迎检前各项工作做到精益求精，细上加细。两工程不仅顺利通过检查，还分别受到建设部检查组领导和专家的一致好评，同时也获得了上海市建交委的表扬，为企业赢得了荣誉。虽然没有奖杯奖状，但可以说，这是比获得"白玉兰"奖更加难得的荣誉了：国家建设部开展的执法大检查，本来就是到你的"鸡蛋"里来挑"骨头"的，最终，不但没有挑到"骨头"，还给予一个好评，说明舜江公司的工程项目完全经得起国家建设部的严格检验，真是为舜江公司争了光、露了脸。

对于每一项工程的施工建设，顺来都有着较高的定位，在安全生产和文明施工方面又十分舍得投入，且很早就具备了工程项目建设事中法律风险防患意识，几乎每个项目都要聘请一名法律顾问，做好每个项目的源头和过程风险管控，以屏蔽法律风险。按他的话说，是不给总公司添麻烦，分公司内部能解决的事情，内部解决掉，项目部内部能解决的事情，也不要找分公司解决。各个层级的事情各自解决掉，管理的脉络就清晰了，管理的层级就理顺了。

二十多年来，包括"白玉兰"奖在内，李顺来已经为公司夺得了无数的优质工程与文明工地奖，他本人也多次受到当地建设主管部门的表彰和肯定。虽然他为人低调、不事张扬，但还是被上虞市委、市政府表彰为"上虞建筑业杰

舜江一分公司总经理李顺来被授予"绍兴市五一劳动奖章"

出人才"奖，后又被授予"绍兴市五一劳动奖章"。他的卓越管理和高尚品德，被越来越多的上级领导和甲方业主所赞赏。

多年以前，一分公司曾经揽下一建筑面积达三十余万平方米、造价近四亿元的工程项目，这在当时已算得上大工程了。当一分公司进场并搭好部分临设时，建设方却提出，希望由别的施工单位出面承揽该工程，此事遭到了李顺来的断然拒绝。他对建设方领导直言不讳："如果该工程以其他单位作为施工方，则我所代表的舜江公司当即退场，因为我是一名舜江人。至于现场搭设的一切临时设施由我自行处理！"建设方领导听到他铁骨铮铮的一番话语，深为他对企业的忠诚度所感动，最终决定该工程仍由我公司承建。多年以来，李顺来谈及公司，一口一句"我们舜江"，他以企业为荣，我呢，则为企业有这样一位分公司老总而感到骄傲。

对社会有高度的责任担当，对长辈和老人崇尚孝德，对企业尽显高度忠诚，对家庭极度负责，对朋友坦诚相待，对工作一丝不苟，一切的一切，使李顺来跻身为地方名流和业界翘楚。而这一切的得来，倚仗的并不是金钱财富，而是他本人的人格魅力。

　　1998年以来，在一分公司李顺来、八分公司陈志龙、七分公司陈军华为杰出代表的舜江各支分公司队伍的奋力拼搏下，舜江公司在沪的业务量拓展十分迅猛，逐渐博得了上海各界的认可和肯定。但我深知，想在竞争激烈的上海建筑市场抢占更多的市场份额，不亮点真招是不行的。对此，我要求在沪各分公司，各在建项目必须走"品牌铺路、精工建造"之路，在取得既有业绩的基础上，力争把舜江公司的招牌擦得更亮、把路子铺得更广。

　　当时公司承建了上海瑞金医院闵行分院病房大楼和闵行区公安指挥中心大楼等建设项目，这些工程当时都是闵行区乃至整个上海市的重点公建项目，我要求负责施工的这几个项目部必须确保工程创出上海市建设工程质量最高奖——"白玉兰"奖，从而以点拓面，打响舜江品牌。

　　仅以瑞金医院闵行分院病房大楼和闵行区公安指挥中心大楼两项目为例，这两个项目不仅工期紧，而且施工难度和技术要求在当时算是比较高的了。如何优质高效地完成工程建设任务，并使创优目标顺利实现，成了摆在公司面前的一道难题。为解决难题，啃下这两块"硬骨头"，我给了项目部八个字——精雕细筑、追求卓越，要求公司质安处全力配合、指导项目部开展创优工作。

　　是年，在总公司、分公司、项目部的共同努力下，上述两项目成功创出上海市、闵行区两级文明标化工地、上海市优质结构工程，同时也将上海市建设

闵行区公安指挥中心大楼（上海市公安局闵行分局大楼）

工程"白玉兰"奖收入囊中。紧接着，上海市闵行区检察院大楼、上海市新福康里、静安区 118 地块超高层建筑，一批又一批的"白玉兰"工程在舜江人手中诞生。

记得在 2000 年，由公司 110 项目部承揽了上海莘盛二期 5 号房项目，而 110 项目部的经理，便是后来的舜江七分公司老总陈军华。2002 年上半年，在莘盛二期项目部，我又一次见到了陈军华。此时，莘盛二期 5 号房的项目建设已接近尾声。在军华的带领下，该项目于 2001 年通过了上海市优质结构工程的评选，当时马上要参加上海市"白玉兰"优质工程的现场评审。在施工现场，军华向我承诺：该工程将在不到二十天的时间里建设完毕，并组织竣工验收，然后参与"白玉兰"奖预评审。我当时一听，心里一个咯噔，这还了得！那时的工程现场尚处于一片忙乱的状态，连地面都是高低不平，一个单体两万多平米的大体量工程，配套工程又多，要在不到二十天的时间里全部完成，这是完全不可能实现的！我当时对军华所说的持相当怀疑态度。

谁知二十天后，军华所承诺的全部兑现，事实证明，我的怀疑完全是多余的。真没想到，在这二十天里，军华天天坐镇工地现场指挥，以他为中心，工地一帮人日夜奋战，质量苛求，赶工赶点，兵贵神速。最后，莘盛二期 5 号房项目，不仅如期竣工，以全票赞成摘得"白玉兰"优质工程桂冠，而且还在工程现场举办了全上海市建筑企业现场观摩会，接待了八千多人次的观摩和学习，得到有关专家的高度评价。包括莘盛二期，以及后来的许多项目，军华以自身一丝不苟、脚踏实地，做实做精做品牌的工作作风，不仅为企业带来了无数荣誉，同时也为舜江公司融入了一股正能量。

从 20 世纪 90 年代中后期开始，公司在沪分公司已发展至十余家，分别是李顺来负责的一分公司，马剑峰负责的二分公司，李佳庚负责的三分公司，邵伟英负责的六分公司，陈军华负责的七分公司，陈志龙负责的八分公司，俞岳芳负责的九分公司，陈忠孝负责的十分公司，李刚负责的十一分公司，陈卫庆负责的十五分公司，以及公司直营的十六分公司（后更名为直营项目管理部）。后来因为市场的优胜劣汰及个人决策思路，这些分公司也发生了很大变化。最终，通过全体舜江人，特别是李顺来、陈志龙、陈军华、陈忠孝和俞岳芳等舜江精英的共同努力，舜江公司在国内建筑市场上已占有一席之地，并在长三角尤其是上海市场享有了较高声誉。从 2005 年公司跻身首届上海市建筑施工企业综合实力排名三十强企业开始，此后历年蝉联，直至如今，这也是企业在沪品牌影响度的最佳诠释。

上海莘盛二期 5 号房工程

迈开步子"走出去"

业内人士都知道，建筑业是"外向度"极高的行业。舜江公司既是最早一批从上海市场中培育壮大起来的上虞建筑企业，也是最早一批依托上海市场，将视角投射到全国乃至国外市场的"走出去"发展企业之一。

1999年，跟其他很多企业一样，舜江公司进行了内部资产重组，企业由集体企业转制成为民营建筑企业，三年后即更名为浙江舜江建设集团有限公司。此时，上海仍然是企业最重要的市场，同时，省内杭州、宁波，省外江苏苏州市场也已初具规模，但舜江公司今后的事业发展，绝不能局限于这些传统市场。彼时，"西部大开发""东北振兴"作为国家战略，被赋予历史重任，成为国家投资热点，而传统市场的竞争却日益激烈。在这样的历史时刻下，舜江"走出去"发展战略应运而生，并且首先将企业的旗帜插到了中西部市场，在广袤的中西部地区抢占市场份额，如江西、安徽、河南和陕西等省份。

2003年底，企业首次打入陕西西安建筑市场，承建了位于西安东大街的某商业广场项目。第二年，由于原建设方出事，企业被迫完成了由施工方向建设方的身份转变，对该项目进行了接盘，并更名为西安舜江广场商住楼项目。两年后，该项目取得了空前成功。自此以后，公司便在古城西安扎下了营盘，直至今日。进军西安是公司当年所走的一招险棋，同时也是一步跳棋，不仅为公司进一步开拓西部市场创造了平台，更为公司"多元经营"，进入房地产开发市场积累了资金和经验。

到了2004年，中央又开始实施"中部崛起"战略，对中部经济相对落后地区进行重点扶持。与国家政策形势相接轨，公司下辖多支队伍又开始在中部安徽、江西、河南等地"跃跃欲试"，努力寻找新的突破口。

当时，舜江的各支队伍相继在安徽合肥、黄山、马鞍山，河南许昌，江西上饶等地承接了多项业务,并且在这些地方扎下根来。后来又在东部沿海的山东、天津、苏北和东北吉林省省会长春市拓展了业务。

长春市场的开拓,是舜江原有的苏州办事处力量的分蘖。从 1992 年我们承建江苏吴中地产集团第一个项目以来,至 2021 年,舜江集团已与战略合作伙伴——江苏吴中地产集团一同携手合作了二十九年,这是一份长久的友情,可谓中国房产建筑界的合作典范。2017 年 8 月,舜江建设集团与吴中地产集团正式签署战略合作协议书,从此将双方合作关系用文件形式正式确定下来。这也是舜江集团在拓展大客户战略中走出的重要一步,预示着今后也将以此种方式,以一种诚信合作、互利共赢的模式,来培育更多的大客户,开辟稳定可靠的业务渠道。

在舜江的"走出去"发展中,许多精英人士与精英团队发挥了重大作用,如 2007 年成功拓展江西上饶市场的舜江十分公司陈忠孝老总,以及拓展江苏扬中市场的九分公司俞岳芳老总,还有 2016 年拓展了东北长春市场的长春分公司余建标老总和邵建龙、黄兴标等舜江精英们。

我与忠孝相识,已有三十多年了。忠孝于 1997 年前后加盟舜江,在此之前,他可谓一位传奇式人物,十八岁从事建筑行业,1985 年就单枪匹马闯荡"上海滩"。1988 年以打工者身份与自己的老板互换身份,员工成了老板,老板成了员工,而且老板还心悦诚服地和他一起创业打拼,这需要多大的能力才能办到?

二十六岁那年,忠孝就承揽了自己的第一个工程项目。当时公司组建了 105 项目部,他就担任 105 项目部负责人,后来成立了舜江十分公司,又任命他为十分公司老总。上海莘纪苑小区,当时就是由忠孝负责建造的。他的诚实守信,给建设方上海莘城置业及上海银河房产留下了深刻的印象。在沪打拼多年,这位极富开拓精神的分公司老总再次展露出与生俱来的过人胆识,第一个离开最为熟悉的上海建筑市场,将队伍拉到了江苏太仓,在那里承接了太仓金谷园项目,直至该项目一期、二期工程全部竣工,项目建设方老总以忠孝忠厚坦诚的为人之道而与他依依惜别。

太仓项目结束后,陈忠孝筹划良久的江西拓展计划浮出了水面。在江西上饶,忠孝代表舜江建设集团,与当地知名企业开展项目合作。在合作过程中,建设方曾用这样的言语来评价忠孝和他带领的舜江队伍:"上海过来的施工企业就是不一样!"在当地许多施工企业还在用竹子搭设外架的时候,忠孝仍然按照上海工地建设标准,不折不扣地组织施工生产。高标准的场容场貌令建设方眼前一亮,于是组织各施工合作单位前来舜江工地观摩学习,号召各施工单位向舜江建设集团看齐！

十年躬耕，忠孝带领的舜江江西分公司建设者们除了在当地建造起了无数林立高楼外，不仅将此前一大片荒地变成了供千家万户居住的美丽家园，还接连为公司创下两项省级优质工程奖。

继江西上饶之后，陈忠孝又将队伍带到了江苏淮安，并在那里组建了舜江淮安办事处。从2012年开始，他就已经在淮安扎下根来，一边搞工程建设，一边搞房产开发，直至如今。

舜江九分公司老总俞岳芳，也是一位老资格的"舜江人"。自1999年加盟舜江以来，岳芳一直扎根上海，上海的杨浦区是他承揽业务的基地。经过多年经营，他在当地拥有较广的人脉基础，曾经一度将业务拓展至临港新城及昆山市锦溪镇，为业主建造一些厂房，这些都是上海及周边项目。当时他好不容易在临港新城接下了上海大众汽车集团厂房工程，而且一出手就不简单。厂房跨度超三十米，高度超十五米，创下了公司有史以来承揽厂房项目体量和跨度之最，到现在都被列为公司厂房代表工程。

2019年，岳芳在持续稳固杨浦区业务的基础上，突然纵马一跃，顺利拿下了复旦科技园扬中有限公司总价逾六亿元的江苏扬中复旦科技园项目，这可是江苏省重点项目，建成后就是当地标志性建筑。在沪稳扎稳打了几十年，岳芳终于蓄势发轫，一飞冲天，当年不仅在江苏扬中大显身手，而且还将队伍拉到了杭州富阳开展工程建设。虽然"走出去"较晚，但俞岳芳静待时机，择时而动，要么不出手，出手必惊人，同样成为全公司"走出去"发展的典范。

岳芳为人敦厚，十分尊重他人，这在我与他的交往中便能看出。记得有一次到上海，由李标致电给他，说我下午要到他在杨浦区的分公司去看看。哪料他接到电话后，立即准备起来。下午我一到他那里，看到的是一个十分整洁养眼的办公环境，整个办公场所可以说是纤尘不染。通过交谈我才得知，原来他接到通知后，马上发动分公司全体办公人员打扫办公区卫生，重新整理办公环境。在他的亲自监督下，办公人员把桌子椅子擦得干干净净，并配上花花草草。他的这种举动体现出对我的极大尊重，让我十分感动，并长久地记在心头。当然，不仅是俞岳芳，还有我们很多分公司的老总和舜江员工，对我都相当尊重。因此我内心时常在想：舜江集团有这样一批人，他们诚心诚意地尊重我、支持我，对企业又是无比忠诚，这些都是舜江集团几十年来持续发展的不竭动力。我们舜江集团的发展史要好好地为他们书写一笔，而我本人也要真诚地向他们表示感谢。

扬中复旦科技园

长春分公司余建标、邵建龙、黄兴标等人，早先一直跟随朱光林副总，在江苏苏州承揽业务。2016 年，他们受吴中地产集团盛情邀请，以施工方身份，与吴中地产共同开拓东北长春市场。对于习惯了在苏州及其周边承揽工程项目的余建标他们来说，东北市场人生地不熟，要在完全陌生的东北市场开展施工生产，困难肯定不小。项目做成了倒还罢了，要是做得不好，不仅要蒙受经济上的损失，而且几十年积累起来的信誉和牌子也要大打折扣。鉴于此，建标他们起初还不大愿意去，在经历了一番激烈的思想斗争后，最终还是决定去。

豪仕广场作为公司在长春市场承建的第一个工程项目，于 2016 年 5 月开工，项目工期进度十分紧迫。所以建标他们自我加压，利用东北地区昼长夜短的特点，加大人员投入，组织轮流作业，并将南方地区计日工模式改为计时工模式。一天之内，几个班组开展"车轮战"，在确保工程品质的前提下，以平均三天一层的施工进度，快速推进工程建设。

在工程现场，建标他们还投入巨资建起了安全体验园，并在当年东北三省省会城市"三市联检"中获得了金奖，这是一项沉甸甸的荣誉，说明舜江的队伍不仅拉得出，而且打得响。于是，经集团公司班子会议讨论决定，2017 年的年中工作会议，就选在长春召开；同时，长春豪仕广场工程也被作为全公司观摩工程，接受与会人员的观摩学习。

长春工作会议期间，建标紧密配合会务组开展工作，将整个会程安排得十分圆满而周到。在建标的工地临时办公室，当我看到他的办公桌后挂着的那幅字画——"努力到无能为力，拼搏到感动自己"时，真的为建标那种不懈奋斗、追求无限的拼搏精神所感动。

在东北长春的几年间，余建标老总带领舜江长春分公司团队，深耕长春建筑市场，先后承建了多项工程，承建建筑面积累计已达七十余万平方米，获得两项东三省"三市联检"金奖，其个人也在 2018 年获得首届"上虞工匠"表彰，并接受上虞电视台、上虞日报社的采访和报道。可以说，建标从原本极为熟悉的苏州市场，跳到较为陌生的东北长春市场，不仅是他本人通过自我加压，大胆"出走"，完成了自我的提升与跳转，同时也使集团公司在东北地区收获了一方市场，这也算是为振兴东北老工业区做点微薄的贡献吧。

一个从上海到江西，从江西到苏北；一个从上海到周边，再到江苏扬中、杭州富阳；还有一个从苏州到长春，从南方到北方。我从他们坚实的脚印中看到了舜江人的那股子闯劲与干劲。我们企业多的是像陈忠孝、俞岳芳、余建标这样的精英，将拓展业务、开拓市场当成自己人生最大的志向。他们当中，有闯出名堂的，也有中间失败的。成功了，不骄不躁；失败了，只要还有站起来的可能，就继续向着目标行进。我们舜江人的这股子劲，正是企业发展壮大的动力源泉。

总体而言，舜江的"走出去"发展之路，因为所走的每一步都紧跟着国家总体发展战略的步伐，所以每一步都走得异常坚实。但是"走出去"不仅没有回头路，甚至连一个臆想中的彼岸都没有。放眼整个国内市场，舜江的市场占有率可以说是微不足道，还有广阔的新兴市场等待着我们前去开拓。

提振省内市场

　　舜江公司作为浙江省建筑施工企业，多年来，上海市场始终占据企业业务总量的"半壁江山"，省内宁波、杭州市场成立时间都较早，却一直不温不火。包括舜江注册地的上虞建筑市场亦是如此，除了最初一批外，多年来业绩平平。直到 2008 年以后，陈建华及徐福星两位分公司老总的加盟，使企业在省内杭州、义乌市场业务量有了较大起色。

　　说起陈建华，先得讲一讲他与舜江公司的一段渊源。

　　20 世纪 70 年代，我在上虞棉种场工作期间，场部有一位主管农业生产的副场长，叫陈永根，时间久了，我跟他就熟识了。平时在一起，我们除了工作外，还经常聊一些家长里短。

　　在一次闲聊中，陈永根提到了对儿子陈建华的未来规划，希望自己的儿子能够学到一门建筑手艺，最好是学泥工，以便将来能成为一名出色的泥水匠。他请我给建华物色一位师父，我当时就想到了二弟李银奎。银奎那时候已经在上海做了好几个工程了，完全可以做建华的师父。于是，我将建华推荐给了银奎，让他跟随银奎到上海工地去历练学习。建华那时候还只有十四五岁光景，就这样去了上海，跟着银奎学了几年徒。学成之后，他就单枪匹马去杭州打拼了，最终通过努力，在杭州扎了根立了足，拥有了属于自己的一片天地。

　　在这样的背景下，建华一直有着一颗初心。他认为，当初是我把他介绍给银奎的，作为银奎的弟子，他与舜江是有渊源的，因而早已把自己视同为一名舜江人。因此，他的这颗初心就是——回归舜江。2008 年，也是机缘巧合，建华终于实现了自己的愿望，成为舜江建设杭州办事处主任（后改为分公司），接手了公司杭州区域市场。

　　回归舜江后，建华曾经对我说："董事长，我现在加入了舜江，就好像回到了自己家一样。"我知道，这是建华的心里话。他的主要业务在杭州，多年来，他为公司在杭业务拓展和品牌提升做出了卓越贡献，使企业从原先在杭小打小闹到工程遍地开花，使公司成为杭州市纳税先进企业。

建华刚进舜江时，原杭州办事处有一项工程，因为管理不善，已经处于失控状态，现场管理已经瘫痪。因此，建华接手舜江杭州办事处，可以说是临危受命，需要他在短时间内将办事处、项目部的管理全都理顺。

面对这项前任留下的烂摊子工程，建华没有一丝抱怨，反而展现出一种极强的责任感。别人唯恐避之不及，他却主动进驻工地现场，处理各项急难事务。他认为，既然公司这么信任他，把杭州办事处交到他手中，他就一定要干好自己的本职工作，把办事处、项目部全都管理好。

此时已临近春节，工地上的材料款、人工工资都要支付，材料商上门催款，民工们围堵着项目部甚至到甲方单位吵闹。在这样的形势下，建华一进工地，便被民工们团团围住，既不让喝水，也不许上卫生间，除非答应付款才能放他，真的是"进得去出不来"了。

面对这种情况，建华还是留了一手的，在进工地之前，他也准备了一些资金用于应急。经过他的耐心劝导，加上随带的一些款项派上了用场，这才摆脱了困境，并将这场即将爆发的群体性事件扼杀在萌芽状态，最终使事态在他的处理下得到了圆满解决。

当时如果任由事态扩大，民工兄弟们一旦上访到杭州市政府，或者直接来公司，那我们就被动了。所以有建华这样的同志在，舜江公司才能稳健地发展下去。在处理事件过程中，建华的处事能力和人品也得到了甲方单位的充分肯定，在此之后，他们指名邀请由建华代表舜江公司去参与他们的项目建设。

我对建华的评价，一是为人正直，责任心强；二是做事认真踏实细致。他在工作上敢于担当，勇于负责，顾全大局，心系舜江；生活上尊重他人，尊敬师长，孝顺长辈，特别是对于我，以及他的师父、我的二弟银奎，一贯十分尊敬，确实难能可贵。当然，建华对我和他之间的这份情谊也有六个字的评价，即：亦师亦亲亦友。虽然我没有教过他什么，但他后来也将我当成自己的师父和长辈亲人一般孝敬有加，同时在工作中，我们也能像朋友一样交流，直抒自己的见解，我也从未将他当成小辈来看待。很多时候，我们的想法和意见还出奇的一致。

由于建华的加盟，公司逐渐在杭州市场打开了局面，短短几年间，便将舜江在杭业务量扩充数倍，使杭州市场一下子成为舜江规模化区域市场之一。要知道，能在杭州市场站稳脚跟，可是件相当不容易的事情。作为省会城市，杭州建筑市场的竞争可谓白热化。恶性竞争之下，又导致企业利润十分微薄，有时候甚至是零利润、负利润。这是一块"鸡肋"，只能依赖严格的管理，才能在这片市场中刨取那么一丁点利润。

在如此激烈的市场竞争中，建华靠什么来打开局面？除了多年在杭经营所建立的人脉基础外，一贯坚守的人生信条成为最终致胜的法宝——人诚事成。即市场经营必须恪守诚信原则，工程品质必须优质卓越，如此才能博得业主的青眼，从而放心地将项目交到公司手中。

2009年以来，建华的杭州分公司收获了一个又一个大中型项目，如杭州钱江核心区F02地块项目、杭州丁桥西单元R21-12地块农转居公寓、浙江经贸职业技术学院、杭十四中和杭政储出新天地等工程项目，包括后来的杭州市拱墅区公安指挥中心大楼及武林美术馆工程项目，这些都是当地标志性建筑，建华都将之揽入手中，在杭更有一项中国人寿大厦工程，正在争创全国工程建设质量最高奖——"鲁班奖"，如果创优成功，它将填补舜江"鲁班奖"的历史空白。

再说义乌市场，必须提及舜江义乌分公司徐福星老总。

2010年以前，舜江义乌市场业务量可以说是一片空白。此时，有位友人向我介绍了一个人，说他想加盟舜江。此人前两年曾在绍兴一家大型施工企业搞工程建设，但他觉得那家公司不合自己的"胃口"，想另找一家稳实的企业来实现自己的建筑梦。他觉得舜江正是他要找的企业，于是提出想加盟舜江，并邀我去义乌他的工地实地考察。

我和徐福星第一次见面，是在一家宾馆的茶座上。他的羸弱瘦小给我的印象深刻，一米七的个子，估计体重还不到一百斤，连走路都是轻飘飘的，倘若平地起一阵风，我真怕他被风吹走。但一交谈，他的精气神就出来了。在整个交流过程中，只要一提及建筑业，他不仅引经据典、侃侃而谈，而且眼神发光，嗓门洪亮，分明肚中有"货"。

一番交流后，我便认定，此人不仅现场施工经验丰富，而且建筑业理论素养和技术积累颇为深厚，是一名真正的行家里手。此次交流后，他想加盟舜江的心愿水到渠成。

加盟舜江后，他马上进入了状态，在义乌市域范围内广泛开展项目投标活动。当时施工企业参加义乌市项目投标，不仅项目经理，而且连企业法人代表都必须到场。于是，作为舜江建设集团法人代表，从2010年至2013年，我跑义乌的次数特别多。

刚开始时，义乌分公司虽然参加了好多项目的招投标，但一次都未中标。

杭州中国人寿大厦工程，公司"鲁班奖"创优工程

仿佛时机未到，每次招投标，舜江公司都与第一中标人擦肩而过。我一到义乌，首先来到义乌分公司办公点，看到分公司一班人，虽然久未中标，但在市场经营和项目投标工作上依然信心十足，毫不气馁，因为他们深信，自己做的标书质量过硬，唯一欠缺的，只是一点点时运而已了。当我坐在办公室喝着茶、吸着烟，看着他们紧张而有序地忙碌着，也为他们的这种工作劲头感到鼓舞。

但到场次数一多，有些事情就赶巧凑一块了。有一次，我刚到义乌，就接到外甥伟光打来的电话，说我妹夫李苗根因病已在弥留之际。我本应马上回去，但分公司投标工作正是紧要关口，我一旦离开，他们为这个标所做的所有工作将全部化为乌有。经过一番权衡，我决定还是等到投标结束后再返虞。投标结束后，我第一时间往沥东横河老家方向赶，但我到时，苗根已经离开了人世。

经过努力，在加盟舜江的第一年，徐福星就为公司揽下了一个工程项目，即造价六千万元的义乌北苑厂房工程。厂房开工后，我曾经到过施工现场。工程虽然不大，三幢七八层厂房而已，但徐福星把小工程当成大工程来做。首先，他为施工现场设计的门楼就非常新颖独特。他亲自参与门楼设计，给顶部加装了牢固美观的雨篷，再用四根柱子顶起公司门面，使整个门楼看上去大气而端庄。厂房的施工技术含量低，但他却时不时地在施工过程中搞出一些名堂来。如使用槽钢龙门架作为通道支撑体系，外墙窗台在没有甲方要求的情况下，自我提升，增设十厘米厚压口梁，以杜绝外墙渗水，试问有哪一个甲方会讨厌这样的施工单位呢？

2012 年，由徐福星负责的义乌分公司终于守得云开见月明。这一年，徐福星带领他的经营团队，经过前期深入的市场调研和项目跟踪，一举中标由中国小商品城房地产开发有限公司开发的商城·荷塘月色项目。这家房开公司是义乌本土最具实力的一家企业，它所开发的荷塘月色项目体量也不小——总建筑面积三十万平方米，其中地下建筑面积十万平方米，项目总造价近七亿元。

当时对于舜江公司而言，荷塘月色是一个真真切切的大项目。这么大的工程项目，徐福星和他的分公司团队能管理好吗？我曾经一度有些担忧。但我去现场看过几次后，心中也就释然了，相信老徐一定能把这个项目做成舜江的精品工程、亮点工程。

果然，项目开工不久，老徐就向甲方保证，十万平方米的地下部分施工，他能够比原定计划提前两个月完工。听起来牛皮哄哄，但实际上真不是吹的，后来果真做到了，可见老徐这人，确实有两把刷子。整个工程全部完工后，因负责该项目另一标段建设的施工企业进度跟不上来，结果等了他们好长一段时间，等他们最终完工，才一起进行了竣工验收。

施工过程中，荷塘月色接受了"国家康居示范工程"验收考评。虽然是建设方所评奖项，但施工现场的实体质量和文明施工也是考核的重要范畴。当时建设部的领导和专家在施工一线现场考察后，对工程品质及场容场貌一致表示赞许，"国家康居示范工程"奖自然毫无悬念地拿下了。到了2013年的5月，义乌全市"树标杆、学标杆"现场观摩会又选址荷塘月色工程现场召开，这是义乌市主管部门领导对这个项目最大的肯定。当时由我和公司主管工程质量安全的顾天标副总一同出席了观摩会，与义乌市多个相关部门及建设方领导，全市施工企业代表共计五百余人共同观摩了项目，场面颇为壮观。

此后，舜江义乌分公司在义乌收获的工程项目接踵而来。从造价四亿元的义乌工业园区安置项目到义乌佛堂众创园项目、义乌向阳府项目、义乌金茂府项目、江村村旧村改造项目、义乌经开区环塘一路北侧D-02地块工程项目、西江雅苑项目和车站路回迁房项目等，甚至将业务拓展至金华浦江。在不到十年的时间里，义乌市场的业务产值从原先的一片空白逐渐累加至六七十亿元，义乌市场自此成为舜江集团举足轻重的一方市场。

参加义乌全市建设工程文明施工"树标杆、学标杆"活动现场观摩会

老徐管理现场很有一套，对工地文明标化施工特别舍得投入。在没有主管部门和建设方要求的情况下，他给各个工地民工宿舍安装了空调，给生活区配备洗衣房、夫妻房、阅览室、太阳能热水器和绿色环保的热水节能炉等。在工地出入口安装车辆自动清洗系统，他是第一家，当时连上海各分公司都未配备这套系统。义乌工业园区安置项目进入夏季施工前，老徐专门斥资四十万元，集中一次性采购了一百五十余台空调，安装在职工宿舍，手笔不小。

曾经有一次，有位义乌市主要领导偶然路过工业园区安置项目。当时整个工业园区建设才刚刚起步，园区内还是一片荒芜。突然，马路边侧一座气派的门楼吸引了他的眼球，包括门前的一处喷泉。这位领导马上命令司机停车，他要进去实地考察一下这家"工厂"。近前一看，哪是什么工厂的厂区，分明是一处施工现场，却又像厂区一样规划分明、整洁有序，颠覆了他以前对于施工企业和施工现场的视觉评判，博得了他的青睐。此时，正好义乌市有一个公建项目正在招投标，他就邀请我公司报名参加项目投标，但这个项目已经快要开标了。为此，他还特意要求招投标中心将开标时间往后延迟一周，让我公司在这一周的时间内，安心制作标书，参加项目投标。但义乌分公司当时各项资源有限，实在抽不出精力承接其他项目了，只好辜负了这位领导的一番好意。

在杭州分公司老总陈建华、义乌分公司老总徐福星的共同推动下，省内市场的局面逐渐打开。所以说，企业最宝贵的资源还是人，有了优秀人才，才会有优秀业绩、优秀成果。

除杭州和义乌市场外，省内还有绍兴市场，绍兴分公司老总任江标在绍兴区域先后承揽了一系列工程项目，其中的绍兴公安局交警支队交通管理技术综合用房工程还获得了省工程建设"钱江杯"优质工程奖。上虞市场近两年实施了美丽乡村PPP项目，对提升舜江品牌形象具有极大的促进作用；另有上虞杭州湾经开区创新协同中心项目，在工程施工及竣工后，省、市、区各级领导都曾至工程现场视察指导，2020年更是迎来了时任浙江省委书记车俊的亲临视察，一时成为全公司"明星工程"；还有上虞首条综合管廊EPC项目的承建，这是平时脚踏实地、默默无闻，为舜江发展事业贡献力量的舜江钢结构分公司老总夏庆忠的杰作，成为了企业业务板块的重大突破口，企业在虞的市场保有量也开始凸显成效，这些都是很多舜江建设者们共同努力得来的结果。

西安往事

2013 年，以舜江建设集团为母公司，组建了舜江控股集团，控股集团旗下又分为建设、房产和实业三大板块。在这三大板块中，除了作为主业的母公司舜江建设集团外，舜江房产可以说是舜江控股至为关键的产业板块，推动了整个集团快速发展起来，成为全集团重要的利润增长极。

到目前为止，舜江房产的主要项目在昆山。通过多年的运作和经营，房产公司在昆山收获的不仅仅是经济效益，其社会效益更是有目共睹。企业品牌形象在当地也算得上家喻户晓了。由舜江房产公司开发的楼盘获得了当地人们的欢迎和肯定，如舜江·碧水豪园、舜江·浅水湾项目，楼盘销售一度供不应求。

很多人都知道舜江房产在昆山开发房地产项目取得了空前成功，收获了口碑和经济效益，而极少有人知晓，舜江房产在昆山开发楼盘之前，已经较早地涉足房产项目的开发和运营了，具体可追溯到 2004 年的西安舜江广场商住楼项目。

这是舜江房产公司异常艰苦的一段时光。

2004 年，古城西安。古朴的钟楼像往常一样静立在那里，无声地向世人诉说着华夏五千年灿烂文化和光辉历程。以钟楼为中心向四方辐射的，就是西安有名的东西南北四大街。四大街中，以钟楼至东门的东大街最为繁忙闹猛，这条全长超过两公里的大街被誉为"西安第一金街"，从而享誉四方。钟楼向东一公里处，便是东大街有名的西安饭庄，而在西安饭庄马路斜对面，当时有一块商业用地正待开发。

这块商业用地当时的开发商是哪家企业，现在已无从追忆。但在当时，该项目的土建承包商，是我们舜江建设集团。这个项目在启动没多久后，开发商就牵涉当地的一桩经济案子，企业的相关首脑人物一夜间全部被公安机关带走，工作人员全部解散，这家企业也就这样消亡了。作为施工方，在建设方出事后，我们刚好完成了项目地下室基础部分施工，然后就因建设方出事而停工。

停工后，这块土地暂由西安市检察院托管。

项目一直撂在那里，当地政府看着也不是办法，就来跟我们商量，希望由我们来接盘，把项目继续运行下去。为此，我和公司的几位高层领导开了几次专题研讨会，对项目接盘进行了深入分析和可行性研究，最终一致认为：接盘不仅能够挽回土建施工方面的损失，如果运作得当，还有可能获得丰厚回报，毕竟这个项目位于西安市最为繁华的地段。但是我们也列出了两条自身的不足：一是资金相对缺乏，但还可以想办法向银行贷款；二是没有相关经验，也没有相关人才，如果接盘，就要摸着石头过河。经过利弊权衡和激烈讨论，最终达成一致意见：接盘！也只有接盘才能收回之前垫出去的资金，而且投资风险可控。

当时，上虞人严瑞根与我公司合作，共同参与西安舜江广场房产开发项目。对于项目管理人员的安排，我思虑良久，最终决定，让我的小儿子李斌出去历练历练。我原以为李斌不会愿意去那么偏远的西北之地，就开始做他的思想工作。当李斌得知公司要派他去西安搞房地产项目后，居然一口答应，并且毫不挑剔，毫无怨言。大概他也想去外面闯一闯，这或许就是我们李家的基因起到了作用吧。李斌去西安前，我还专门给他配备了一名帮手，此人以前搞过房地产相关工作，我让李斌把他带在身边，一同去西安开展工作。

结果项目推进从一开始就不顺利。由于在西安毫无人脉，我们不同程度地遭受了当地政府办事人

2019年李斌西安舜江广场故地重游

员及相关方刁难的各种不畅，使得整个项目的进展非常缓慢。当时要在政府部门办个事，真可谓"门难进、事难办、脸难看"，明明可以办的手续，他就要给你拖，今天拖明天，明天拖后天，好说歹说，就是不给办。正常的施工建设，他要来查你、卡你。作为首次进入西安的外地企业，公司可谓处处受气、时时受制于人，当时的营商环境就是这么差，与党的十八大以后简直是天壤之别。

西安舜江广场项目接盘没多久，我们就发现，作为土地托管方的西安有关部门对待我们外地进陕企业非常不公正，甚至于把外地企业当猴耍。

问题就出在这块土地上面。2004年，作为"接盘侠"，我们是从政府手中收购这块土地的。土地收购了，项目也接盘了，却突然得知，还有两家单位也享有这块土地的部分使用权，于是就出现了纠纷。但公司在收购这个项目时，当地政府并未向我们说明这一情况。

我们因此走上了艰难曲折的申诉之路。整个项目一度已经很难实施下去了，而且处于真正的两难境地：放弃也不行，继续推进也不行。

这段时间里，李斌等人几乎每天一大早就到政府门口等待相关领导，以便解决问题。一天等不到，就等两天，两天不行就三天，肚子饿了，吃点面包垫一垫。终于等到政府那边意见统一了，然后再去找那两家单位谈。但此时法院居然判决了，称要来执行……最后总算千辛万苦，求爷爷告奶奶，法院、检察院及那两家单位全都达成一致意见，土地归属权终于判给了我们，法院的公告都出来了，所有人都舒了一口气。此时已经到了年关，李斌也回到了上虞过春节。

可是等过了春节再回西安时发现，原先谈好的事情又变回去了，法院贴出来的公告上，土地所有权又变成其他单位了，只好继续"拉锯"，想尽一切办法把事情搞定。

最后，虽然土地的归属权搞清楚了，但又有新的状况出现了。

在项目靠近东大街的马路边上，整齐地搭建着二十多间工地临时房，项目要继续推进下去，就必须拆除这二十多间临时房，因为它们就搭建在这个项目的土地上。这些原开发商遗留下来的临时房现在被一些人以每间六十万元的价格出租，当时租金相当高昂。因此，我们提出要拆除，他们不同意，并开出了天价拆迁费。

临时房搭建在项目建设的土地上，我们必须拆呀，结果对方雇佣了一伙人，到我们工地来闹事。当时，他们这伙人，人手一把利刃，来到西安舜江广场工地，把办公室的桌椅全部掀翻，把锁在柜子里的现金全部抢去，并且扬言：谁敢乱动就捅死谁！

　　李斌立即向当地派出所报了案，请求他们的保护。然而，当时的西安可以说是乱象丛生。据李斌他们回忆，那时候的西安百姓，晚上都不大敢出门，一些社会人员已经猖獗到在大街上公然行凶抢劫的地步。一般人都不敢在出门时戴戒指，生怕遇见劫匪，一不小心，连同戒指和手指都给砍了去。在这样的背景下，派出所也没有办法对付这些人。虽然经过几次调解，但对方一律不买账，仍然我行我素，将自己凌驾于法律之上。

　　这伙人昼夜站在工地门口，搞得大家都不敢进自己的工地。他们还扬言：凡是舜江房产公司的人，包括给房产公司做事的，来一个杀一个！

　　有一天，李斌和他们项目班子的几个人正在西安开会，我因内心十分担忧，不停地打电话给他。我叮嘱他们，平时出门，一定要两个人以上才能出去，晚上住的旅馆也要天天更换，以防被那帮人找到，以躲避危险。那段时间，我还瞒着李标，不告诉他李斌在西安的危险境地，以免引起他的担忧，让他把心思都放在企业发展上。

　　在一次项目例会后，李斌他们突然得到一个坏消息：一名房产公司请来给食堂做饭的西安当地人，外出买菜回来时，在临近工地的墙角处被这伙人堵截，说他给舜江房产公司做事，就是舜江房产的人，然后就被捅了一刀，当时血流了一地。

　　看着自己的工作人员倒在血泊中，李斌他们自然要去救，但是歹徒们传出话：敢上前去救的，去一个捅死一个！

　　怎么办？去救，这些亡命之徒真的什么事都干得出来！不去救，难道眼睁睁地看着伤者流血而亡？最后想想，还是先报警吧！然后找到附近的一名路人，把钱交给他，请他帮忙把伤者送到医院抢救。

　　那时候，我们在西安搞房产开发，不是担心能不能挣到钱，而是到了时刻担心自己生命安危的地步了。李斌他们在西安的那段时光里，真可谓是拿命在工作，稍不留神，便有性命之虞。

　　这伙人每天堵在项目驻地和工地门口，有的爬在围墙上，远远地盯着我们舜江房产的人。李斌等人要进去，他们不让进。最后实在是没有办法了，连警察都对付不了他们，我们只能寻找非正当的手段来对付他们，最终把他们赶走了，想想这也真是无奈之举。

　　赶走了这伙人，西安舜江广场项目这才慢慢恢复了正常的建设，项目开发才得以有序开展起来，然后继续艰难地办理各种手续，大楼一层层往上建造。最终，在2007年的4月26日，项目建设初步完成，并且在当天举行了开盘仪式。

舜江房产在西安总算收获了有史以来的"第一桶金"，但是可以说，这桶金是带着血的。这段艰难险恶的企业发展经历，凡是舜江人都应该牢记于心，永远不能忘却。

2007年4月，西安舜江广场盛大开盘

扎根昆山

西安舜江广场商住楼项目让舜江集团喝到了企业多元化发展和投资房产项目的"头口水"，这也使我更加坚定了企业继续开发房产项目的信念。正好2007年又是中国房地产市场的"疯狂之年"，全国房价扶摇直上。总体来讲，2007年的房产市场可谓异常火爆，而对于三四线城市，北上广深等一二线城市房价上涨所带来的辐射效应才刚刚抵达，三四线城市及周边城镇的地价、房价尚处于蛰伏状态，一旦苏醒，必然有一个较快的上涨周期。

2007年上半年，房产公司在古城西安投资开发的舜江广场商住楼项目刚刚结束，经集团董事会商议后，在中国最为富裕的县级市——江苏省昆山市城南张浦镇一口吃下三百零二亩土地，准备再次投资开发舜江房产自己的楼盘。事实证明，这一步，我们走对了。在此之后，舜江集团逐渐驶入了企业发展的快车道，企业在昆山陆续推出了舜江·碧水豪园、舜江·浅水湾及舜江首府等房产楼盘，这几个项目后来都取得了空前的成功。当然，这些项目都是与一位老朋友张如根共同合作开发的。

刚进入昆山房地产市场时，对当地情况不甚了解，因此，我曾多次前往昆山考察，实地踏看之前看中的那块土地，也就是舜江·碧水豪园房产地块。在经历了一冬的严寒后，那块土地上，上一年的枯草早已被春季的新绿所替代，一人多高的杂草丛，一眼望不到边，极目远眺，一片苍翠，一片空旷，仿佛那无法捉摸的草丛间，正蕴藏着一笔无尽的财富。经过多次考察和踏看，我对这块土块还是十分满意的。

但是奇怪的是，到了拍地的时候，居然只有我们一家企业报名，一连数天都没有其他单位和个人前来报名，这令我感到十分惊讶和担心。照例，这么好的地块，必定会有多家房产企业前来竞拍，但是这种情况没有出现，而这只有两种可能：一是没有掌握地块信息，二是对这块地没有兴趣。种种猜测和疑惑涌上心头。企业搞房产开发非同儿戏，项目资金投入大，一个项目的投资失败，意味着整个企业都将卷入其中——当时的舜江公司尚处于发展的初级阶段，承受不了这样的一次失败。于是，我决定再次前往昆山一探究竟。

当天晚上，凑巧碰到了张浦镇政府的一位领导，当他得知我公司想在张浦镇搞房产开发后，立即表示欢迎，并向我详细讲解了当地对新进企业的各类政策优惠。听完他的讲解，信心倒是有了，但疑心却更大了——既然有这么好的优惠政策，为什么挂牌的仍然只有我们一家企业呢？

第二天，我带着这份疑惑，又去拜访了张浦镇的一位领导，向他印证这些优惠政策是否存在。经他证实，当地确实有这些优惠政策，而且优惠幅度还比较大。他让我不要心存疑窦，把心放在肚子里就是。他还向我讲述了未来几年，该地块周边配套情况，最终使我确立了拍下这块土地的坚定信念。当时，这位领导还十分热情地款待了我，请我在他那里吃了顿饭。几年后，他也因工作能力出色，由镇领导升任了昆山市副市长。

在昆山舜江·碧水豪园开盘仪式上致辞

而我们于当年拍下的这块土地，经过缜密的规划设计，在不到一年的时间里就盛大开盘了。在舜江·碧水豪园的每一期开盘中，几乎都是人山人海，我们推出的每一期房源，都能在极短的时间内销售一空。

现在回想起来，仍然心潮澎湃。在人生地不熟的昆山，舜江人接连收获好运，在中国最富有的县级市，舜江人收获了进军房产的"第二桶金"，而且这"第二桶金"，代表的不仅是企业经济效益的提升，同时也是企业社会效益和社会知誉度的提升。尤其在江苏昆山，我们的企业已被越来越多的昆山市民所知晓、所认可，特别在南昆山一带，舜江品牌更是十人九知，它已成为整个昆山市房产品牌中的佼佼者。

在此之后，我们在昆山愈战愈勇，当地政府也给予了我们较高的评价。我们的楼盘虽然比周边同类房子价格略高，但人们还是蜂拥着到我们这里来买房。业主们认为，舜江是搞建筑的，建筑公司搞房产开发，建造出来的房子品质肯定不会差，因此十分信任我们，争相踊跃地购买我们的房子。碧水豪园首次开盘之时，我们推出一千套房源，结果不到半天时间，就全部售罄了。

继碧水豪园房产项目后，我们还陆续开发了浅水湾、舜江首府等楼盘，这些楼盘的建设和销售也都十分顺利。到2016年，除部分自我留置的商铺外，这些房源全部销售完毕。

与西安收获"第一桶金"相比，我们在昆山开发房地产收获的"第二桶金"含金量更高，这个"含金量"，就包括了企业的品牌影响力。当时我们在昆山开发楼盘，推进速度相当迅速。到了2007年的下半年，不仅项目规划、设计、营销及施工的各项工作全部落实到位，而且在项目所在地的东北侧，昆山市银河路与京东路的十字路口，气势恢宏的楼盘销售展示中心也已建设完毕，其正门上方的门帘上，镶嵌着庄严而喜庆的几个红色大字：舜江·碧水豪园售展中心。

项目售展中心建成后，我几乎三天两头跑昆山，和房产公司总经理张如根、副总经理李斌等几位高层一起，共同部署项目后续工作。李斌在西安舜江广场项目一结束后，就被派往昆山房产项目担任副总，同时被派往昆山的，还有负责过原西安房产项目的一些同志。

在一班人的共同努力下，舜江·碧水豪园项目的各项工作，既风风火火，又有条不紊地推进着。为了早日开盘销售，工程进度变得尤为重要，而工程品质更是毋庸多言。

有一天，在售展中心，我接到几位友人打来的电话，说他们将从上海出发，赶来昆山找我，顺便参观一下舜江的房产项目。由于那时候还没有推出手机微

昆山舜江·碧水豪园售展中心

信，不能发送实时位置，因此只能在电话中向他们描述了碧水豪园的具体方位和行程路线，然后就等着他们过来。

　　一个多小时后，他们再次打来电话，说找不到地方。我又跟他们重述了一遍：出高速向南，到张浦镇，找到银河路，在银河路与京东路十字路口，看到一个售楼处，就是舜江房产所在地了。

　　他们到了以后，我问他们："这地方也不难找呀，怎么找那么长时间？"他们的回答让我十分惊讶。他们说，其实第一次已经到过这里，但看到整个项目这么宏大，售楼处这么气派，以为不是自己要找的舜江楼盘，因此也没仔细辨认，掉转车头又去别处寻找了。于是我明白，在友人心目中，舜江公司仍然是一家小企业。

　　我立刻感到，到 2007 年为止，舜江公司的社会知誉度仍然很低，企业品牌仍然名不见经传，为此，企业仍需大踏步向前迈进。此事也同时给我提了个醒：企业在发展的进程中，必要的宣传还是需要的，舜江公司要做强做大，必须不断提升企业形象。从那时开始，我向全体舜江人提出了要求和希望：必须做好企业对外宣传工作，大家共同努力，从企业发展的各个层面提升对外形象和品牌知誉度。

　　事隔多年之后的 2011 年，仍然是那几位友人，再次到昆山来找我。此时，我刚好在舜江房产开发的另一个楼盘，也就是昆山舜江·浅水湾项目售楼处。这个楼盘的规模不是很大，整个楼盘的建筑面积不过十万平米，因此售楼处相对有些简陋而局促。

　　我告诉了他们舜江·浅水湾楼盘售楼处的具体方位，他们开着车过来了。

　　到了以后，这拨人又是掉转车头往回就走，后来又沿路找了回来。我又问他们："到都到了，怎么还掉头往别处走？"他们的回答又让我吃惊不小：舜江是一家大公司，这么小的房产楼盘，这么简陋的售楼处，肯定不是舜江公司的楼盘，因此才要去别处找找看。

昆山舜江·浅水湾售楼中心

从 2007 年到 2011 年，短短四年时光，就让友人们对舜江公司产生了前后两个截然不同的评价，这两个评价，不啻天壤之别。从四年前认为舜江公司还很弱小，到四年后认定舜江是一家大企业，这些都是友人们潜意识中流露出来的真实心迹。我也没有因四年前友人们低看舜江公司而心生怨怼，只是想通过前后两个评价来申明一点：通过多年的拼搏奋斗，社会各界和同行朋友们对舜江集团的看法和评价已经发生了翻天覆地的变化，特别是近两年，舜江集团的对外知誉度似乎实现了华丽转身，很多人甚至认为，在上虞的几家特级企业中，舜江公司已经成了这个梯队中的佼佼者，成为众多上虞建筑企业中最为稳实的一家。这其中或许有谬赞的成份，但却是多年来，外界对我们舜江集团真实评价的两个鲜明对比。有了这种对比，使我对舜江集团的未来发展更加信心十足了。

顺利掘到了舜江房产的"第二桶金"，还是令人感到欢欣和鼓舞的。彼时，我对公司的真实评价和定位其实是"不强大"的，但时代在推着我们向前走，让我们真实地感受到历史洪流的浩浩荡荡。

出彩的 2007 年

2007 年对于舜江集团来说，是一个称得上出彩的年份，企业的上升势头以一种异常迅猛的姿态在这一年中淋漓尽致地呈现。

2007 年，舜江人收获的第一件喜事，是特级资质的晋级成功。这项工作在 2006 年一路过关斩将报至建设部，于 2007 年 2 月建设部正式公告，企业获得国家房屋建筑工程施工总承包特级资质，昭示着我们公司已跻身全国建筑施工领域第一梯队，将为我们带来更多的市场机会，同时也使所有舜江人对未来充满了更大的发展信心。

特级资质使我们信心满怀，虽然在当时，舜江与国内一流建企仍有差距，但舜江人从来都是不甘人后，"自强不息、追求卓越"的舜江精神从来都不是一句简单的口号，它召唤着每一位舜江人以特级资质为新起点，去完成历史所赋予我们的使命和担当。可以说，2007 年，舜江公司晋升为房建特级资质恰如一道分水岭，经过十几年的远航，企业由改革开放的大江大河驶入了新时代的浩瀚大海。这一点，在后来的市场开拓中表现得更加明显。

2007 年，舜江人收获的第二件喜事，是企业党组织由党总支升级为党委会。这不仅是单纯的党员人数增加的结果，更多的是上级党组织对我们企业各项工作的肯定。

记得公司刚成立时，仅有我和陈镇良、孙志尧三名党员，刚好成立一个党支部。该党支部成立于 1992 年，当时隶属于县农林牧业局党委，后农林牧业局更名为上虞市农经委，党支部又隶属于农经委党委。

关于我个人的入党史，正好借此做一个插叙。20 世纪八九十年代，国营企业干部想要入党，要经历很多考验，不是一两年就能达成所愿的。我从 1986 年开始，连续多年向党组织提交入党申请书，其中，1986 年分别向县棉种场和农垦建筑公司递交了入党申请书，后由县棉种场受理了我的入党申请。但申请书和志愿书交上去之后，因为我已经调到农林牧业局下属农工商工作了，此事最终不了了之。

于是，在1989年的3月，我又向农工商总公司党支部递交了入党申请报告，并于1990年1月填写了入党积极分子培养考察登记表，由梁忠岳、陈镇良做我的入党介绍人。当年12月，经农林牧业局党委会全票通过，我又由入党积极分子转为预备党员。在1991年12月12日召开的党支部会议上，经支部全体党员表决，一致同意我按期转正。于是，我于1991年12月14日，转为中共正式党员，并报农林牧业局党委批准同意。因此，梁忠岳不仅是我的亲家，陈镇良也不仅是李标和梁建敏的婚姻介绍人，他们两位同时还是我的入党介绍人。

在我入党之后，公司也成立了党支部。1995年，随着公司党员人数的不断增加，经上虞市委组织部批准，公司党支部升级为党总支，下设四个党支部。至2006年，随着企业发展的欣欣向荣，党员人数发展到近七十名。在党总支的领导下，企业一手抓经济、一手抓党建，向外界展示了舜江党建强、发展强的企业形象，这样就初步具备了成立公司党委会的条件。这一年，经上虞市委批复，同意建立舜江建设集团党委会，于是，在2007年年初，公司党委正式挂牌成立。这样，我由先前的党支部书记、党总支书记，最后成为舜江集团党委书记。

没有共产党，就没有新中国，我们老一辈人对党有着一份特殊的情怀，并将这种情怀传递给了下一代。作为一名党员，一名曾经的党委书记，我一直都为此感到自豪，而企业党组织最终升级为党委会，更使我感到无限荣光。

2007年，舜江人收获的第三件喜事，体现在舜江房产上。2007年4月26日，由舜江房产开发的西安舜江广场商住楼项目举行了盛大的开盘仪式，预示着该项目的建设同时进入了尾声。西安舜江广场项目结束后，舜江房产又转战江苏昆山房产开发市场，从昆山舜江•碧水豪园到舜江•浅水湾、舜江首府及舜江•半岛雅墅等房产项目，这些项目都取得了空前的成功，企业借助投资房地产的收获而逐渐壮大。

2007年，舜江迎来的第四件大事，是投资建设自己的码头。作为民营建筑企业，舜江跨行投资兴建大型远洋码头，是需要一定的魄力和胆识的，一时被业界指为惊人之举，成为近年来民营企业投资兴建大型码头的经典案例与绝响。事实证明，此举极具前瞻战略眼光。作为稀缺资源，当时对万吨级以上的码头审批已严格控制，而我们恰恰有幸赶上了这趟"末班车"。

兴建码头，仿佛冥冥之中，自有天意。2007年，经一位友人介绍，邀我前

2007 年 12 月 13 日，在嘉兴平湖独山港远洋码头开工典礼上，与嘉兴市、平湖市领导共同按下开工按钮

去杭州湾北岸嘉兴平湖搞码头物流业，共同投资兴建一座大型远洋码头。据他讲解，当时的码头物流业是一个不错的行业，而他自己在宁波就拥有一个小码头，对经营码头有丰富的经验。经过再三权衡，我最终下定决心，进军码头物流业！当时时间非常紧迫，我必须在短期内向友人做出答复，并且第二天就要将数百万元资金预先打到朋友的账户上，这些资金对当时的公司来讲，也不是一笔小数目了。但我还是单独做出了决定，事先也未同李标他们商议，第二天就将钱款打了过去。

在码头的投资建设中，共有三位股东，上虞是我的朋友和我，还有宁波的一位朋友。三人按所持股份出资，总股本为两亿元，而舜江所持股份最多，为第一大股东。

码头于 2009 年正式开工，到 2011 年建成并试运行，总建设周期仅有两年多的时间。建成后的码头拥有 1 万—3.5 万吨级散杂货泊位各一个，码头平台长 340 米、宽 35 米，码头引桥长 540 米、宽 16 米，配有多台 40 吨级门机，实际年吞吐能力为 200 万吨。在建设过程中，我曾多次赶赴现场察看和指导工作，眼看着码头一点点向海面扩展延伸，眼看着一根根打入海底的深桩最终连

成一体，成为一个巨大的混凝土平台。码头建成后，又举行了简单的试运行仪式，由我代表码头管理班子，在码头平台上大声宣布："起吊！"按照指令，码头上几台 40 吨级的门机垂下巨爪，从万吨级货轮上吊起满仓的货物，提升、吊运至排成长龙的货车上方，然后松开巨爪，货物倾泻而下。一辆货车驶离后，下一辆立马跟上，依次将巨轮中的货物运离码头。

　　抬头是白云苍狗，远眺是浩瀚大洋，脚踩的是雄伟的码头。看着已经投入运营的偌大码头，我的内心陡然升起一种强烈的自豪感。海风吹来，站在码头平台上的我有些豪迈，点燃一根烟，静静地抽了起来，心内思绪翻飞——舜江，一家从事传统建筑业的施工企业，现在居然搞起了码头物流业，这已不是单纯的经济效益所能衡量的商业活动了，它是企业实力和对外影响度的重要体现，象征着企业在创业创新及多元经营、多种业态领域正得到不断深化与拓展，更展现出舜江人的干劲、钻劲与闯劲，舜江人决不放过任何一丝发展的机会，哪怕是自己陌生的其他业态。

　　码头投入运行后，多位省、市、区领导曾莅临码头实地参观考察，他们对舜江投资兴建码头的"壮举"大加赞赏。那一年，我们还邀请了上虞建管局领导和同行们在码头会议室召开了特一级企业座谈会，而且这一年的经理扩大会议，我们也选址于嘉兴平湖召开。可以说，在嘉兴平湖独山港区兴建大型码头，见证了企业的发展，提高了舜江的知名度，企业的对外影响度获得了大大提升，同时也增强了全体员工对企业发展的信心和期望。

舜江集团发生在 2007 年的另外两件大事，得属参股百官广场项目及受让虞北海涂千亩滩田了。对于百官广场，前文已有讲到；对于千亩农田，这里有必要再补充几点。

海涂九六丘千亩土地所有权，原属某家虞籍企业，这家企业濒临破产后，我公司及上虞另外六家企业为响应上虞区委、区政府号召，为这家企业纾困解难，筹措一些资金，同时也帮助政府维持上虞经济稳定局面，共同伸出援手，组建了上虞七盛投资有限公司，拿下了海涂九六丘的七千亩土地。而在参与受让虞北滩涂这件事上，舜江集团是唯一一家上虞建筑企业。

土地受让后，我们也搞了一些农业，办起了奶牛场等多种经营实体。自 2007 年以来，我们虽然付出了成本，但这块土地只是取得了维持上虞经济稳定局面的社会效益，至今尚未取得任何经济效益。到了 2008 年底，嘉绍跨江大桥正式开建，并于 2013 年 7 月正式通车。这座连接绍兴上虞与嘉兴海宁的杭州湾第二大桥的建成，使得整个海湾地区迸发出前所未有的投资潜力。自那以后，绍兴滨海新区建设风风火火，大湾区建设亦是风生水起，位于嘉绍跨江大桥边上的这块土地，具备得天独厚的区位优势。我们期待着在大桥经济和湾区建设的热潮中，它的价值与潜力最终能得以体现。

筹办三杰建筑产业化基地

　　舜江公司自 2007 年以来，不仅建筑主业获得了产值规模和业务市场的快速提升，多元经营也得到了持续扩大。2011 年，随着嘉兴平湖独山港大型远洋码头开港试营，码头建设进入了尾声。此前一个月，也即 2011 年 9 月，经过多时酝酿的舜江管桩厂项目正式开工建设。该厂位于上虞区盖北镇，与杭州湾上虞经济技术开发区接壤，可年产 150 万米预应力混凝土空心方桩。经过为期一年的紧张施工，该厂于 2012 年 10 月投产试营。舜江管桩厂的建成和投产，表明在坚持建筑主业不动摇的基础上，进一步拉伸了以建筑为主业的上下游产业，更好地配置了集团产业布局。一年之后，企业又并购了位于上虞区谢塘镇的一家混凝土管桩厂。经过前期紧张的改扩建和技改，2013 年 10 月 15 日，这家以舜江混凝土管桩有限公司东方分厂命名的厂子成功下线第一根混凝土实心方桩。

　　到了 2016 年，由舜江集团投资参股的优力仕机电科技股份有限公司正式开业，接着又与中富、中鑫两家兄弟企业一起，牵头筹建浙江三杰建筑产业化有限公司 PC 构件生产基地。可以说，到 2017 年，舜江集团以建筑、房产、实体投资"三驾马车"并驾齐驱的产业格局得到了进一步稳固。

　　关于企业筹建 PC 生产基地，自主生产 PC 构件，可以说是集团高层班子顺应时势、思虑再三的结果，符合建筑业转型升级要求。2013 年，作为舜江传统建筑市场的上海市出台了《关于本市进一步推进装配式建筑发展的若干意见》，该意见规定：上海各区、县应在本区域住宅供地面积总量中，落实一定建筑面积的装配式住宅，2013 年落实装配式比例为不少于 20%，2014 年不少于 25%，2015 年不少于 30%，此后逐年累加。继上海之后，各地又争相效仿，相继推出本地域的装配式建筑比例。有了政府的支持，装配式建筑和装配式施工风生水起。

　　装配式建筑的特点是标准化设计、工厂化生产，外加现场装配式施工，符合建筑业行业改革和发展绿色建筑的根本要求。装配式建筑的分类主要有混凝土装配式、钢结构装配式、木结构装配式及室内装修集成等几种。上海不仅是国内接轨国际市场的最前沿阵地，也是国内装配式建筑最先推广的城市。舜江集团早在 2003 年就承建了在沪首个木结构别墅群——丽斯花园工程，其实就是木结构装配式建筑；2011 年又在浦东金桥承建了上海碧云国际社区人才公寓工程，竣工后成为沪上首个全木结构"白玉兰"优质工程，得到上级主管部门和业主单位领导极高评价。

绍兴是国家住宅产业现代化综合试点城市和建筑产业现代化试点地区的"双试点"城市。绍兴市政府积极鼓励企业参与实施建筑产业化，出台优惠政策引导企业在绍投资建设装配式生产基地。作为上虞建筑业龙头骨干企业，上虞区委、区政府对我们区内企业在本地建设装配式建筑生产基地十分期待。在综合考虑行业形势和企业发展前景的情况下，在虞投资建厂事宜被提上了工作日程。

李标他们也开始行动起来。首先是考察参观各地装配式建筑生产基地，其中包括远大住工设于武汉的基地、上海的 PC 生产厂家，以及上海家树位于嘉兴平湖的万家兴装配式建筑基地等。通过考察，大家一致认为，可以与远大住工合作，由他们提供设备、技术支持，来运作我们自己的生产基地。

解决了设备技术问题，基地的选址又成了重头戏。经过高层内部讨论，最终得出结论——家乡上虞地理位置优越，既是九县通衢，又居长三角商圈中心位置，距离上海、苏州大概也就一百五十公里路程，距杭州、宁波等地则更近，而且水陆交通便捷，原材料及成品的输送不成问题，最重要的是，还能为家乡经济发展做出税收贡献。于是，我们开始在上虞区域内寻找合适地块，经过多次遴选，最终将杭州湾上虞经济技术开发区康阳大道南侧一块两百多亩的土地作为基地使用地。

在向上虞区委、区政府领导多次汇报后，基地的各项审批程序——得到了落实。在基地开建前，公司还联合了中富、中鑫两家兄弟企业共同参与了这个项目，并将基地冠名为浙江三杰建筑产业化有限公司。上虞的三家特级企业共同组建三杰公司，实力自然不容小觑，项目一上马，就被增补为浙江省重点产业项目。

该项目立项后，上虞区委、区政府于 2017 年 5 月 18 日举行全区第二季度重大项目集中签约仪式，由李标代表新成立的三杰公司，与项目所在地杭州湾上虞经济技术开发区管委会签订落户协议。遵照区领导对于签约项目"早开工、早建设、早投产、早见效"的希望和要求，该项目于当年 7 月正式开工。开工后，筹建各方发扬"与时间赛跑"的工作激情，整个厂区建设进度神速。当年 12 月，主厂房基本建成，并进入了设备调试阶段，最终于 2018 年 2 月前顺利投产。

在该项目建设过程中，我曾多次前往现场视察工程进度。对于这个项目，

浙江三杰建筑产业化有限公司门面、车间及堆场

区委、区政府及园区管委会均十分关心和重视，时任上虞区委书记陶关锋，时任区委常委、园区管委会主任金山中等领导经常下工地视察指导，我亦多次陪同，并向他们汇报工程进展情况。

到了项目投产时，我还带着公司一帮人，到三杰公司厂房生产线视察参观。还没到达目的地，远远地就能看到一幢新颖独特、面积超大的钢结构厂房兀自呈现在那里，十分养眼。据说在整个杭州湾经开区，如此大气独特的厂房也只有三杰公司才拿得出。当时三家企业共同商量，觉得作为建筑公司建造自己的厂房，一定要彰显建筑企业精雕细琢、力求上乘的外部形象，要将三杰公司主厂房作为三家企业的面子工程来建造。由此，厂房在建成后，整个气场一下子就凸显出来了。

三杰建筑产业化基地当初计划总投资是十亿元，其中一期投资五亿元，设计年生产能力为二十万立方米构件，新建厂房、堆场及办公研发配套设施占地面积达十二万平方米，主要生产装配式建筑中的 PC 体系构件产品，如阳台板、叠合板及楼梯板等预制件。原本还有二期、三期项目，准备生产装配式钢结构、木结构构配件，后来光生产 PC 构件就已经自顾不暇，忙得腾不出手来，二期、三期投资计划就只好暂时搁置了。

美丽乡村　美丽情怀

2018 年，本人遭遇了创办企业以来的最大考验，对我个人及李标、李斌，乃至每位舜江人而言，都是刻骨铭心的。

2017 年 11 月 30 日，公司中标总投资 24.7 亿元的上虞区美丽乡村精品路线及精品村和农村基础设施改造提升 PPP 项目，于 2018 年 1 月正式签订合同，项目开工后便进入了 2 年建设期。这原本是令全公司引以为傲的一个项目，但在 2018 年初，恰好遭遇了财政部 PPP 项目合规性审查清理及政府去债务、金融去杠杆等一系列政策调整。上虞美丽乡村 PPP 项目也经历了从"门庭若市"到"门前冷落"的剧变，短短两三个月时间，公司便经历了从人间到地狱再到人间的艰难跋涉。在 2018 年度全集团年终总结表彰大会上，我用八个字来形容 2018 年企业及我个人所经历的艰难之路——"绝处逢生、遇难呈祥"，说的就是公司在实施上虞美丽乡村 PPP 项目所经历的种种"磨砺"。

上虞美丽乡村 PPP 项目是习近平总书记在党的十九大报告中提出乡村振兴战略大背景下，由上虞区委、区政府酝酿和推出的，立项后成为上虞区第一个PPP 项目，属全区重大民生实事工程，它同时也是全省首个真正意义上的美丽乡村 PPP 项目。

该项目总投资逾 24.7 亿元，由上虞全区 10 条美丽乡村精品线路、13 个AAA 景区村、35 个 AAA 景区标准提升村和 274 个村庄基础设施建设、460 个子项目组成，覆盖全区 322 个行政村。项目建设期 2 年、运营期 10 年。

这个项目当时向全省乃至全国招标。对于 PPP 项目，我们一直希望能在这一领域有所尝试，直到这个项目的出现，我们感到机会来了。上虞美丽乡村PPP 项目是我们本地的项目，自己家门口的项目，能够拿到手当然是最好的了。

2015 年至 2017 年，是国内 PPP 项目的鼎盛时期。对于 PPP 模式，我们认为，别人能够搞的，我们也一定能够搞，而且完全能够搞好。因此，在 PPP 领域分一杯羹，作为企业转型发展的一大举措，被写入了舜江"三五"发展战略规划。根据 PPP 项目的性质及融资政策，结合我们对上虞美丽乡村 PPP 项目的前期调研和摸排，觉得这个项目的融资是绝无问题的，到时必定会成为各大银行争抢的"香饽饽"，而且项目一中标，的确有不少银行自己找上门来。

当时政府在招投标过程中，对于投标企业资质等级、业绩及负债率等都提出了较高要求，特别要求投标企业必须具备较高的诚信度。按招标文件上列明的要求，本土企业中只有我们舜江完全具备报名投标资格。不过公司内部也有人认为，舜江公司没有做过 PPP 项目，在这方面经验不足，觉得还是谨慎为好，而且前期要投入这么大一笔资金，如果利用这笔钱投资其他项目，其经济效益必定大大高于 PPP 项目。但我经过一番思虑，觉得还是要做！

有三个原因：一是该项目是上虞区政府惠民项目，是惠及全区老百姓的重要民生实事工程；二是上虞作为全国有名的建筑之乡和建筑强市、强区，如果本地企业不参与投标竞争，而让该项目被外地企业轻松拿走，我们建筑之乡的名望和口碑将大打折扣，特别是舜江公司作为本地企业更是责无旁贷，必须为发扬光大上虞建筑业做出企业应有的贡献，为上虞建筑业添姿加彩；三是对企业自身来讲，这不仅是我们深化转型升级的绝佳项目，而且能在上虞众多的建筑业兄弟企业中率先走出一条新路子。

这个项目刚开始是由谢惠珍副总在经办，工作有了进展后，她就来向我和李标汇报。之后，李标就和谢惠珍一起参与了项目洽谈和投标工作，而具体工作的开展，还是由谢惠珍负责。

当时参与项目投标的，共有 7 家单位，经资格预审，剔除 2 家，5 家单位入围，舜江公司是 5 家入围单位中的其中一家。为提高中标率，我们与盛世投资咨询有限公司组成联合体投标，不过这家企业后来退出了联合体。项目开标前期，我看到谢惠珍及市场部、企管部一帮人一直在制作标书，直到正式开标，他们为这个项目的投标工作倾注了较大的精力。

入围的 5 家企业再经过竞标，最终我公司胜出，这是在 2017 年的 11 月 30 日。之后，财政部在网上正式公布并批准上虞美丽乡村 PPP 项目相关信息。在当年的 12 月 28 日，公司与上虞区政府、区农办（现区农业农村局）正式签约。至此，上虞美丽乡村 PPP 项目板上钉钉收入舜江公司囊中。对于这个项目，我们能够中标，一是舜江负债率低，二是企业诚信度高，而且我们编制的商务标也是最为合理的，可见大家在标书制作中，是花了一番心血的。

项目刚一中标，区委、区政府就要求我们公司立即推进项目建设，首先组

时任上虞区副区长陈刚（后排中）、时任区农办主任崔煜忠（后排右）、时任区农办副主任
邵作为（前排中）、时任区财政局副局长陈志坚（后排左）、李标（后排左二）、李斌（前排右）

织每个乡镇各推开 3 个分项工程开始施工。上虞全区共有 21 个乡镇街道，每个乡镇街道推开 3 个，总计就有 63 个分项工程一下子要开工。当时已经到了年底，但项目一无现场资料、二无施工图纸，根本不具备开工条件。在这样的背景下，上虞美丽乡村 PPP 项目在一片紧张和仓促中铺开了。当时，上虞区政府对于 PPP 项目也是第一次尝试，没有一定的经验和程序，因此对于企业来讲，困难肯定很多，但必须在推进过程中逐一克服。这是惠及上虞全区百姓的民生实事工程，是一项功德无量的伟大工程，我们必须在上虞区委、区政府及主管部门的领导下，在各乡镇街道的共同努力下，把这项工程做好，把它圆满地交到百姓手中。作为上虞企业，我们必须要有这份责任和担当，同时我也坚信，上虞区委、区政府和主管部门一定会全力支持项目推进的。

在此关键时刻，我和李标决定，立即将集团主管房产的李斌由昆山调至上虞，担任盛昌公司主要负责人，主管 PPP 项目，全面负责项目建设和推进；同时抽调舜江建设集团主管工程的顾天标副总，全面负责 PPP 项目工程施工和现场管理；而谢惠珍副总则会同集团财务部经理朱杰洲紧抓项目融资事项。

在 PPP 项目推进过程中，我发现，顾天标副总不仅极具担当精神，而且可以说是有勇有谋，十分睿智，处事总是有条不紊。项目刚一中标，政府就要求马上开工，人员、物资等各项准备工作可以说是千头万绪。这么多的村，这么多的项目，全部铺开，点多面广，而且农村的事情又比较复杂，建设过程中还要遇到各种阻力。但是在顾天标的带领下，项目建设得到了有序推进，由此可见这位同志具有极高的领导和协调能力。

更加难得的是，顾天标在各个时期的项目谈判中，胆大心细，心思缜密，敢于当面提出自己的意见，也敢于同一些错误做法说"不"，体现出一位从业数十年"建筑人"的风骨，特别是有利于项目建设、有利于公司的事情，他是绝不放过的。

这边项目建设刚刚铺开，那边就有种种不利的消息传来。企业所面临的"外患"，由此产生。

我们知道，所谓 PPP 项目，就是政府和社会资本合作，开展公共基础设施项目建设，企业通过运营收入和缺口性补助获得利润。在上虞美丽乡村 PPP 项目中，由企业向银行融资开展项目建设。这个前面已经讲到过，对于这个项目，我们从未担心融不到资金，我们认为，银行一定会主动送上贷款的。但是在项目开建后不久，形势突然发生了变化，原本经常往来的几家银行好像商量好似的，全都失去了对这个项目的兴趣，不仅没有一家银行主动上门，甚至连我们拿着合同文本去银行，都没有一家银行愿意受理，真是让人大跌眼镜。一个 20 多亿的项目，包括政府前期已完工的存量项目 9 个亿的资金，需我们代为融资，后续建设也需要大量的资金投入，如果没有银行融资，光靠企业自有资金，这个项目就很难运作下去了。

转眼到了 2018 年春节，李标、李斌他们陆续回家过年。别人家过年欢欢喜喜，我们一家却因上虞美丽乡村这一民生实事项目的推进及项目融资的事情而备感压力沉重，根本无心过节。整个春节，我和李标、李斌他们也是一天到晚商量着资金的事情，再加上这个项目另有一些烦杂的事务，使得整个春节过得非常糟心。可以说，在我的一生当中，尤其是创办企业以来，前前后后几十年，从未这样糟心地度过一个春节，即使企业刚创办时困难重重，但总归还有一种乐观的心境和对未来的美好期冀。自 2018 年春节以来，我陷入了长久的迷茫，长久地看不到光明。诚实守信与责任担当，快要压垮我们李家两代人了。

原以为融不到资只是暂时的，大家多跑跑或许就能有转机。直到 2018 年 3 月 28 日，财政部出台史上最为严厉的 23 号文件，明确规定各大银行不能贷款给 PPP 项目，中央也出台了政策文件，叫停全国各地的 PPP 项目。一时间，各类媒体上都是一些 PPP 项目被紧急叫停的资讯。各地 PPP 项目停的停、关的关，真是一片楚歌。如此一来，美丽乡村 PPP 项目想要开启银行融资的大门更是痴心妄想，特别是作为民营企业，想要融资更是难于上青天。

这回是真的走投无路了。怎么办？银行已经彻底关闭了贷款门，但项目还要继续推进下去。这时候，整个项目已经全部推开，工人也已全部到位，恰似箭在弦上，不得不发，而且这支箭射出去的劲头还十分强劲。当时，区委、区政府早已下令：在 2018 年 5 月前，多个子项目必须优质高效完工，并通过绍兴市级"五星达标"验收。而在各村各个项目施工中，工人们干劲十足，想让他们慢一点都慢不下来。在这样的形势下，项目干得越快，我们"死"得越快，因为要按期支付工程进度款，特别是民工工资必须到位，一分钱都不能拖欠，我们眼看着公司多年积下的流动资金如水一样"哗哗"流逝。

再这样下去，企业就要遭受灭顶之灾了！这要是换作别的企业，到时实在不行，就毁个约、服个软，或许还能过得了这一关，但是舜江公司却不行。在舜江的发展史上，诚信最重要。舜江的牌子是靠诚信建立起来的，既然立之于诚信，就不能失之于诚信。我们的初心不能变，不忘初心，方得始终。企业一旦失去了诚信，即使过了眼前这一关，但企业的牌子却没有以前响亮了，发展还是会陷入瓶颈的。后来有一些友人，在知晓企业当时情况后，纷纷建言献策，觉得实在做不下去了，还是违约吧，因为企业是受国家政策环境的影响而不能履约的，区委、区政府应该能够谅解，而舜江作为上虞建筑业龙头企业，想必政府也会千方百计加以保全。但是从一开始，我们就从未往违约这方面想过。从我个人角度而言，如果我们停工，那可真是晚节不保，企业也就垮了。

在与多家银行的洽谈和交涉遇到阻力后，我看到李标一天天消瘦下去，每天为了融资的事情吃不下饭，睡不着觉。作为舜江集团"挑大梁"的人，他精神上承受的压力是难以想象的。一段时间以来，为了项目融资，他每天到处跑，可融资还是一直办不下来。看到李标日渐消瘦，我心如刀绞，难受至极。但我自己也好不到哪里去，因为我比李标更加焦虑，毕竟我是舜江的创始人。如果 PPP 项目真的融不到资，那等待着企业的将是什么，恐怕已经不是一个悬念了。我年龄大了，每天都想着这糟心的事，身心开始支撑不下去了。这份压力确实太大，除了我和李标外，还有李斌、谢惠珍、顾天标等团队的所有人，他们的压力一点都不比我们小，大家都紧绷着美丽乡村建设这根弦，支撑着、行动着、担当着、推进着……

几十亿的项目，每月都有一大笔的民工工资需要支付，还有各类材料款，每过一天，都是一笔庞大的费用，这些资金都是要定期支付出去的。如果真的到了企业无法支付的那一天，舜江或将成为下一家倒闭的企业了。舜江近30年的创业成果，转瞬间便会分崩离析，化为乌有。

外界开始舆情纷纷，许多知情人士私下议论：上虞美丽乡村作为农村项目，关系复杂，点多面广，哪家公司接下这种活，那都是傻到家了！舜江公司这回要出大事情了，要被美丽乡村PPP项目压垮了。

此时，舜江公司已经面临水深火热的境地，但在这种境况下，居然有一家公司，顶着舜江公司合作伙伴的身份，三番五次向公司索要项目建设巨额预付款。在舜江面临融资困难的非常时期，这家公司的做法，无疑给企业增添了不必要的"内忧"，使李标等高层班子人员在全心扑入融资事项之余，还要花费较大的精力去处理此事。

"内忧"加上"外患"，这一切都紧紧地牵动着我的神经。

因为这个项目，公司副总谢惠珍内心十分愧疚和自责。她认为，这都是自己当初负责接下了这个项目，才导致企业处于如此艰难的境地。她看到我和李标日渐消沉，为了企业能早日摆脱阴霾，也是整天到处跑，到处寻找资金。为了企业能融到资，她曾经说过，如果哪家银行愿意贷款给企业，她可以完全不顾及自己的面子，当面向银行领导磕头致谢。但是融资的事情岂是磕头跪拜所能解决的，当时的宏观政策决定了企业的命运，就算你怎样费尽心思，胳膊总归是拧不过大腿的，孙猴子再有能耐，也跳不出如来佛的"五指山"。

但谢惠珍绝不放弃任何一个机会！那段时间，她白天跑银行，晚上写报告，而且是一边流泪一边写。在她看来，"祸"是她闯下的，也必须由她来弥补。在这样的工作强度下，她还要时常来照顾我、安慰我，特别关注我和李标的身体，经常弄一些滋补品让我服用，而且一定要看我服下，她才放心。这个时候，在谢惠珍和顾天标等人的心中，我和李标就是企业的"主心骨"，只要我们身体康健，企业就能支撑下去。她曾经对我说："董事长，您现在的身体状况还得了啊，一定要保重身体呀！"我当时想，你们自己的身体也好不到哪里去！到了2018年4月，大范围的民工付薪潮到来了，有些民工开始来公司讨薪闹事。因此，谢惠珍和顾天标他们考虑到我年龄大了，请我安心在家休养，不要去公司，关于民工工资支付的事情，他们会与李斌等人设法解决。

确实，在那段时间里，我的内心已经乱成了一团麻。在此危难之际，李斌主动担当起了PPP项目推进的重任。从房产公司调至PPP项目公司（盛昌公司）以来，李斌坐镇上虞，全面负责PPP项目，从先前对该项目的一无所知到后来的全身心投入，果断挑起了项目建设的"大梁"，并会同谢惠珍、顾天标，以及两位德高望重的总顾问老师——我的老领导谢卫星和我的小叔，在危难时刻处理各类事务，起到了企业发展"定海神针"的作用，成为支撑我身心的一剂良药。

公司的两位总顾问，平时为企业出谋划策，在企业发展各个方面提出宝贵的建议和意见。危难之际，他们不仅成为我和李标、李斌的精神支柱，有时还亲临阵前"指挥战斗"。当时，小叔十分担心舜江公司两位"主心骨"的身体，对我和李标悉心劝导，积极鼓励。他已是八十多岁的老人了，倒要他这个长辈来关心照顾我们，如今想来，心有不安，但在那时，真正体会到了亲情的温暖。我的老领导谢卫星，两年前，我邀请他来舜江公司发挥余热，这时候更是临危不惧，积极帮助企业出谋划策，有时还与高层团队一起挑灯夜战，掌控全局，危难之际为企业"保驾护航"。这两股精神力量当时起到了巨大的作用。

这时候的李斌，待人接物早已十分沉稳，我看到他真的成长了，具备了独立承担公司重大事项的能力。面对企业现状和各类舆论，李斌倒是十分坦然，也从未对公司实施此项目的决策提出过抱怨，他曾经说："公司、房子、车子，一切没了就没了，我们还有手有脚，大不了从头再来！"他还安慰我和李标，说美丽乡村 PPP 项目一切事务，他都会一一处理好，请我和李标放心，务必安心保养好各自身体，不要过多地操心项目琐事，偶尔听听汇报就可以了。

还有我的两个儿媳，在得知公司现状后，也是异口同声地对李标和李斌两兄弟讲："不管多大的磨难和困境，我们都会和自己的丈夫同甘共苦，我们的丈夫挑起公司的重担，把公司的事情搞好就是对父母最大的孝顺，我们做儿媳的也会全力支持他们开展工作，一家人齐心协力，一定会度过眼前难关。今后哪怕什么都没有了，我们同样会孝敬公婆。"

在那段时间里，我经常彻夜失眠，甚至于能睡着几分钟都是奢望。有时候到了卧室，一看到床，马上就退了出来，因为床让我想起了失眠的滋味。那时候的我只要一闭眼，就满脑子都是资金、资金，项目、项目，企业、企业……这样的状态，我经历了一个多月，也就是说，至少有一个多月的时间，我从未睡过一个好觉。

除了睡不着觉以外，我还吃不下饭，不是不愿吃，而是根本没胃口。在单位上班，到了中午饭点，我虽然没胃口，但依然到食堂去就餐，不是饿了，而是怕公司员工替我担心，更怕影响士气。可是实在没有胃口，这饭菜可怎么下咽？总不能原封不动地放在那里，这样仍然会被人看到。只好趁人不注意，偷

2018年国庆期间，李标（中）、李斌（左二）、顾天标（左一）等检查上虞美丽乡村各村项目建设

偷把米饭倒在垃圾筒里，然后再把空碗放在那里，假装自己已吃过饭。

我还怕见人，特别是出席各类社会活动，我更是尽量躲避。碰上员工结婚，要去出席婚礼，也是不敢去，怕大家看到我日渐消瘦的身体，以及萎靡不振的精神状态。碰巧那时候婚宴还特别多，总不能全都不参加，实在躲不掉，只能强迫自己去，去了也是强颜欢笑。

那段时间，我真的感觉到天要塌下来了。如果舜江公司垮了，我将对不起默默无闻工作着的全体舜江人，对不起这帮子对公司有着特殊情怀，做出杰出贡献的分公司老总们，当然更对不起我的家人。我的心里整天像压着一块大石头似的，压得自己喘不过气来，感觉天一直是阴沉的，真的是暗无天日，盼不到阳光明媚。

天塌下来由谁顶着呢？只能由高个子顶着，由我和李标、李斌他们顶着，由公司高层班子、各个分公司老总们顶着。此时，舜江的高层班子也都成了热锅上的蚂蚁，整天忧心忡忡、东奔西跑，寻找破解企业难题的一剂良方。

除了融资以外，还要保障项目继续运行下去。为此，公司想尽方法，通过各种途径筹集资金。当时有很多友人和分公司老总们，特别是李顺来、陈军华、陈忠孝、陈建华、俞岳芳、徐福星和余建标等人，以自己对企业的无比忠诚度，纷纷掏出赤诚之心，伸出援助之手。一方面，他们愿意为公司提供资金保障，与企业共度时艰；另一方面，他们还经常来人来电，安慰我和李标，一句句宽慰之言和暖心之语，让我们充分感受到了人情的温暖。靠着整个舜江团队的力量支撑，终使我们挺过了这段最为艰难的时光。在此一并表示感恩。

到了这年的5月初，李标突然给我打了个电话，他对我说："爸爸，你放心，美丽乡村这个项目，我们只能进，不能退，我已下定了这个决心！舜江公司一定能够冲破眼前的这道难关！"第二天一早，他便安排我放下手头工作，去杭州休养一段时间。

在杭休养期间，我得到了杭州分公司陈建华老总及他的爱人林爱娟女士无微不至的关照，几乎每天两次，夫妻俩都会准备好可口的饭菜送到我的房间。在饮食方面，夫妻俩可以说是想方设法、费尽心思、变着花样地让我能够吃好喝好，每天的这两顿饭，建华爱人可谓动足了脑筋，花费了较大的精力，每顿饭菜都是荤素搭配，极为精致，令人颇为感动。夜幕降临，他们还要陪我有说有笑，聊天解闷，直至晚间九时以后，方肯告辞离去。杭州交通拥堵，他们到我这里，仅一个来回的车程便要将近一个半小时，遇着堵车，两个小时或还不够。

我曾经跟建华他们说："不要为了照顾我，而影响了自己的工作，工作永远是第一位的。"但我仍然看到，建华因为照顾我而放弃了部分工作，这是我不愿看到的，可我怎么都劝不住他们。后来，当建华夫妻俩都在我身边的时候，我又跟他们说："你们两夫妻这样尽心竭力地照顾我，早已超过了你们对于自己的父母，我真是不敢当啊！"但是建华不管这些，仍然"我行我素"，风吹雨打，每天两趟照来不误。

闲聊中，建华也对我说过："董事长，我们舜江有一大帮子人，天大的事情我们都扛得住，而且美丽乡村PPP项目是响应政府号召，为百姓谋福祉的重大惠民工程和民生实事工程，做善事，必定得善果，您大可放一万个心。"建华说的没错，舜江确实有一大帮子人，只要有他们在，企业就不会垮！

在我休养期间，李标会同李斌、谢惠珍、朱杰洲等人，一刻也没有闲着，到处想方设法，寻找融资渠道，几乎到了昼夜不停连轴转的地步。最终，事态稍有了一些转机。

在这年的5月底、6月初，政策稍有松动，这使我们看到了希望的曙光。此时，美丽乡村PPP项目各项工作仍在有序推进着，虽然没有银行支持，但我们利用自有资金和各方筹措，尚能应付局面，资金一点点投下去，把该付的工程款付掉，几个月下来，也投入了数亿资金。上虞区委、区政府及农办领导了解了企业实际情况，也不再紧催工程进度了，同时发出缓慢施工的指令，为我们减轻了一些压力，并想方设法支持企业融资。他们还不定时来人来电问候我们，关心我们的身体，但是作为一家负责任的企业，我们也为下一拨工程款的支付做好了相应准备。

在此之后，在李标、李斌、谢惠珍和朱杰洲等一帮人的共同努力下，银行方面终于有了好消息。最终由工行绍兴分行与农发行绍兴上虞支行组成银团，为我公司上虞美丽乡村PPP项目建设提供专项贷款。到了9月30日，第一笔资金顺利到位，这才使我长长地舒了一口气，企业最困难的时光终于过去了。在此之后，第二笔、第三笔资金陆续到账，我们再也不必为资金的事情揪心了。

11月1日，习近平总书记主持召开了民营企业座谈会，给民营企业的发展注入了强大的信心和动力。这个会议召开后，中央对民营企业的支持度直线上升。在总书记发表讲话以后，无论舜江公司，还是工行、农发行，乃至上虞区委、区政府，几乎都成了赢家。

舜江公司因实施上虞美丽乡村PPP项目，成为贯彻落实习近平总书记对实施乡村振兴战略重要指示精神的"排头兵"。确实，上虞美丽乡村PPP项目是上虞区委、区政府为上虞老百姓所做的有史以来最为伟大的一项民生实事工程，这个项目的建成，使得上虞农村面貌得到了大大改善。作为项目实施方，舜江集团的付出和努力得到了上虞全区百姓的肯定和赞誉，舜江的牌子一下子又加重了不少分量。工行、农发行因与我公司就上虞美丽乡村PPP项目开展银企合作，为项目建设提供了资金支持，不仅使其成为最先响应总书记扶持民营企业号召的"急先锋"，在银行融资向民企倾斜这件事上，两家银行起到了一个表率的作用，得到了北京方面的肯定。尤其是美丽乡村这个项目直接挂钩乡村振兴战略，政府、银行及企业三方共同响应总书记"绿水青山就是金山银山"的号召，共同参与建设美丽乡村，项目建成后，又能惠及上虞全区百姓，让老百姓得到了大实惠，的确是一项利国利民利己、功德无量的大工程。

在此之后，该项目开始凸显出强大的魅力与荣光，别的企业哪怕收获再多的业务和荣誉，都无法与这个项目相媲美。从2018年下半年开始，上虞美丽乡村PPP项目陆续迎来多家主流媒体的采访和报道。2019年，作为国务院聘请的41位参事之一，忽培元参事专程来虞调研了这个项目，通过实地参观考察，对该项目给予了高度评价和点赞，并指出：上虞美丽乡村PPP项目，是深入领会贯彻党的十九大报告乡村振兴战略理念的表现与实践，是高品质乡村建设的

李标（右一）、李斌（右二）陪同忽培元参事（中）调研上虞美丽乡村

成功典范，在全国范围内具有极好的示范作用。调研结束后，他还要草拟一份调研报告，将上虞美丽乡村建设相关情况及成效上报给中央决策层和有关部门，建议在全国范围内推广。现在私下想想，或许连中央都已经知道，浙江有舜江集团这样一家民营企业，在当地政府的领导和支持下，正在奋力实施美丽乡村建设，倾力打造美丽乡村。

现在回过头来，不仅感受到2018年全年对舜江集团来说，真的是"不容易""不平凡""不简单"的一年，同时还真正感受到了舜江集团是一个紧密团结的大家庭。在企业最为艰难的那段时光里，我们企业的各个部门，各条线上的每位员工，都在默默无闻地工作着。大家嘴上不说，但心里却跟明镜似的，都知道企业面临的困难，因而每个人都自觉担当起来，把自己这一块的工作做好，同时还敢于同外界那些不利于企业的舆论作斗争。

那段时间里，我同李标他们，一心扑在融资上，对企业的内部管理有所松懈，从表面上看，企业好像失去了"主心骨"和"当家人"，但各个部门却显得比之前更加负责、更加团结、更加积极、主动、担当、有为，各块工作不仅没有落下，反而比以前做得更好。整个企业一直都在井然有序地运转，毫无半点松散和混乱。这是舜江集团几十年来所形成的内部文化底蕴，是企业宝贵的精神财富，足以使人欣慰。外部人员来公司办事，原本以为陷入困境的舜江公司此时应该处于人心惶惶、混乱无序的状态，但真正入眼的，却是一个秩序井然、大家都在埋头工作的场景，不禁对外界的传闻产生了质疑。

以前我们一直在说，宏观经济和政策环境是企业发展中必须经历的严峻考验。在2018年以前，这种考验微乎其微，顶多只是在企业的"皮肤表层"上留下几个疤。而在2018年，舜江集团所经历的这种考验，却是痛彻心扉，直接将企业逼到了生死存亡的边界。但是这样的考验，舜江挺过来了！所以我想，经历了2018年洗礼与考验的舜江集团，今后必定能成为一家伟大的公司，而我们的家庭也将更加幸福而甜蜜！因为"天降大任于斯人也，必先苦其心志，劳其筋骨，饿其体肤，空乏其身……"这不正是2018年我们所经历过的"烤"验吗？这份"烤"验，同时也在告诫全体舜江人，告诫所有办企业的人，千万不要以为自己的企业已经够稳实了。任何一家企业的发展，从来都不是一帆风顺的，它有来自各方的不可预测的压力和风险，机遇永远伴随着风险，稍有不慎，潜在的风险即转变成实实在在的磨难，如洪水猛兽般扑面而来。

在此，我也要衷心地感谢每一位舜江人，感谢支持舜江事业发展，特别是在美丽乡村PPP项目中给予关心支持，伸出援手的每一位领导和友人，正是有了你们的关心支持和共同努力，才使舜江最终挺过了这一难关，我们有理由相信：舜江的明天必定会更加美好而璀璨。感恩之心，无以言表。

上虞美丽乡村实景

培养接班人

我的三个儿子李伟、李标、李斌，都在 20 世纪六七十年代出生，兄弟三人自上学读书开始，我便对他们寄予厚望，希望他们长大后，都能出人头地，光耀李家门楣。到现在，三个儿子中，老大李伟为人敦厚，在家孝敬父母，我评之曰孝；次子李标德才兼备，尤重德行，继承家业，担当有为，我评之曰德；小儿李斌风度翩翩，有勇有谋，果决睿智，继承家业，助兄有为，我评之曰智。如今，李标、李斌兄弟俩共同支撑起了舜江集团新的发展。

同老二李标自小喜读书爱学习相比，老大李伟却正好相反，他既不想读书，也读不进书，小学仅读了三年，便再也不肯去学校上学了。我虽然有些失望，但看他确实不是读书的料，只好由他辍学。过了两年，即 1981 年，由我担任上虞农工商凤山彩印厂的基建总负责，我指派我的内弟李建祥到这个工地工作，并同时让李伟跟着自己的娘舅学泥工，以让他能够学一门手艺，今后便可立足于社会。这一年，李伟才十三岁。后来在上虞精制茶厂、上海电缆厂及上虞农工商经营中心大楼的施工建设中，李伟也是跟着他舅舅等人，学习和从事建筑行业泥工工作。

毕竟只是一个十三四岁的小孩子，生活上还离不开父母的照顾，这么小的年龄，便到上海工地学徒，也是十分不易。于是，我又将李伟带回身边，在上虞工地上工作学习，也方便照顾他。有一次，我到工地宿舍去看他，他一看到我，就向我告急："爸爸，饭票找不到了！"那时候，到工地食堂吃饭都得凭饭票，我带他到工地学徒的第一天，就告诫过他："饭票不要乱扔，用过之后，剩余的都放到床铺的枕头底下。"我就到他的床铺上帮他找寻，终于在床底下的角落里找到了饭票。再看他的床铺，简直乱得一塌糊涂，于是又帮他重新整理了一番。然后又托付了工地上的朋友们：今后阿伟去食堂吃饭，就不要再凭饭票了，直接打饭给他吃就行了。

对于泥工活，李伟倒是挺喜欢学，平时干活也十分卖力，几乎起早摸黑，绝不偷懒。但因文化程度有限，人又忠厚老实，没有一点私心与算计，特别是在处理各类事务时，没有自己独立的思考与判断，因此很难从事企业管理工作。舜江公司成立以后，设立了安全科，后改为质安处，我又把李伟安排到质安处，让他跟着阮张根副总学习安全管理知识。自此之后，李伟就一直在公司工作。

我的次子李标，建筑专业正经科班出身。高中毕业以后，在我的安排下，李标被选送到上海，在一所建筑学院学习施工、技术、造价、质量和安全等行业相关专业知识。在此期间，李标不折不扣地遵从我的决定，也十分理解父亲的良苦用心——自己的父亲是位建筑人，他自然要子承父业，将来接他父亲的班。但如按他本人意愿，原本倒是想做一名文艺青年，希望在文学上有所造诣。在就读初中、高中时，李标一直担任班长，即使到了现在，他的同学也一直尊称他为"老班长"，求学时不仅读书成绩好，而且学校的黑板报也都是他一人承包了，经常得到老师的肯定和同学的称羡。因此，在李标身上，有时候还能隐隐地流露出一些儒雅之风，这是他在高中、大学期间，痴迷于文学创作与版面设计的结果。

大学毕业以后，我立即安排他到上海工区实习、工作，让他在一线项目部中锻炼和实践。待过几个工地以后，阿标已完全能将所学理论结合实践，独立承担起工区资料员与预决算员的角色。当然，让李标直接下到工地一线，原本也是想请工地上的一些"老师傅"们对他进行"传帮带"，能够传授他一些在学校中学不到的知识，但当时在工地上，这样的师傅相当稀缺，而在工地上设立安全员、施工员、质量员、材料员、资料员"五大员"岗位，那时才刚刚兴起，大家都是摸着石头过河，谁也教不了谁。于是，李标只能靠着自己在大学中所学专业知识，慢慢摸索钻研，最终能够胜任一线资料员和预决算员的岗位，后来又独立承担起工地全方位的协调管理工作，也就是后来的项目经理岗位。

自我接手新建建筑公司后，我又将李标抽调至上海办事处工作，使他能在业务能力上有新的提升。从此以后，李标就一直跟着我，父子俩共同走上了创办和经营企业的艰难历程。1990年至1991年，李标还参与了上海普陀区药水弄工地和浦东洋泾工地整改工作，这期间的工作、生活一度相当艰苦，我们父子俩总算艰难地挺了过来。现在想来，在药水弄和洋泾这两个最为复杂的工地上，李标不仅看到了很多、听到了很多，而且自身也处于急难险重的境地中，曾经也和我一道，被民工们团团围住，不让吃饭，不让上卫生间……对于工程一线的管理，李标学到了很多、明白了很多。在一线吃苦耐劳，虽然一路艰辛，却也磨砺了他的意志，帮助他快速成长起来，这也是工地一线所给予他的一笔宝贵"财富"。

说起来，我们一家自搬到县城后，全家人的户口早已是非农，若不是我有意让李标子承父业，硬拉着他朝着建筑业方向发展，他本可以在农委下辖的农工商总公司找到一份安稳的工作，然后按月领取一份工资，哪里用得着挑什么担子。当时的新建公司内部十分复杂而困难，旁人避之唯恐不及，总会千方百计给自己的子女安排一份安稳的工作，我却把自己的儿子安排到新建公司，安排到公司最为艰险的一线。对此，亲朋好友们见到我，总会对我有所埋怨，说我这颗心早已硬如铁石了，自己抛下安稳的工作去搞什么破公司也就算了，没有让自己的子女也跟着一道去吃苦受罪的道理，子女是爹娘的心头肉啊，这事，你李金奎怎么能做得出来！对此，我的想法与他们完全不同，以我自身的经历来看，年少时吃点苦，对于今后的成长肯定有所帮助，我不希望自己的儿子们将来毫无建树，只能在父母的羽翼下生活。要做我李金奎的儿子，他们必须在炽热的烈火中滚一圈，在湍急的洪流中游一圈，具备非凡的能力与智慧，从而成为我们李家的优秀后代和接班人，成为对企业和社会的有用之才，这才是我内心真正的想法。

1993 年，鉴于李标已经具备独立承担沪办部分工作的能力，我就给他加了点担子，让他担任公司沪办副主任一职。这时候，他已完全进入了公司沪办管理者、经营者的角色，虽然只有二十四岁，但在十里洋场的上海滩，李标已经完全不怯场、不怯战，处事已经非常得当，沪办的很多日常管理工作，当时都由他负责了。

1995 年，公司沪办主任夏克峰转任舜江八分公司总经理。经公司领导层研究决定，由李标继任沪办主任，负责公司上海区域总体工作。自此，舜江公司在沪经营与发展的重任，就全部施压在他身上了。这一年，李标二十六岁。

一转眼，将近十年的光阴逝去。2004 年初，上海某宾馆。晚上，李标应约来到我的房间。在这个晚上，这个房间里，我有一件重大事项要向他宣布。坐在椅子上，点燃一根烟，我对李标说："鉴于你这两年的工作表现，爸爸决定给你再压点担子，今年要将总经理的位子让给你。"李标一听，内心明显有点慌乱，于是开始推诿起来："爸爸，我做副总经理才没几年，沪办的这一堆事情我还能管管，一下子让我担任总经理，这个担子太重了，我怕自己做不好。"

是啊，自 1999 年，李标在沪办主任职务上兼任公司副总，也仅有四年多的时间。在这几年间，李标虽然进步很快，但也仅是独当了沪办发展这一面，对企业的全局性管理，此前都是由我在掌控，他所参与的并不是很多。在他心中，父亲是他的主心骨，只要有我在，企业层面的相关工作，都不必他操心，反正总体的担子有父亲挑着，在副总经理兼沪办主任的位子上，他是能挑多少就挑多少，压力并不是很大。

但李标也有自我加压的时候，如2003年由公司承建的上海包装城项目，就是李标自己谈下来的业务，这个项目同时也是公司直营的首单业务，可谓直营项目的"开山之作"。

虽然有我这个父亲在支撑着舜江公司的总体发展，但只要有机会，李标总会想着多帮衬我一下。正好从2002年下半年开始，公司整体经营形势并不是十分乐观，对此，李标一直看在眼里，总想扭转这一局面。转眼到了2003年，在一次机缘巧合中，李标敏锐地捕捉到了一个工程信息——在上海嘉定区，有一家温州商人投资的上海包装城项目，正在寻找施工合作方。但由于温州商人开出的商务条件比较苛刻，没有一家施工单位愿意承揽这个项目。在这样的背景下，李标上门去洽谈了一次，回来后决定做这个项目，他认为：别人不能做的项目，并不代表舜江公司就不能做，别人做了要亏损的项目，并不代表舜江公司也一定会亏。上海包装城项目，即使不挣钱，舜江也要做下来。当时，公司内部也有人提出反对意见，觉得做这个项目风险太大，不划算。但李标"咬定青山不放松"，坚持要做这个项目。对于做这个项目，他有两点想法：一是承建了项目，能提升企业内部萎靡不振的业务量；二是可以使企业在承揽直营项目上实现零的突破，不管如何艰难，企业必须在直营领域杀出一条"血路"。

我看到李标有如此坚定的信念，于是力排众议，一锤定音，同意李标接下这个项目。鉴于李标在独立承担项目建设中经验仍然不足，在组建项目团队、选择施工队伍方面，我是花了不少精力的，并特别将银奎和海龙等人安排到这个工地，帮助李标开展工作。上海包装城项目开工以后，我也时常在幕后帮他解决项目建设中的一些实际问题。

上海包装城项目总建筑面积三万七千平方米，框架结构地下一层、地上六层。该项目不仅工期紧，而且温州商人给出的价款还异常苛刻，特别是当时签的还是总价包干合同，即闭口合同。合同总价一口包死，对于施工方来说，要冒极大的风险。后来果不其然，在工程基础施工阶段，原材料特别是钢材的价格一路飙升，几乎每天一个价格，一度从每吨四千元涨到五千五百元。当时刚浇好垫层，正处于大量使用钢筋的时间段，钢材价格的突飞猛涨，极大地压缩了项目的利润空间。再这样涨下去，还没等到基础完工，项目利润就将全部刨净。

就是在这样的严峻形势下，李标带着项目部一帮人，还是艰难地将这个工程做了下来。不仅如此，通过事先精心策划施工组织设计，严密制定施工进度总计划、月计划、旬计划、周计划，项目部仅用了一百天时间，其主体结构便宣告封顶，之后还被评为结构优质工程，建设单位和监理单位对此给予高度评价。至工程竣工，包装城项目不仅没有亏损，反而还有所盈利。项目结束了，但公司同建设方的友谊却一直保持了下来，直到现在，李标同建设方还时有往来。

在宾馆的房间里，我看到李标百般推诿，坚决不肯干这个总经理，我就跟他说："阿标，你不必担心，爸爸现在还有这个精力，你担任总经理以后，我还是会在后面帮你支撑，你必须尽快适应总经理的岗位。爸爸今年已经六十岁了，其实早就应该给你压担子，将总经理的位子让给你了。你现在才做总经理，对我来说，不是早了，而是迟了。再过几年，到我真正精力衰减的时候，再交权给你，那就太仓促了，那是对你的不负责任，也是对企业的不负责任。因此，管理企业的千钧重担，你要一步步接过来，在公司全局上真正担当起来。从你做上海包装城项目开始，爸爸就相信你有这个能力。"

作为一名父亲和企业一把手，在那几年，我也看到，李标虽然还未担任公司总经理，但相应的担子，他还是在挑的。然而，在副总的职务上帮他父亲挑担子和在总经理的职务上挑担子，这完全是两码事。

在那晚，我跟李标讲了很多。我们从总经理是公司"领头羊"讲起，讲到总经理在管理企业中必须要具备的一些能力，必须要做好的一些工作。包括自己的一言一行、一举一动，都要有所要求，平时组织召开的会议和安排的活动，要令大家满意；包括个人能力与水平，都要有所体现，要慢慢地被全公司所接受和认可；包括职责和权限，都要有所明确，要将自己从打理好沪办业务转变为打理好公司全局性事务。这些事务包括出台企业各类文件，比如春季文件、夏季文件等；制订企业各类制度，比如内部考核制度、内部责任制度等；提升企业管理，比如财务管理、质安管理、行政管理、资质管理等，做到分工明确，脉络清晰，这是领导能力的最大体现；特别包括企业内部资金运作，要灵活调度，盘活资金，严格做到工程款专款专用，绝不挪用一分钱的工程款，做到工资按月发放，绝不拖欠一分钱的职工工资。只有如此，企业的牌子才能打得响，才能得到社会的尊重和全体职工的拥护，才能带领企业稳步发展。

那晚，我和李标一直聊到凌晨三点。经过这次长夜深谈后，一连几天，李标总是一副心事重重的样子。几天后，他告诉我："爸爸，自从上次您提出让我担任公司总经理以来，我几个晚上都没睡好觉，总经理的担子这么重，我感到压力确实太大了，但既然您已经决定了，不管怎么难，我都会努力把它干好。"

在 2004 年 2 月 18 日，公司于沪办新址水清大厦分别召开二届一次董事会和总经理办公扩大会议。会上，经我正式提名，由李标担任公司总经理，并新增李佳庚为公司副总经理。当时公司内部支持李标担任总经理的呼声并不是很高，更有个别班子成员对此提出了顾虑和担忧，觉得李标年龄还小，资历尚浅，仓促间担任总经理，恐怕引领不了公司全局。我则对他们讲："我们每个人的成长，都是通过培养，慢慢积累起来的，没有一个人能够一步到位，直接就能胜任总经理的岗位，请大家像支持我一样支持和关爱李标，给他一个成长的机会。"

经我这么一说，阮张根副总当即表态，对提名李标担任公司总经理明确表示支持，其他几位见阮副总表了态，也都陆续表示同意，李标担任舜江公司总经理的决议就这么定了下来。同日，李标的总经理任职文件在全公司正式发布。

在此后的一段时间里，李标开始慢慢适应总经理的岗位，从二线走到一线，最后完全融入了总经理的角色。从此以后，舜江公司在李标的带领下，拓市场，强管理，聚人才，增实力，善经营，谋跨越，企业综合实力快速得以提升。不仅如此，公司直营项目在李标的直接管理下，也呈现出迅猛的发展势头，继上海包装城项目之后，公司还以直营方式，陆续承建了上海乐联厂房、上海奉贤正阳世纪星城、上海茗嘉苑和海门名人苑等工程项目。在此基础上，组建了舜江直属分公司——第十六分公司，后又更名为直营项目管理部。可以这么说，公司直营项目的肇端和发展，是李标在担任公司总经理前后自我加压、自我提升的结果。

十二年弹指一挥间，到了 2016 年，我已七十二岁。这一年，我决定将公司经营、经济大权彻底交给李标，这是事物发展和新老交替的必然结果。虽然自 2013 年开始，李标还兼任了舜江控股集团总裁这一职务，但建设集团的董事长和法人代表，仍然由我担任，2016 年，是到了将舜江建设的董事长和法人代表交给李标的时候了。从 2004 年到 2016 年，在商海中摸爬滚打了十二年，对于舜江公司总经理的一任事务，李标驾轻就熟、沉稳有力，担任公司董事长和法人代表，这是顺理成章的事。

当我向李标提出此事，他已不再畏惧和推诿，而是果断地应承了下来。他对我说："爸爸，有我和李斌及公司团队班子在，您是该好好休息休息了，公司里的事情，我们都会处理好的。"从此以后，李标成为舜江公司的实际掌舵人，我则退居二线，给李标、李斌他们做做参谋，帮助他们力所能及地管点事情。

2018 年，集团党委换届，正好原党委书记李苗贤的年龄到了，也应该退下来了。这次换届以后，李标被推选为舜江集团新一届党委书记，谢惠珍任党委副书记，李斌、顾天标、张金波任党委委员，以上五人成为舜江集团新一届党政班子成员。李标为人正派、办事认真、性格沉稳、务实担当，担任集团党政一把手十分胜任。到了 2020 年，李标也已经五十一岁了，再过十年，连他们也都要培养下一代了。

我的小儿子李斌，毕业于浙江大学土木建筑专业，毕业后被我安排到公司沪办，和他二哥李标一起工作生活。此时，李标担任沪办主任已有两三年时间，兄弟俩在沪办共同度过了将近一年的时光。在此之后，上虞农经委下属林业站招聘工作人员，通过层层筛选，李斌极不容易地进了这家单位。林业站属于事业编制，是货真价实的铁饭碗。那几年，李斌整天穿着林业执法制服，头戴大盖帽，在一些重要的卡口，负责查处一些偷盗林木、偷猎野生动物的违法行为。至 2003 年，李斌已经在林业站整整干了六年，组织上对他十分信任，已将他内定为单位重点培养和提拔对象。

2003 年，舜江公司发展总体平稳，而上海包装城等公司直营项目应运而生，由此出现了"成长中的烦恼"——企业奇缺各类专业人才。为此，公司开始与各大院校和中专、技校互动联通，以此来招收一定数量的建筑专业大中专毕业生，通过实习培训后，将他们派驻到一线的各个岗位中去，同时也将一些优秀人员充实到公司内部。这时候，我开始将目光转向李斌。我当时想，为了舜江的长远发展，公司对外提出广揽人才的口号，而自己的小儿子虽然学的是建筑专业，人却在林业站工作，这广揽人才的口号岂不是空喊了？不行，李斌也必须到企业里来，与他父兄一起，共同支撑企业的发展。

父命难违。当我向李斌提出，让他辞去林业站的"铁饭碗"，到公司里来帮他父亲的时候，李斌没有提出什么异议，但看得出，他是十分不情愿的。毕竟，林业站的那份工作，他是千里挑一才被选拔进去的。普通人挤破头皮都进不去的单位，现在却让他辞职下海，什么"铁饭碗"，什么工龄、荣誉、提拔、升迁，一切通通放弃，让他从零开始，到一家实力平平、毫不起眼的传统民营建筑企业中来上班，这是唱的哪一出？

李斌虽然尊父命，但此事却引起了身边人的一致反对。从林业站领导到李斌的妻子和岳父母，包括李斌的母亲，以及众多的亲朋好友，他们每个人都来劝我，说我年纪大了开始老年痴呆了，要好好清醒清醒，打消这"愚蠢"的想法，继续让李斌在林业站上班。钱珍听说我要让李斌下海，就急着跟我说："别人家千方百计想经营好家庭，你倒好，好好的一个家倒要给它搞点差。自己搞企业都无头无脑，还要把儿子也绑在一条绳上，你的脑子是怎么想的？"李斌的单位领导也来找我商谈，他们跟我说："老李，你这步棋子走错了！我们林业站的这份工作，就算是上虞市级干部的子女想进都进不去，这么好的位子，就这么轻描淡写地辞职走了？小斌可是我们林业站的重点培养对象，将来是要独当一面的，怎么能让他走呢？"还有当时农经委的一些要好领导，也是异口同声说我这个想法不当，都善意地劝诫我早点打消这个念头，让李斌还到农经委下面的林业站去工作。

李斌的岳父母更加想不通，他们跟李斌讲："你爸脑发昏！这么好的单位，这么安稳的工作，好不容易进去了，再叫你出来，我们老两口和阿萍坚决不同意！"于是我在做好李斌和阿萍思想工作的同时，又去做小斌岳父母的思想工作。在那次沟通交流中，李斌岳父母甚至把话都说得很直白了："我们将阿萍嫁给小斌，来做你李家的媳妇，原本也是看中小斌有一份好工作，我们做父母的也放心，你现在却让他放弃这份安稳的工作，让他到建筑公司去上班，这事我们怎么都不答应！"我只好请他们理解我、支持我，并对他们说："我既然在办企业了，就一定要把企业办好。现在的情况是，公司一方面对外招聘人才，一方面，自己学建筑出身的儿子却在林业站上班，这叫人家怎么看待我这家企业，所以小斌一定要出来，父子一条心，共同把企业办好。"经我这么一说，李斌岳父母这才无奈地转变了思想，开始支持我所做的决定，如果他们当时还是不同意，那么李斌到公司来上班的事情也就化为泡影了。

事实上，让李斌放弃安稳工作，到公司来上班这个决定做出以后，我自己也犹豫过。李斌大学毕业后，能够进入农经委下属的林业站工作，极其不易，本应倍加珍惜，后来细想，李斌学的是建筑专业，本该在建筑领域有用武之地，而且当时公司人才奇缺，但因企业仍然弱小，很难招到人才，没有人才作支撑，企业又如何实现后续发展呢？在这样的背景下，我最终还是决定，让李斌放弃林业站工作，到公司里来施展才华。现在再回过头来想，这一步无疑是走对了。

李斌进公司以后，先在经营部门工作，用所学专业知识帮助企业开展多个项目的招投标，同时也搞项目预决算工作。到了2004年，由于建设方出事，公司在西安的土建项目突然陷入了困境，并十分仓促地由施工方转变为投资建设方，公司有史以来第一个房产项目——西安舜江广场商住项目建设由此拉开了帷幕。对于项目管理人员的安排，我思虑良久，最终决定，让李斌出去历练历练。

当李斌的母亲得知我要将她的小儿子"发配"到数千公里外的陕西西安，这回她是无论如何都不答应了。还有李斌的妻子陈莉萍，也是非常不乐意。李斌从林业站下海到公司，作为妻子，阿萍原本就已经做出了让步。现在倒好，还要让自己的丈夫远离家人，远离自己和他们的孩子，去那么遥远的地方工作，而且这一去，有可能就是好几年。这一年，李斌的儿子柯熠才四岁，正是需要爸爸的时候。

于是，我又开始做阿萍的思想工作，阿萍虽然万般不愿，但最终考虑到公司发展需要，只好同意我的决定。当时她对我说："为了公司的发展和我们整个大家庭，我服从爸爸的安排，一切从公司和家庭大局出发。"李斌也主动站了出来，安抚好母亲和妻子的情绪。对于自己的母亲和妻子，他只表达了一个意思——自己也想去外面闯一闯。最牵挂他的两位女性虽然极不情愿，最终也只好尊重他所做出的决定。

有关李斌在西安舜江广场房产项目建设中所遇到的各种艰辛与不易，我在其他篇章中已经做了较为详细的阐述。从 2004 年至 2007 年，李斌从原先对房地产行业的一窍不通，到后来能够熟练经营，就是那几年扎下的根基。

2007 年上半年，正当西安舜江广场商住项目进入尾声之际，昆山舜江·碧水豪园房产项目正蓄势待发，两项目在时间上可以说是完美衔接。此时，李斌已从西安返虞，我又让他去昆山，担任昆山舜江房产公司主要负责人，协助我们的合作伙伴张如根开展工作，负责公司管理和昆山舜江·碧水豪园及其后续楼盘的经营工作。在昆山舜江房产公司，李斌积极配合好友张如根开展工作，双方合作十分融洽。

2008 年，为加强公司领导班子力量，由我和李标提名，李斌兼任舜江建设集团副总经理，分管房地产开发及产业投资相关工作。至 2013 年，又任新成立的舜江控股集团副总裁，仍然分管房产和投资事宜。在江苏昆山，舜江公司开发的房产楼盘从舜江·碧水豪园到舜江·浅水湾，从浅水湾到舜江首府，至 2017 年，舜江首府的楼盘销售已接近尾声，李斌也在房地产行业勤奋工作了十多年，在房产领域及企业管理方面积累了丰富的经验，在为人处事方面已经十分沉稳老练。特别对于商务谈判，更是底气十足。经过多年的实践和总结，李斌逐渐摸索出了一套行之有效的谈判技巧。谈判中，李斌收放自如，张弛有度，充分展示高超的谈判艺术，帮助企业获得最大的利益空间，不仅赢得了谈判，还能让对方心服口服，从而进一步增进与谈判方的友谊，这就是李斌在谈判中展现出的高超智慧。在企业的领导岗位上，李斌虽然平易近人，具有较高的亲和力，但在大是大非面前，李斌思路清晰，果断处置，绝不拖泥带水。

2012 年，全国房地产市场呈现低迷之势，各地不同程度出现了"房闹"和退房潮，公司开发的昆山舜江首府楼盘亦不能幸免。当时不断有人来售楼处退房，人多的时候，人们把整个售楼处围得水泄不通，吵着闹着要退房。作为房产公司主要负责人，李斌十分耐心地劝导大家，吵闹解决不了问题，想退房的可以退，但必须遵照合同约定支付违约金。违约金数额不小，"房闹"们举棋不定，退房的声势有所减缓，但今天走了，第二天又出现在了售楼处。

万不得已，李斌决定"背水一战"！第二天，他要求公司销售部门将房价提升两百元每平方米。"房闹"们看到房价开始上涨，开始打起退堂鼓。三天后，李斌要求销售部门再次将房价提升两百元每平方米，以后每三天提一次价，这样，退房潮才开始慢慢退去。最终，舜江首府楼盘真正退房的，只有一户人家。这户业主十分执拗，无论大家怎么劝诚，都打消不了他退房的决心，于是只好给他办理了退房手续。但是两三年后，舜江首府的房价就从原先不到五千元每平方米上涨到一万两千元每平方米，这户业主的退房，反而让公司多挣了六十万元，不知他们后来作何感想？李斌的"背水一战"，可以说是化解了舜江房产的一场危机。

2018 年初，集团公司重点项目——上虞美丽乡村 PPP 项目建设正酣，为加强班子力量，李斌又由昆山急调至上虞，担任新组建的上虞盛昌美丽乡村建设有限公司董事长。美丽乡村项目陷入困境后，各项工作几乎都是李斌在把控，项目推进、银行融资、各方联络，各类重大事项都要李斌来拍板，作为舜江集团的重要骨干，李斌的"大将"风度从中得以展现。在 PPP 项目最为艰难的时刻，一线施工人员的工资包括部分材料款马上就要支付，但公司仍然还没有筹备好这笔巨资，作为盛昌公司总经理的顾天标，只好不停地向李斌告急。三次告急，李斌三次回复同一句话：我知道了。本是十万火急的事情，但李斌镇定自若，不动声色，泰然处之，最终有条不紊地化解了眼前的危局。在美丽乡村 PPP 项目生死存亡之际，他还说过如此豪迈的话："公司、房子、车子、一切没了就没了，我们还有手有脚，大不了从头再来！"当时举步维艰，却还要用这样的话语来安慰我和李标，以及舜江公司的一帮人，只有意志力足够强大的人，才会有这样的魄力和底气。

从林业站辞职下海，去西安搞房产开发时，李斌正好三十岁。从上虞到西安，从西安到昆山，再从昆山回到上虞，等于绕大半个中国走了一圈，回来时已成长为企业的骨干。想想当初那么多人阻挠，但我打定主意，给李斌设定了这样一条成长之路。现在，李标、李斌兄弟二人齐心协力，友爱互助，共谋舜江发展大业。李标沉稳有力地掌控企业全局，李斌坚毅果决地成为李标的得力助手。最终在2021年2月，由李标提议，经集团二届三次董事会讨论决定，李斌担任舜江建设集团总经理一职，帮助李标共同开展各项工作。所以对我来说，现在的确可以放心放手了。有一句话叫作兄弟同心，其利断金，舜江集团在李标、李斌及全体舜江人的才华施展之下，必定有一个璀璨靓丽、繁花似锦的美好前景。

对于舜江集团来讲，现在已经培养了李标、李斌作为接班人。肩负着企业发展的重任，兄弟俩更是殚精竭虑，片刻都不敢休息和享乐。我知道，要在企业现有的基础上再做上去，困难肯定不小。李标、李斌他们所处的时代，是互联网＋的时代，是高度信息化、数字化与人工智能的时代，与他们父辈当初创业时所处的时代不啻天壤之别。当时的我们，只要有一把瓦刀、一副铁板，就能够从事建筑行业了。而现在，李标他们必须懂得PPP，懂得PC、EPC，懂得BIM建模与智慧工地等各类信息化软件，才有可能管理好企业。幸亏兄弟俩文化程度都不低，所以能够适应时代的变化。这也是舜江接班十分顺利的一个因素，但我也有所思虑——在舜江集团内部，我已做了第一个示范，在此之后，我们每一位舜江的高层领导和班子成员，各个部门、各条战线的每一位负责人员，也都应该培养好自己身边的人，这是摆在公司面前的长期任务。特别是舜江公司的每一位分公司老总，更要培养好自己的接班人，以解决企业所属各分公司的二代传承问题。只有选好接班人，企业才能持续发展，才能基业长青、扬帆远航。

我的大儿子李伟，虽然不能胜任企业层面的管理工作，但他对父母有一片纯孝之心，在家庭层面对父母尽孝，照顾我们二老，亦使我感到十分欣慰。如今，外界都说，舜江公司培养接班人最为顺利，是上虞建筑企业中接班接得最好，最为顺畅的企业。而这一切，应该与我早年对儿子们的定向培养，和他们小辈的努力与顺从息息相关。对此，我亦十分满足。

第三部分

燃情岁月

一件绒线衫

1965 年，我二十一岁，当时正在杭州化纤厂基建科搞建筑。这一年的春节前夕，工地已经放假，工人们都已回家过年，我也打点行装准备离开，但却没有向东返虞，而是乘坐北上的列车第一次去往上海，到我的上海姑妈家做客过春节。

我记得这一天是腊月二十八，我乘坐春运加班火车，坐的是那种既没有座位，也没有车窗的闷罐棚车，实际上就是一节节的货车车厢，平时是用来运输货物的，春运期间临时改为客运。车厢内空气混浊沉闷，大家席地而坐，没地坐的只能站着。大概三个小时后，火车到达上海老北站，这时已经是深夜十一点多了。

出了车站，找了一位三轮车夫，交给他一个地址：上海市静安区威海卫路335 弄 8 号，这就是我巧珍姑妈家的住所了。我让车夫直接带我过去。

我坐上车，车夫一声喊："走咧！"车子就向前驶去了。我坐在车里，一路欣赏沿途的上海夜景。时值深夜，虽然有"夜上海"的美誉，但马路两侧的各式商店也已全部关闭，隐约有路灯的微弱光线照进商店的玻璃橱柜，稍微能看到里面摆放的各色商品，倒也令人浮想联翩，遐思不断。

车子骑行了半个多小时，终于到达威海卫路 335 弄，但我始终找不到 8 号住所。三轮车夫很热心，一边嘴里嘀咕："哪能会寻弗着呢？"一边帮我一同寻找 8 号住所，最后总算找到了。原来当时上海的房子，多数还是旧社会时留下来的，老旧而紧凑，布局也比较乱，比起乡下的房子也好不到哪去。姑妈家的 8 号住所就隐藏在 335 弄的角落里，加上夜色深沉，一时之间还真难以找到。

这时已经是半夜两点。找到 8 号住所后，我细细一观，这是一座两层楼的住房，共有三户人家住在这里：楼下左右各一户，楼上才是姑妈家，算是三户人家中比较大的一套住房了，上面还有一个突起的小阁楼，只是没开老虎窗。

我上至二楼，敲开了姑妈家的门。给我开门的是我的祖父，他原本早已睡下，听到敲门声，便起来给我开门。第一次来到姑妈家，我对一切都比较好奇。进门之后，我发现，姑妈家原来这么小。整个住所分前后半间，再加上后面有个阁楼，有梯子连接到阁楼上。祖父就睡在后半间，而阁楼上也有床铺，那是小叔周末回来后睡的地方。整个住所没有卫生间，洗手洗脸洗澡上厕所都要到外面去解决。在我的想象中，上海姑妈家应该是很气派的，因为是上海嘛，作为大城市，跟乡下肯定是不一样的，哪想到姑妈家竟然只是这样一个"蜗居"，全家人都挤在这么一个"螺蛳壳"里过日子。

我还参观了祖父睡觉的后半间，看到祖父睡的床铺那么小，感到非常诧异。祖父似乎看穿了我内心的疑惑，轻声告诉我："上海人家都这样，你姑妈家算大的了。"

夜色更深了。祖父把我叫到阁楼下的梯子前，让我爬到阁楼的床铺上去睡觉。我将自己安顿好以后，朦胧睡去。

第二天，鉴于我是第一次来上海，祖父就带我去上海"大世界"游玩。上海"大世界"离姑妈家，步行也就二十分钟的路程，因此不必坐车。一路走，一路看，走着走着，也就到了。

买了票，进了门，首先看到的就是那几面非常有名的哈哈镜。人站在镜前，一会儿被拉长，一会儿被挤扁，有时候自己成了瘦子，有时候又变成了胖子，脸也时长时短，长的比驴脸还长，扁了就像一张大贴饼子，两个鼻孔还特别大。当时感到非常好玩。

小时候就听大人们讲述各自人生的"小目标"，讲得最多的，就是要到上海"大世界"去看一看，然后再去北京天安门，游故宫登长城。所谓不到长城非好汉，而不去上海"大世界"开开眼界，同样枉费在这人世间走一遭了。那一天，在祖父的陪同下，我的"小目标"就这样轻易地实现了。

我和祖父在"大世界"游玩了一天，连中饭都是在"大世界"吃的，回到姑妈家，已经是晚上了。一回家，就看到了我的小叔。原来已经到了周末，小叔从学校回来了。小叔当时已在闵行电器学院留校任教，平时都住在学校宿舍，只在周末才回姐姐家一次。

我们一起吃罢晚饭，闲聊许久，然后两个人一起爬到阁楼的床铺上，挤在一起睡下了。躺下后，我们还聊了很久，一起聊学习工作，聊家长里短，聊到上虞的苦、杭州的累、上海的挤，聊各人的志向和抱负，目标和希冀，聊到后来实在张不开嘴了，就沉沉地睡着了。

第二天一早，我和小叔同时醒来，我们起床穿衣。他发现我衣服比较单薄，就随手拿过自己穿的一件玫瑰红半高领绒线衫让我穿上。小叔回来时穿着两件绒线衫，他说自己穿一件也够了。后来我细想之下，觉得寒冬腊月，原本穿两件绒线衫，突然少穿一件，怎么会不冷呢？小叔所说的，完全是善意的"谎言"了。

我接过绒线衫，摸在手上，感觉既暖和又柔软，穿在身上确实比自己买的"地摊货"要保暖，衣服质感也好，而且这种质感，即使到了现在，我都不会忘却，那是一种春风拂面、夏日掬水的舒爽感觉。我们做工的人，平常穿的都是比较廉价的衣服，基本上都是用纤维和绦纶这种料子做出来的，穿在身上不暖和，摸在手里硬梆梆。正宗的毛料、绒料甚至皮料，一个做工的人是想都不敢想的，不仅买不起，即使买了，工作时也极易损坏。穿了好衣服，我们会投鼠忌器，无所适从，还是穿廉价的衣服放得开手脚，破了补一补，实在破得不能补了，就再买一件。

小叔的这件绒线衫，我穿了两三天，之后，我就要告别祖父和姑妈一家，回家过节去了。此时，小叔早已返校。这一年的春节期间，正好轮到小叔在校

上海姑妈（前左二）来虞作客时合影，其中，前右二为小叔，前右一为婶妈，前左一为妻李钱珍，后排右起依次为姑妈儿媳包燕萍、小叔女儿李莉、姑妈女儿程国庆

值班，因此要过段时间才回来。返虞之际，我是真心希望他能够回来一趟，不仅为了道别，更为重要的是，想等他说一句话："金奎，这件绒线衫你穿回上虞去吧！"这是我当时内心的"小九九"，因为我是真的太喜欢这件衣服了，喜欢它的颜色，喜欢它的款式，喜欢它的料子。现在这种玫瑰红色调的衣服虽然也有，但就这件衣服的款式和造型而言，即使到了现在，也不会过时。

小叔虽然让我穿上这件衣服，但他并没有说把它送给我。如果小叔在，他一定会说这样一句话，但他恰好不在，我便不能私自作主，把他的衣服穿回去。尽管十分不乐意，但最后，我还是把这件衣服脱下来，叠好，平整地放到阁楼的床铺上。下阁楼前，我又仔细地看了它两眼。

五十多年后的今天，我对小叔的这件绒线衫仍然印象深刻，只是这种款式的衣服现在早已绝迹了。五十多年前，小叔的这件绒线衫对我来说，绝对称得上是一件好衣服，是我们乡下做工之人的"奢侈品"。不知小叔的这件绒线衫现在还在否？

吾妻钱珍

我的邻居李培林公公和周阿和婆婆对我一家十分关照，后来培林公公成了我的师父，把我带出去做工，使我能快速成长起来。我二十二岁的时候，他们两口子还给我撮合了一桩婚事，让我和同村的李钱珍结为了夫妻。

钱珍父母都是村干部，家庭条件不是当时我那个破败的家所能相比的，家境相差好几档。之前也有人给钱珍介绍过几个青年小伙，但钱珍心眼较高，均未同意。但当培林公公和周阿和婆婆上门去给我提亲的时候，钱珍一口就答应了。大概钱珍父母也比较喜欢我，而且我年轻的时候，身材长相也比较出挑，那时还没有"高富帅"一说，要按现在说法，除了与"富"不沾边外，"高"和"帅"我还是有的。在生产队干农活，我又样样都能上手，田间地头，负重施作；江河湖泊，撑船摇桨，水上行船，陆上肩挑，在同龄人当中，没有一个人敢跟我比。钱珍父母因此觉得，女儿跟了我，将来一定不会吃亏。虽然眼下穷一点，但小伙子能干，以后定然能富裕起来，过上好日子。

1965 年，我在安吉孝丰当地粮管所搞建筑维修，其间仅与钱珍往返通了几封书信。有一天，父亲写信来，叫我回去一趟，也不说什么事。我以为家中有事，就急匆匆返虞。到家后才知道，父亲和钱珍父母要给我和钱珍办订婚宴。

在大家的操持下，家里简单办了两三桌酒席，邀请了一些亲朋好友来参加。记得当时还没有电灯，点的是煤油灯和蜡烛。昏暗的烛光下，亲友们一边吃着简单的饭菜，一边恭贺我家的这桩喜事。亲友们一致认为，"朝北屋"李家苦尽甘来，好日子就要来临了！

1965 年农历九月，仲秋时节。"朝北屋"难得的亲朋满座，推杯换盏。秋夜中弥漫着一阵阵桂花的芳香。我在自己的订婚宴上小喝了两杯，花香袭着酒气，我有些微醺，有些喜悦，有些不敢相信，自己马上就要成家了，美好的日子真的就要到来了吗？我们一家子真的要苦尽甘来了？又想起了我那受难而终的母亲，母亲啊母亲，我要到你的坟前告祭，儿子马上就要成家了。今后，我一定会让钱珍，让爷爷和父亲，让我的弟妹们都过上好日子！

订婚后，我还回杭打工，为了我心中的那个信念，一边辛勤工作，一边努力学习，一丝都不敢松懈。其间和钱珍虽分隔两地，却也时时通着书信，互相告之工作、生活上的一些事情。

当历史的车轮碾入1967年，我记得这一年正是大旱之年，河床见底，田地龟裂，印象极深。元旦前一周，收到父亲来信，嘱我回虞。回到家中，父亲告之我，我和钱珍的婚事可以办了。

这一年的元旦，我和钱珍举行了简单而"隆重"的婚礼。那时候，大家的生活条件都不好，因此，村里汇集了具备结婚条件的十来对青年男女，趁着农村义务宣传队下乡搭台唱戏的机会，让大家胸戴大红花，脚踏戏台子，举行了集体婚礼。在此之前，我们已经在家里置办过了简单的酒席，请了几桌亲朋，算是婚宴。

婚后第三天，我再次赴杭。钱珍跟我一道走，我们在杭州拱宸桥姨妈家住了一晚。第二天，钱珍就乘坐夜班火车去她绍兴仓埠楼（位于现在的袍江）的外婆家。

1994年与妻李钱珍摄于北京

从绍兴火车站下来，到她外婆家还有几十里的路程，当时没有交通工具，只能步行。下车时正值深夜，钱珍不敢走夜路，火车站旁小旅馆一位好心的女服务员收留了她，让她在自己的宿舍里住了一晚，第二天才乘船到了外婆家。

婚后，我因在杭打工，照顾不到家里，钱珍就挑起了照顾家里的重担。钱珍年轻时，身体好，力气大，干活很卖力。在家里务农，在生产大队干活，后来还进了生产大队的砖窑厂。之后，我们陆续有了李伟、李标和李斌三个孩子，她不仅要照顾小孩，还要去砖窑厂干活。生产队的活干完后，她还要割猪草，喂牲口，看护孩子们。家里有块自留地，她还要种上各种蔬菜和粮食。半夜下雨，她会立即起床，也不顾天黑雨淋路滑，独自一人步行七八分钟到砖窑厂，去盖好白天打好的泥坯。她就这样，辛辛苦苦地操劳了好多年。至今想来，我是十分感念她的。婚后好多年，家里的事情，基本上都是她在操持。

全新翻修后的老宅照片

不仅辛苦，钱珍还相当节俭，做到了勤俭持家。后来我们生活条件有所好转，就想着建造自己的房子，改善下居住条件。最初，我们在老房子边上镶了一间，使原先的三间变成了四间。后来这三间让给了银奎和金龙两个兄弟住，自己则在房子边上新建了三间平房，也算是自立门户了。那时候，大多数人仍然生计艰难，我在当时能够建起三间大瓦房，让他们非常羡慕。

1984 年，我又在老宅西南处的宅基地上建造了两间带有晒台的楼房，楼房后面还带有天井和脚屋，把乡亲们羡慕得什么似的，房前屋后，时时传来"啧啧"的赞叹声。到了 1986 年，我又拆掉了老宅的三间平房，造起了前后两进的楼房。如此，我个人在燎原村的建房史才宣告结束。后来我在县城百官陆续购买了几套房子，最终在娥江西岸舜耕公园旁的百花山庄定居下来。

当时在农村建房，就要请一些泥工、木工，我们农村把这些有经验的泥工、木工统称为"百作师傅"，意思是干各种活计的师傅。房子建造前，钱珍早已把自留地里种的冬瓜都储存了起来，自己一个也舍不得吃，说等造房子的时候，

盛昌阁上挂有小叔亲笔书写的楹联：明德知善承家风，博学笃行铸贤才

拿出来给"百作师傅"吃。连个冬瓜都舍不得吃，可以想象她的节俭程度。

此外，家里的食用油，她也舍不得吃，总是千方百计省下来，储存起来。当时家里四五口人，包括三个小孩在内，一年总共也吃不了一斤油。生产队发的油票、布票、糖票、肉票等各类票子，钱珍都要积攒起来，拿来换钱，或者换成实物。对于粮票，钱珍更是特别感兴趣，当时只要有办法能买到的粮票，她都要去买来，然后统一换成全国粮票，以备饥荒时换成粮食，也算是很有点居安思危的意识了。从流动粮票到浙江粮票、全国粮票，钱珍一年到头都在捣腾这些，直到后来粮票被废止，家里还剩下几小袋各种过期粮票，足可以换千把斤粮食了。这些粮票就这么废掉了，把钱珍心疼得好几个晚上睡不着觉。

那些年，我们一家吃粮也比较"细"，总要把多余的粮食省下来，因为都吃过三年困难时期的苦，不仅非常珍惜粮食，而且也担心再次遇到灾荒，或者遇上战争。从1971年到1978年，特别是在1972年以后，党中央《关于粮食问题的报告》传达了毛主席"深挖洞、广积粮、不称霸"的指示，我和钱珍"积粮"的兴趣就更大了，几年下来，我家的粮食越积越多。

钱珍不仅收集各类粮票，还和我一起向别人购买稻谷，从一两百斤开始，逐步增多。第二年的时候，只好把前一年购买的陈谷子轧成米，再购买新谷收藏起来，然后这一年就吃那些陈米。后来陈谷一年比一年多，放了几年以后，陈谷子霉的霉掉，烂的烂掉，有些被老鼠吃掉，有些已经发了霉的，就只能拿来喂猪喂鸡。现在想来也真是浪费，也是脑筋转不过弯——如果真的再次遇到饥荒，周围的人都没得吃，就我们这一家，还能吃个安稳饭？覆巢之下，焉有完卵！这真是小商小贩意识在作怪了。那些年，农村一直粮食丰足，各家的粮食都有富余，饥荒导致饿死人的年代早就成为了过去。

每年春节，家里都会招待亲友。春节过后，剩下的一些菜，钱珍舍不得吃，都要收藏起来，直到这些菜都发了霉才拿出来食用。鸡鸭鱼肉，钱珍会用盐水腌渍起来，有些不能用盐水浸的，她就一遍遍重复蒸，直到每年种棉花"掏花地"的农忙时节到来了，才开始拿出来吃。平时家里来了客人，也把这些总是舍不得吃的"珍藏菜"拿出来招待他们。现在李标他们特别喜欢吃这种腌制的食品，就是从小养成的习惯，跟他们母亲奉行节俭有很大的关系。

自我从杭州回来，成了上虞各处基建工地的负责人后，乡亲们都来请我帮忙，希望我能介绍他们出去打工，同时也送来一些吃的喝的到家里，退也退不回，加上我的工资也高起来了，家里的条件就这样一点点好转。可以说，我年轻时相当艰苦的一段时光已经过去。也是因为有了这段经历，让我有了"吃得苦中苦，方为人上人"的感悟，同时也成就了今后的事业。

自此以后，我和钱珍一起，我主外，她主内，经过我俩的共同奋斗，生活开始富庶起来。回想起来，我们家由原先的殷实小康之家，到父亲手中，因为孩子多、劳力少，母亲又过早离世，从而家道中落。我由一个十六七岁的半小伙子，挑起家中重担，出外打工，慢慢积累学识，终致学有所成，成为八乡四坊所谓的"建筑能人"，最后还能创下一份家业，我人生的初步梦想开始圆满起来。

一个成功男人的背后，一定会有一位贤惠持家的女性，这话我深信不疑。钱珍就是我身后的那位女性，辛勤地照料着这个家。有她在后面操持，我才能放开手脚，做自己想做的事情。

"结发之夫不上床，糟糠之妻不下堂"，在我的朋友和晚辈之中，不乏成功人士，他们的情形与我基本相仿，都有这样一位贤惠勤劳的"糟糠之妻"，相夫教子，任劳任怨，最终促成自己丈夫事业的成功，在这方面，我是可以举很多例子的。我们绍兴农村的女子多以勤俭顾家著称，可以和丈夫"同甘苦共患难"，吃苦多而享乐少，钱珍正是这样的女子。

吾儿吾媳

　　1968 年 4 月 27 日，正好农历四月初一，这一天，我和钱珍的第一个孩子李伟出生了，初为人父，自然满心喜悦。1970 年 6 月 28 日，李标也跟着降临人世。又过了四年，在 1974 年的 7 月 30 日，我的小儿子李斌也出生了。我因长年在外打工，照顾孩子的重担一下子落到了钱珍身上。然而钱珍也是一天到晚地忙，根本无暇顾及几个孩子。因为没人照顾，我的几个孩子就像野地里放养的小猫小狗一样，任由他们在水井边，在路边，在屋前屋后的草地上攀爬和睡觉。后来钱珍想了想，这样总不是个办法，于是把孩子们托付给村里的老太太照顾，情况才有所好转。李标和李斌就是由村里"高道地"倪金良的母亲、倪忠校的祖母带大的。

　　中午和傍晚下班，钱珍总是急匆匆地赶回家，一边煮饭，一边趁着给灶头添火的空隙给孩子们喂奶。老大和老二稍微长大一些，也总是被关在家里，整天得不到自由，因为他们的父母根本没有闲暇抱着，或者背着他们出去遛弯和串门。我们的孩子，基本上都要自己学会了爬，学会了走路，才能得到自由，才能走出家门，和同龄的小伙伴们一起到外面去玩耍。

　　李伟八岁了，就到村里的小学去读书。李标比李伟小两岁，按例还不到读书的年龄，他就每天跟着哥哥到学校教室的窗口听老师讲课。就这样，李伟在学校上了一年的学，李标就在教室的窗口听了一年的课。后来李标实在受不了教室里面的诱惑，就一直缠着大人，说哥哥读的书他都会背了，因此一定要跟着哥哥一起去读书！

　　当时李标的外公还是村里的农委主任兼小学校长，借着他外公的面子，在李标还只有七岁的时候，就被送去上了小学一年级。因此，李标上学的年龄比别家的孩子要小一岁。

　　读书的名额是有了，但是学校已经没有了多余的课桌椅分配给李标，于是就从家里搬了把凳子，到学校里插班听课去了。李标后来读初中、高中、大学，年龄都要比他的同学们小一岁，就是因为他等不及，非得提前读书不可的结果。既然小孩子这么喜欢读书，我和钱珍，以及他的爷爷和外公外婆们自然也不好打击他的学习积极性，而且暗自还有点欢喜：这孩子，满心想读书，长大了一定有出息。

李标自小喜欢读书，喜欢学习，还导致了一场火灾，差点把家里的房子点着。

在李标顺利就读小学一年级的那年春节，两个孩子的舅舅，也就是钱珍的弟弟李建祥已经到了适婚的年龄。春节的那几天里，我和钱珍整天为建祥的终身大事而忙活，和孩子们的外公、外婆一起安排着给建祥介绍对象的事情，几乎每天都要聊至深夜。当时李斌还小，不像李伟和李标兄弟俩就知道玩，他一直在我们身边不曾离开。

李伟和李标白天玩疯了，晚上左等右等，不见我和钱珍有立即回家的迹象，于是，兄弟俩顾自回去睡觉了。孩子们的外婆家，离我家也就一百五十米的距离，这么近的一点路，我和钱珍倒也不担心。

回到家后，李伟早早就睡了，但是李标还不想睡。这孩子平时不仅贪玩，还喜欢动点小脑筋，搞点"小发明"什么的。那天晚上，他把平时用剩的蜡烛油融在一个塑料开关的胶木盖上，又在蜡烛油上放了根棉线点燃，然后把电灯关了，把点燃的蜡烛油放在床上，当起了"床头灯"，摊开课本看起书来。结果看的时间长了，眼睛一眯就睡着了。

放置在床头的蜡烛油一点点燃尽，引燃了胶木盖，又引燃了被子、衣服、蚊帐，火势一点点大了起来。当李标终于被火烤醒的时候，李伟已经用勺子在舀水灭火了。于是兄弟俩一个去厨房舀水，一个泼水灭火。

经过兄弟俩的奋力扑救，当我和钱珍回到家的时候，火势已经基本控制住了，但也把我们吓得够呛。那天晚上，老远就看到李伟和李标睡的那间屋子里火光闪闪。一开门，滚滚浓烟扑面而来，差点把人熏倒。仔细一看，李伟和李标两个小小的身影正往烧得噼叭作响的火床上泼水。

看着两个被火熏得灰头土脸的孩子，我真是又好气又好笑。问明了事情的原委以后，我把李标叫到身边，告诉他：以后看书可以，但不能再点"床头灯"了！经历了这场火灾，李标似乎也很害怕，以后就再也不敢玩火了。

我在上虞盖北的县棉种场任职以后，全家的户口就都迁到了棉种场，"农转非"成为居民户口。当时农村户口要转为"非农"户口，相当不容易。曾经有一段时间，"非农"户口还像商品一样，以一万甚至一万五千元一个公开售卖。

这在当时已经算是巨款了，但仍然有好多人花钱购买，足可印证当时"非农"户口的吃香程度。

户口已经迁出，钱珍就不能再在生产队里干活挣工分了，后来生产队解散，分田到户，我们也分不到土地。于是，经农委批准，钱珍就到我担任基建总负责的县棉种场搞一些后勤工作。

这样一来，我们离家就更远了。以前，钱珍还可以一边在村砖窑厂干点活，一边照顾家里的几个孩子。到棉种场以后，我们夫妻二人都要出外工作了。李斌年龄小，我们可以把他带在身边，并且把他交由棉种场的幼儿园托管，李伟和李标都在沥东读小学，不能一同带到棉种场，只能留在家里。因此，李伟和李标就更加无人看护了。"床头灯"事件以后，我就一直担心两个孩子在家里再做出什么"引火自焚"的事情出来。于是，我和钱珍经常教导他们两兄弟，一定要互相照顾，做任何事都要兄弟俩同往同行！

1979 年至 1981 年，是我工作最为繁忙的三年。这三年中，我几乎每天都要跑几个"三角形"，即早上从沥东家中出发去上班，先到盖北的县棉种场，处理完棉种场的事务后，再去位于崧厦的良种轧花厂，中午还要赶回家给孩子们做饭吃，然后下班再回到家里；或者从良种轧花厂临时再去棉种场，然后从棉种场下班回沥东家中。三个地方往返跑，我戏称为跑"三角形"。特别是1979 年，沥东乡政府建造沥东影剧院，请我担纲主持设计与施工，当时无法推脱，只能应下，这就更加忙碌了，基本上没有一点空闲的时间。沥东影剧院就位于沥东乡上，剧院建成后，设九百八十个座位，可容纳一千多人，规模不小，它也成为那时候乡里最为热闹的场所。

当时，县棉种场是隶属于县农委的国营农场，良种轧花厂也是农委下属种子公司所辖单位，这个厂还是全省四个"四化一供应"中的一个。所谓"四化一供应"，即品种布局区域化、种子生产专业化、种子加工机械化、种子质量标准化；以县为单位统一供应。从 1979 年开始，上虞就开始推广棉花良种，这在当时算是比较早的。

县棉种场步入正轨之时，良种轧花厂才刚刚开始筹建。良种轧花厂的筹建工作，经农委相关领导讨论，让我在不影响棉种场日常工作的基础上，兼任该厂基建总负责，负责厂子筹建的一切事宜，包括项目申报、筹建、设计、施工、预决算及资料报送等各项工作，全由我一人总揽。

当时上虞种子公司的经理，便是王润生，多年后他成为上虞县县长和县委书记。作为种子公司经理，王润生十分关注良种轧花厂的建设，经常与我一同探讨厂子建设事项。我们几乎三天两头就要会个面碰个头，共同商议和研究厂子基建工作。有时候谈到中午饭点了，就一起到食堂吃工作餐，一边吃，一边还在聊着工作上的事。从那时开始，我和王润生也成了朋友。因为我和他都是高个子，衣裤尺寸相仿，有一次，为了能省点钱，我们还共同买了一块"的确良"的布，按照一样的尺寸，各人做了一条裤子。

作为省投资项目，崧厦良种轧花厂要求极高。这个厂的规划和设计稿，必须送省里直接审核，因此颇费了一番精力。最终，厂子完工后，良种轧花厂成为全省四个同类项目中建设得最好的一个，因此得到了省厅和全省萧山会议上的表扬和好评，也有兄弟单位同行前来该厂学习参观。记得当时，我还为这个厂设计了三十米跨度的机械化堆放仓库和地下打包机房，已经十分不简单了。

那几年，棉种场虽然初具规模，但基建工作仍在进行。我必须每天早上赶到棉种场，安排好棉种场建设的日常工作，并制订好未来几天的工作计划，然后再去崧厦镇上的良种轧花厂。这个厂正是筹建、施工的关键时期，几乎每天都少不了我。如果哪一天我在棉种场工作中绊住了手脚，良种轧花厂那边马上就会派人过来找我，让我前去处理摆在那里的一大摊事情。这真是一点办法都没有，每天都这样忙碌。我只能整天骑着自行车，一天三地，随时随地跑。那时候，我的自行车后座上整天夹着件雨衣，以防突然变天下雨，把自己淋成"落汤鸡"。

两个孩子在老家读书，父母却整天在外工作，把两个十岁左右的孩子留在家里，想想就让人担心。于是，我和钱珍商量好，一旦我工作忙的时候抽不了身，就由她回去给孩子们做饭，两个家长轮流照顾孩子们。

那一年的八九月，正值夏季高温时节，下午又突然变了天。顷刻间风云变幻，乌云密布，眼看着一场暴风雨即将来临。没多久，果然电闪雷鸣，黄豆大的雨点重重地砸向地面。当时我正在崧厦良种轧花厂布置工作，突然一个雷声在耳边炸响。我心头一个激灵，猛然想起家里的两个孩子：要是孩子们现在还在野地里玩耍，或者猫在哪棵大树底下躲雨，被雷打着可怎么得了！

连雨衣都忘了穿，我急匆匆推出自行车，一顿猛踩，直奔沥东家中而去。没骑出多远，暴雨倾盆而下，整个人一下子全身浇透，人被淋得眼睛都睁不开，四周已变成一片雨幕，几米以外什么也看不清了，一阵狂风刮来，自行车被吹得向一边倒去……

夏天的雷雨，来得快，去得也快。下午三点，刚到村口，雨就停了。马上云开雨雾，火辣辣的太阳又开始炙烤大地。

到了家门口，我看到大门紧闭，以为孩子们不在家里。一推开门，两个孩子立即从门缝中钻出来，扑倒在我怀里，嘴里喊着："爸爸，我们吓死了！"

原来，雷雨来的时候，李伟和李标起初在屋里玩。一下子，白昼就变得如同黑夜，一阵闪电过后，雷声接二连三地在头顶炸响。两个孩子怕得不得了，赶紧关闭大门，躲在家里的八仙桌底下，簌簌发抖。

看着两个孩子一副失魂落魄的样子，我的心头陡然升起一分怜爱和愧疚。我把孩子们拢在怀里，跟他们讲："爸爸来了，不要怕！"

两个孩子见我回来了，情绪才逐渐恢复平静。看着孩子们一副脏兮兮的样子，我拿来毛巾，给他们清洗了一下，同时也换掉了身上的湿衣服。

没多久，孩子们又开始活跃起来，他们非常开心地告诉我："爸爸，我们抓了鱼，等你回来吃。"

我问他们："鱼在哪里？"

他们立即动手，把挂在梁上的一个小水桶拿下来给我看。我凑近一看，心头立即一阵酸楚：两条才刚刚出生的，豆瓣大小的小鲫鱼，在水桶里缓缓游动着。孩子们不知是从哪里抓来的这两条豆瓣鲫鱼，还说要留着给爸爸吃。我的心头像打翻了五味瓶，又喜又悲。我们李家的孩子呀，从小就有了这份孝敬父母，想为父母分担一点的心思了。于是，他们就到河里去抓鱼，抓了好给父母吃。可惜，他们人小抓不到大鱼，只能抓到这两条豆瓣鲫鱼。他们对父母的一片孝心，让我这个当爹的深受感动，觉得对孩子们真的亏欠很多。

后来我跟他们讲："以后千万不要再到河里去抓鱼了，掉到水深的地方要被淹死的！"我还编故事吓他们，"河里有水鬼，专吃小孩子，已经吃掉不少小孩了"。他们这才不敢再到河里去抓鱼了。

李标后来读初中，我们把他送到了崧厦中学，当时寄住在崧厦郑家分金桥我的好友郑土龙家里。说起我跟土龙，跟崧厦分金桥郑家的渊源，还得从一块手表说起，也算颇有点喜剧色彩。

我因受祖父的熏陶，自小便喜爱喝酒，祖父也因为我会喝酒、能喝酒而称我为他身边的"小驳船"。一天晚上，我在朋友家喝了点酒，酒足饭饱后，骑着自行车回家。由于多喝了几杯，骑车途中，手腕上戴着的手表掉了，我居然一点都没有察觉，等到了家才发现手表不见了。想想肯定是掉在路上了，于是就拿着手电筒，原路返回去寻找，但怎么找都找不到了，想来肯定是被人捡去了。当时的手表是非常贵重的物品，与自行车和缝纫机统称为富裕家庭的"三大件"，价值一百多元，是我一个多月的工资呢。手表这么一丢，可把我心疼坏了。也是急中生智，想想这表不能无缘无故就从手腕上掉下去呀，肯定是表带坏了，而表带坏了，捡到的人必定会拿去修理。那会到哪去修呢？当时在上虞，可没有那么多修钟卖表的店铺，至少在崧厦，我记得只有一家钟表修理摊，就是郑土龙开的。

那时，我跟土龙已经是要好的朋友了。我到了他的钟表摊，把我丢表的经过跟他讲了下，请他留意一下近期来修理表带的人。土龙说可以，就一直留心着。结果那捡了表的人真的到土龙的钟表摊去了，土龙就问他："你这表怎么来的？"那人支支吾吾答不上来，土龙就跟他说："有人丢了表，正在四处寻找，如果是捡来的，还是还给人家算了。"但那人一口咬定手表就是他自己的。土龙看再问也问不出什么了，也就不再继续追问了。等我再去找他的时候，他非常豪爽地对我说："你那块表是追不回来了，这样，我送你一块得了！"然后将自己手上带的一块表摘下来给了我。

我跟土龙交朋友，正是出于土龙的豪爽个性，有点江湖好汉的秉性。后来，我还发现土龙也是个极爱喝酒的人，我们又成了酒友，经常在一起把酒言欢，自此便成为莫逆之交。

土龙原先在崧厦摆他的钟表摊，后在县城百官也摆过摊。我进入棉种场，担任场里的基建总负责之后，想到土龙摆着钟表摊，生意时有时无，倒不如把他叫到棉种场来做工，也能赚些工资。土龙也觉得去棉种场上班主意不错，距离自己家也近，于是，他就在棉种场干起了白铁和扳金的工作，为棉种场打造一些基建材料，如用白铁皮打造棉种场屋檐导水的节漏等，后来又干起了水电工。土龙头脑活络，用白铁皮制作各种建材和农用材料，他只是简单看了一下别人的制作过程，就自己琢磨开了，没多久，居然就被他给学会了。后来他搞起了房屋水电，也是非常熟练。

在李标升入初中后，因为当时虞北只有崧厦有一所比较好的中学，但离家却有点远，我就同土龙商量。土龙马上提出，可以让李标寄住在分金桥他的家里，和他儿子国裕一块上下学，两个孩子在一起，相互也有个照应，而且分金桥离崧厦中学又比较近，两个孩子步行上学，也就十多分钟路程。此事就这么定了下来，李标于是跟土龙的儿子国裕既做了同班同学和同桌，又像家人一样，一起学习、生活了四年，直到他读高二时转学到了上虞中学，才与国裕暂时分开。因为那几年的寄住，两个孩子一直很要好，到了现在，他们也一直在一起工作。现在土龙的儿子国裕也在舜江工作，是李标的得力助手。至于李伟后来结婚，娶了崧厦分金桥郑家的王苗芬为妻，也是土龙的母亲做的媒，从而成就了他们的一桩婚姻。

李伟结婚，是在 1989 年，而李标结婚，是 1994 年春节期间。关于李标的婚事，也有一段故事可讲。我在县农工商总公司工作期间，县农委企管科有一位叫梁忠岳的，负责农委下属各企业的管理工作，就坐镇在农工商总公司，帮助公司开展工作。当时，我任农工商总公司副总经理，与他一起共事。暇时闲聊中，他讲起自己有三个女儿，我说巧了，我正好有三个儿子。我们就开起了玩笑，说要把我的第二个儿子李标和他的第二个女儿梁建敏配成一对，我们就可以做儿女亲家了。

后来玩笑话成了真，真的把他二女儿建敏和我的二儿子李标配成了一对，我和梁忠岳自此也由同事、朋友变成了亲家。当时，由我和梁忠岳两边说好，请一起办公的同事陈镇良牵线做媒，然后在 1994 年农历正月初五，李标带着他的迎亲队伍，敲锣打鼓迎娶了我的二儿媳梁建敏。当然，婚姻非同儿戏，我的亲家公梁忠岳当时也对李标进行了一番接触和考察，最终对李标还比较满意，于是才同意了这门婚事。

我的亲家公梁忠岳后来也下海经了商，到上海创业，但是没有成功。在整

1991 年初全家于沥东老家合影，当时李伟（左二）与妻王苗芬（左一）已生下儿子李柯栋（中）

李标（左一）与梁建敏（中）在结婚婚宴上

个上虞，他也是一位叱咤风云的人物，曾经担任过上虞县副县长，是一位十分睿智的人。2017年1月12日，亲家公因身患重疾，最终医治无效。他的过早离世，使我失去了一位好朋友与好亲家，也让我更加怀念与之共事的点点滴滴。如果不生病，亲家公至少还可以再活个十年。

至于陈镇良，后来我请他来新建公司，负责办公室这一块的工作，直至退休。在上虞棉种场工作期间，他是场部副书记，因此是我的领导，认识他的人都叫他陈书记。后来，我们两人都进入了农工商总公司工作。但没过几年，农工商总公司就宣告解散，所属人员不是另谋出路，就是被安排到原隶属农工商的四家经营实体中，陈镇良这才来到新建建筑公司。退休后，我又返聘他在公司干了几年，让他再为企业发挥几年余热，直到六十五岁真正退休。退休后，他仍十分关心公司的发展，每年都会来公司走走看看，特别作为一名老党员，每年必定前来参加公司组织的党建活动。看到公司发展又步入新台阶，他就替我们感到高兴和自豪。2019年3月，我的老同事、老朋友陈镇良同志因病医治无效，永离我们而去，享年八十二岁。

我的小儿子李斌结婚，刚好是2000年千禧年。李斌的妻子，是沥东朱邵村高田头的陈莉萍。高田头也是我的外婆家，那里有我的外公外婆，还有与我年龄相仿的两个舅舅——友林和五四。李斌的婚事，就是友林舅舅牵的线做的媒。从小到大，我经常去外婆家做客玩耍，长大了又还有点名望，因此，高田头的人都认识我。陈莉萍的爷爷那时候还是村里的支书，知道要和自己家结亲的是横河的李金奎家，自己的孙女要嫁的人是李金奎的儿子时，他一口就答应了这门婚事。我的亲家公陈永祥，军人出身，由通讯部队营级干部转业至地方邮电局，担任技术负责人，他对这门亲事同样十分欢喜。还有莉萍的母亲，也是一位十分开朗的人，对这桩婚姻同样十分看好。这样，双方家长对这门婚事都相当满意，可见年轻人结婚，有了长辈的支持和祝福，婚姻定会美满而幸福。

在友林舅舅介绍李斌和陈莉萍认识前，还预埋了一段花絮。阿萍在学校读的是师范专业，毕业以后，就要分配工作了。一般师范学校毕业的，教体委大多会安排他们到乡下小学去教书，但是按照阿萍的想法，是希望能够到县城百官或者周边学校工作。我的二舅五四也是小学老师，阿萍就托他帮忙，但五四舅舅也帮不上什么忙，于是又转托我，最终通过我的关系，把她安排到了离县城百官较近的前江小学任教，后来又调到了百官鹤琴小学。那时候阿萍还不是我的儿媳妇，李斌和阿萍结婚以后，我才突然醒悟：原来当初帮助阿萍调动工

李斌与陈莉萍结婚照片

作，最终帮助的竟然是自家人。

所以，李伟、李标和李斌的婚事，其实都与我个人的渊源有关，跟我喜欢交友的性格有关。人缘好，朋友多，不仅能取得事业的成功，让人在工作中左右逢源，还可以对自己的家庭、生活起到较大的帮助，这就是我们所说的人脉。从我走上工作岗位以来，我除了自身的勤奋和努力，加上脑瓜子稍有点灵光外，我长久以来建立起来的人脉关系，对我的事业开创起到了至关重要的作用。当然，人脉并不是拉关系套近乎和利用别人，而是以真诚来换取他人的友情。别人困难时你拉他一把，自己困难时别人也会伸手助你一把，只有互相扶持，才能共度时艰。就我来说，人脉更需长情，而非短时利用。我的很多友人，跟我都是一世的交情，一世的交往。

对于我的三位儿媳，我也有话要说。这么多年过去了，作为一名老人和长辈，我对自己的三位儿媳还是比较中意的。大儿媳王苗芬，虞北农村人，虽未有较高的学历和文化，但却有着农村人特有的忠厚与坦诚，作为一名家庭主妇，自嫁到李家以来，一直默默无闻地付出着、担当着，做到了对长辈的关心体贴和对小辈的哺育培养；二儿媳梁建敏，原是一名医务工作者，几十年来相夫教子，勤俭持家，尊敬长辈，孝敬公婆，为人所称道；三儿媳陈莉萍，教师出身，气质优雅，助夫有为，颇有气度。为了支持丈夫更好地开展工作，发展事业，二儿媳、三儿媳先后放弃了原本一份难得的工作，为了家庭和公司大局，承担了家庭的一切琐务和繁杂事项——照顾丈夫的衣食起居，哺育和培养我们李家的下一代，使李标和李斌能够全身心地投入工作，可谓他们兄弟俩的贤内助，也是真正的贤妻良母。一直以来，我们李家的第二代可谓兄友弟恭，夫妻恩爱，姑娌友爱，从而使整个大家庭因和睦幸福而祥瑞盈门，这是我们家业得以兴旺，企业得以壮大的基石和动因。舜江事业的发展，从某种程度上来说，确实离不开三位儿媳的支持与付出。

护持弟妹

我的弟妹中，银奎比我小六岁，我在杭州梅家坞茶厂工地上做工时，首先把银奎从村里带了出来。小时候因为家里穷，在兄妹中排行老三的银奎打小就失去了上学读书的机会。到了十四岁，跟我当初一样，他被安排到生产队里干活挣工分。

当时要带自己的亲戚家人出外搞副业，也是十分不易的事情，一般人家的子弟基本上没有这样的机会。当所有人都在生产队里面朝黄土背朝天地挣那几个可怜工分的时候，有那么一拨人竟可以出门工作，赚取比生产队多得多的收入。虽然也同样要付出艰苦的劳动，但比起生产队里的劳动强度，或许还能轻松一些。

银奎刚到生产队时，年龄小，不能干壮劳力的活，于是队里就让他到棉花地里去除草。我在杭州梅家坞茶厂工地工作的时候，已经可以独立承揽业务并带徒传艺了，于是我首先想到了二弟银奎。银奎虽然年龄还小，但整天在生产队里除草也不是长久之计，如果出来学一门手艺，便可作为立身之本了。于是转托我的师父培林公公和他的家属周阿和婆婆，取得周阿和婆婆的哥哥周信海师傅的首肯，将银奎带到工地来学徒。周信海师傅当时是梅家坞工地的施工负责人，他自然同意银奎来工地做工了。

工地这边同意之后，我立即从杭州拍电报到村里，要求将我二弟银奎带到我身边。在征得队里、社里和乡里同意后，银奎第一次来到了杭州，来到了我所在的梅家坞工地。

银奎那时还仅有十四五岁，祖父不放心孙子一个人去杭州，就亲自陪他来了。祖父当时心中肯定是极有一种满足感和荣誉感，别人家的孩子都不能出外打工搞副业，而自己家却有两个孙辈可以来到省城打工，这使他老人家感到相当荣耀和欣慰，对我们晚辈的前景十分看好。因此，在把银奎送来我工地后，祖父那天满脸都是笑容，当我带他到工地各处参观的时候，他更是喜出望外，不停地说好好好。

祖父那天就在梅家坞工地住了一晚。晚饭的时候，我还给祖父买来了酒，祖父心情好，酒喝得也很开心。他还一边喝着酒，一边语重心长地对我说："金奎，爷爷看到你这么努力，小小年纪就有这样的成就，我真是想不到。爷爷替你感到高兴，看来我们家大有希望了！"当时梅家坞茶厂产的龙井茶已经蜚声中外，工厂也借此成为全国农业领域最出名的一家制茶厂，该厂出产的茶叶很多都用来出口，给国家创造了外汇。当时国家外汇少得可怜，就靠出口一些茶叶和瓷器来换取。当年毛主席来杭州，视察了梅家坞以后，还奖给茶厂一辆红旗牌轿车呢，这对茶厂来说，是何等荣耀的事情。因此，趁这次祖父来到梅家坞，我还给他买了一包茶厂自产的龙井茶叶，祖父当时的脸上闪烁着幸福的光芒。

晚上，祖父就睡在了我们租住的房子里。我们那时候出外搞工程，条件不知比现在要艰苦多少倍。现在的工地，再怎么艰苦，供项目部办公和民工宿舍用的活动板房总归是有的，可是我们那时候什么都没有，因此只能租住在当地居民家里。晚上睡觉，就打个地铺。先在地上铺一层稻草，再把农村晒谷用的晒垫摊开，大家就躺在晒垫上睡觉了。晒垫大概两米多宽，四米多长，一张竹垫子上睡十来个人不成问题。当时祖父也跟我们一样，就睡在晒垫上度过了一晚。第二天一早，祖父又乘坐茶厂去往火车站的公交车，我和银奎送他至公交车站，直到公交车到来，祖父这才依依不舍地上车离去。到了火车站，他又从杭州取道上海，到他上海女儿家，也就是我的巧珍姑妈家去做客了。

银奎来工地以后，就跟着我，由我来教导他如何干好泥匠活。说是学徒，也不是时时都有得学，因为每一个学徒首先都得从小工做起。拎泥桶、拌灰浆的活，银奎就干了一年。其间乘着空隙，或是饭后休息时间，我叫来银奎，让他学着用砖块砌墙，用木抹子粉饰墙面。刚开始学泥工的时候，还是孩子的银奎一心只想着玩，在手艺上总是不用心，一把抹子拿在手里，却怎么也粉不好墙。作为他的兄长和师父，我看到他这么不上心，进步又这么慢，火爆的脾气就上来了，一边骂，一边指导他怎样把活干好。看到他稍微干一点活就东溜西逛的，我真是想揍他的心都有，后来还是忍了下来，把他抓回来继续干活。除了教他手艺外，我还要照顾他的生活，那时候，我们两兄弟，吃饭一个锅，睡觉一个铺。我看他年纪小，平时都不让他到外面去逛，生怕他一不小心走失了。

梅家坞茶厂工地完工后，银奎仍旧回家务农。一年后，沥东手工业社委派我到杭州余杭塘栖造船厂工地加强技术力量，让我去工地上砌筑独立砖柱。在去之前，我向手工业社提出了要求："要我去可以，但我要带上我弟银奎一道去。"当时因为没人能胜任这份工作，手工业社负责人只好硬着头皮同意了我的要求，随后又取得了公社和村里的同意，然后将银奎带到造船厂工地。那时候，我已经成为了"关砌师傅"，全工地的人都十分尊敬我，我说的话，大家都非常听从。

银奎来到造船厂工地后，兄弟俩又在一起工作、生活了半年时间。在这半年里，银奎进步很快，普通的泥匠活基本上都能干了，可以说基本出师，可以单干了。后来他就自己单独到杭州和上海去干泥工活，并有了自己的徒弟。如今我们舜江建设集团杭州分公司老总陈建华，就是他的高足之一，对银奎也十分尊重和孝敬。银奎退休后就曾到建华工地上，去帮他管事，实际上也是建华的悉心安排，知道他整天在家也会烦闷，到工地上不仅活动丰富，有一大帮徒子徒孙陪他聊天打牌，而且还能按月领一笔工资。至于工地上的事情，则完全

2001 年与二弟李银奎

不必他操心。

我和钱珍结婚后，有了自己的家庭，李伟和李标两个孩子陆续出生，慢慢长大，而银奎、春兰等弟妹们也陆续成人，春兰更是在1968年出了阁，嫁给了同村近邻的李苗根，连最小的夏兰也长成了十八九岁的大姑娘，眼看着即将出嫁。按照村里的规矩，兄弟们长大了应该分家单过，于是我想，分家的时机到了，弟妹们完全可以独立了。

我提出分家的打算之后，祖父和父亲起初不同意，弟弟妹妹们也是哭哭啼啼的，拉着我的衣袖向我哭诉："哥哥不要分家！"好像家里失去了顶梁柱一般。但我当时想，哪有兄弟姐妹们永远住在一起的呀，长大了总要独立过日子的。家虽然分了，但我还是祖父的孙子、父亲的儿子和弟妹们的哥哥，分家后，我还是会照顾好祖父和弟妹们的。既然总归要分，彼时分不如此时分。最终，祖父和父亲也同意分家了。

当时农村分家很简单，把家里的油米碗碟、鬑头鬑脑一分开就算是分家了。分开以后，弟妹们始终不适应，整天在我面前哭哭啼啼。这样过了十来天，我逐渐感到分家的时机确实还不成熟，弟妹们或许仍然还要再长大一些才能独立生活。看到弟妹们一天到晚眼泪汪汪的样子，我也真是于心不忍。十天后，我又做出另外一个决定：把分开的油米又合并到一处，原本分开的两家再并成一家过日子。

这样又过了一年，到了1974年的夏季，也就是那一年的7月30日，我的第三个儿子李斌降临人世，给家里又增添了很多喜气。这一年，银奎和金龙他们也都独立工作生活了，我感觉到我们李家门这回可以真正分家了。于是，在我和祖父、父亲的主持下，李家门有了第二次分家。这次分家非常彻底，我和二弟银奎、小弟金龙三兄弟全部分开，祖上传下来的三间高平屋全部留给长辈和兄弟们，而我和钱珍及三个孩子就住在自己造的房子里。

也就在这一年，二弟银奎与同村的李爱珠结了为夫妻。他的婚姻介绍人，还是村支书的爱人。支书的爱人能给银奎做媒，也是看中了我们李家慢慢在村里有了些名望，看中了我这个长兄逐步成长为搞建筑的"能人"，同时也看中了我们李家日渐好转的家境。想想也是颇为感慨，我们"朝北屋"李家，几兄妹打小没了娘，日子过得相当穷困，然后通过努力，又一点点好转，最终超越其他相对富庶的家庭，成为村里经济条件最好的人家之一。我们李家的人，特别是我父亲，自此也不再为人所低看，并且还时常为别家所羡慕。

有村支书的爱人给银奎做媒，我们农村话叫"媒脚旺"，再加上我们李家的儿女们此时个个生机勃勃，女方自然同意这门婚事。但在允诺这门婚事之前，女方父母提出想见一见男方家长，邀请我和祖父到他们家去吃顿饭。在他们家会了几次面、喝了几顿酒以后，银奎的婚事就这么愉快地定下来了。

银奎的婚礼全部由我主持操办。举办婚礼的那几天，我把我的徒弟们都叫来帮忙，让他们到集市去买菜，交待好各人该干的事情。当天晚上，我指挥着几个徒弟，杀猪宰鸭，好不热闹。猪被宰时"嗷嗷"嚎叫，叫声虽然痛苦而凄厉，但在那时的乡间，却是非常喜庆的一种声音。很多人一年到头既吃不到猪肉，也见不到猪跑，更甭提听到这种杀猪的声音了。

第二天，银奎结婚的正日子到来了。这一天，我们"朝北屋"李家门办了十四五桌的酒席，一时间敲锣打鼓，好不热闹。随着亲友们陆续到来参加婚礼，作为长兄的我，感觉自己比当了新郎官的银奎还要兴奋，自己的兄弟成了家又立了业，哪能不欢喜百倍，酒自然要多喝几碗，但也有一大堆事情等着我去处理。从指挥迎亲、准备仪式，到后勤供应，从香烟老酒喜糖鞭炮到各类吃用，虽然有钱珍和春兰她们在操持，加上一群徒弟们的帮忙，但我也得时时搭把手。在这场喜庆的婚宴中，浓酽的绍兴老酒，我喝了一碗又一碗。

银奎结婚后，我还把他小舅子也带出去做泥工。出师后，他就跟着银奎一起搞建筑。

我的大妹春兰，嫁的是同村的李苗根。他家大门朝南，后门朝北，我家则是"朝北屋"，大门朝北，后门朝南，我们两户人家，可谓"前门南北开，后门贴后门"，中间只隔着一竿子的距离。我们农村人讲：远亲不如近邻，在近邻的基础上再结成亲家，自然更加亲近。作为近邻，苗根一家一直对我们家比较关照，特别是苗根的母亲，在我们家还非常贫困的时候，经常帮衬我们一点吃的、喝的、用的。我们家经济情况好转以后，苗根的母亲看到我们李家又开始焕发出勃勃生机，自然也替我们感到高兴，而春兰的孝顺和贤惠，又令她十分中意。于是，在两家长辈的说合下，同时又请苗根母亲的好友，我的堂兄弟李柏祥的母亲牵线做媒，苗根和春兰的婚事就这样定了下来。

1968年，在春兰和苗根结婚的前两天，我们两家统一装上了电灯。当时村里人家装电灯，我们是头一份。苗根的父亲一直在上海工作，婚礼前，他特意从上海买来了电表带回家，自己从村大队里把电线接到家里，安装好了电灯。我看到苗根家在装电灯，马上跟村里提出，我家也要装。于是马上联系还在上海姑妈家做客的祖父，叫他托人带一只电表回来，然后我们两家一起装上了电灯。

电灯装好后的第三天，春兰和苗根就举行了婚礼。当时装的是众家灯，在一面隔墙上凿个洞，洞口装上灯，一只电灯就可以普照两个房间了。这样的众家灯，我们一共装了三只。春兰与苗根的婚礼虽然相当简单，但至少用上了电灯，比我和钱珍结婚时只能点蜡烛可要优越得多啦。

春兰嫁给苗根后，鉴于他有在村大队做过会计的资历，农垦建筑公司成立后，我就介绍他到农垦公司去做会计。苗根对这样的安排非常满意，对我这个大舅子也就越加尊敬。一直以来，苗根对我都相当客气，经常邀我到他家吃饭。这一点，苗根的弟弟苗贤到现在都还记得，我到他家吃饭，有时候都到深夜十二点了，我还在喝酒。当时也是不识时务，不懂得替人家想想，但这也更能体现出苗根一家子对我的尊重。

苗根的母亲，也就是春兰的婆婆，在村里是做裁缝的，我们两家结亲后，我的祖父和父亲的衣服此后一直由她制作。苗根的母亲也是一位非常贤惠善良、勤劳能干的女性，我们家条件艰苦时，受到苗根母亲的恩惠也不少。当时，苗根家在村里也算得上是中上人家，父亲在上海当工人，苗根本人也在村里当会计，这也使得苗根的弟弟苗贤有条件把书读到高中毕业，成为全村的高学历者，为以后走上仕途积累了学识和资本。

现在想来，春兰跟她婆婆二人间的婆媳关系可以说是我们农村人家的典范，她们在一起生活的三十年里，一直保持着一份和谐与融洽。由于自小没了娘，春兰把婆婆当成自己的亲娘一样孝顺，凡事百依百顺，婆婆也把春兰当作自己的女儿看待，对媳妇嘘寒问暖，照顾有加。三十年的相处中，婆媳间从未红过一次脸，也从未说过半句不合的话。虽然我们两家结亲是后门对后门，而一般近邻结亲的两户人家，相处过程中多多少少总会产生一些矛盾，但是我们两家从来都是客客气气，几十年来一贯如此。后来苗根家造三间平房，因为不懂得建房，所以也是我帮着筹划、帮着营建，其中的材料和人工也都是由我负责的。

在几十年的交往中，春兰的婆婆待我们一直亲如一家，而且对子女们都有教诲："金奎哥哥就是你们的亲哥哥！"苗根的弟弟苗贤，曾经担任过舜江集团的党委书记和副总裁，他最清楚我们两家之间的那一份真挚的情谊，以及他嫂子春兰与他母亲之间那一份可以称之为典范的婆媳关系了，他也经常跟我讲："一直以来，我们都是像对待长辈一样对待金奎哥的。"苗贤虽然已经六十多岁了，都做了爷爷，但对我仍然保持着一份尊敬，这跟他母亲儿时的教诲是分不开的。

嫁到苗根家后，春兰依然勤勤恳恳，煮饭、洗衣等各类家务活，基本上都由她一人承担，而且还要到生产队里去干活。春兰干农活手脚麻利，在全村妇女当中也是一把好手。自己干完了手头的活,有时候还要帮助别人。春兰后来患病,她婆婆无微不至地照料着她,直至春兰去世。春兰去世的那天深夜,她婆婆都哭成了泪人。很难想象,那种撕心裂肺般的哭泣,居然出自一位农村婆婆对于自己儿媳的哀悼。在场的人无不为之动容,连最坚忍的人都被勾出了泪水。很多人都有些不解:从来没见过婆婆哭儿媳哭得这般悲伤的!

再说我的小妹夏兰。夏兰的婚事,是我外婆做的媒,嫁到了沥东高田头外婆家不远的地方。高田头属于朱邵村,早先同属于联丰大队,后来朱邵村与峥头村合并为东海村,村子就变得更大了。夏兰就嫁给了当时朱邵村高田头的陈强明为妻。强明是个老实本分的人,我阿妹夏兰也相当老实,两个人性格脾气差不多,正好配成一对,过一些简单的日子。

强明也是早早就失去了母亲,父亲是上海陶瓷厂的一名工人,常年在外工作,照顾不到家中。后来他父亲一度把他带到上海做小工,自食其力挣些辛苦钱,家庭条件一直不怎么好。结亲后,我怕夏兰嫁过去受苦,也时不时地帮衬他们一下,即使到了现在,也还得为我的这位妹妹、妹夫和外甥偶尔操一下心。当时,他们家的两间二楼晒台楼屋,也是我帮着建造起来的。他们的儿子阿波早先是做水电工的,现在也在公司承包点小活,挣点钱,日子逐渐好转,房子有了,车子也有了。

最后要说的是我的小弟金龙。金龙的文化程度比银奎要高很多,但也只是读完了小学,因此他工作的起点和终点都比银奎高。泥工出师以后,他一度做过工地负责人,也做过包工头,之后还到农垦建筑公司干过一段时间,最后在舜江宁波办事处主任的职务上退休。相比银奎一辈子只能在工地上打拼的工作经历,金龙就沾了有点文化识几个字的光。

我们兄弟三人中,我的文化程度最高,还读过两年不到的初中,后来又得到了裘佐等老师的辅导,最终让我成为了所谓的"建筑能人"。可见人这一辈子要有所收获,文化和学历肯定是不可或缺的。我们这辈人,当时只要拥有小学文化,就可以有所作为了。现在的年轻人,如果没有大学本科以上学历,想要创出一番事业,恐怕十分艰难;而且学历还只不过是块敲门砖,走上工作岗位,如果忘掉了学习,失去了钻研的劲头,仍然会面临淘汰。因此,这些年,每逢公司召开各类大型会议,我总会要求全体舜江人做到"学习再学习、担当再担当",要不断学习、不断进步,做到个人与企业同发展共命运。舜江公司的创办与发展实属不易,每一位舜江人都不应忘掉创业的艰难,在企业和个人的发展之路上,不断提升自我、超越自我,因为创业难,而守业更难。只有不

1973 年国庆期间与二弟李银奎（左）、小弟李金龙（右）在杭州留影

断学习、不断进步，才能更好地担负起作为一名舜江人的职责与使命。

金龙结婚，其实也是靠了我们李家和我这位"建筑能人"的名望，他娶了潭头村的李幼珍为妻。当时幼珍娘家人也提出，一定要他大哥到他们家去会面相商，才能最终定下婚事。我去过以后，婚事就这样定下了。那时候我们已经分了家，我在新建的三间新房里为小弟金龙举办了婚礼。

金龙到外面闯荡时，银奎已经做了别人的师父了。我们兄弟三人，就这样陆续走上了建筑之路。

我和华杰

我在上虞工作以后，总有乡亲们来找我，希望我能介绍工地做工的机会。如今我们村里有很多人，我都带他们到工地上去做过，很多人从此改变了自己的命运，并与建筑业结下了不解之缘。这其中，就有原农垦建筑公司总经理，后来的舜杰建筑集团董事长李华杰。

华杰小时候家中也不富裕，母亲也早早离世，在进入建筑行业前，华杰一直在家务农。在我负责上虞党校项目建设任务时，当时的木工班组负责人是同村的李志芬师傅，是我同村同学李永苗的父亲。在一次闲聊中，李志芬师傅请我帮忙解决一件事，他说："金奎师傅，我们队的李华杰现在在家务农，他是一个不错的泥水匠，能不能请你跟手工业社说一声，让他也一同出来做工？"

当时，我们农村人是不能随便出来揽工做活的，想要出门搞副业，必须经过村大队、手工业社和乡政府（当时是公社）的同意才行。我答应了李志芬师傅的请求，就跟沥东手工业社打了个招呼，因为当时党校的建设，是以沥东手工业社的名义开展的。此事由我出面，手工业社自然同意，华杰就这样来到了党校工地，跟着我一道工作生活。

华杰来到党校工地后，通过一段时间的接触和观察，我看到他头脑灵光，胸怀大志，是一块干建筑的好材料，就让他跟我搭班。两人一起搭班，也是十分投缘。在这之后的几年里，华杰一直跟着我，几年间建立了深厚的友谊，并成为村里最要好的朋友。不仅如此，他还真正跟建筑结了缘，从此不必面朝黄土，在生产队里挣那几个工分了。

党校工地结束后，我又跟手工业社说好，让华杰到百官涵桥（铁路桥）公路段、上浦中学参加基建工作，我则去了下管，负责下管中学等项目的建设任务了。

我跟华杰相识相交以后，两人意气相投、家境相仿，又因双方母亲都早早离世，很快拉近了距离，成为一起工作奋斗的亲密"战友"。两人之间几乎没有什么秘密可言，心里有什么都会毫无保留地跟对方讲，平时工作、生活都是互相帮助，共同面对。由于他对建筑业理论知识的掌握还不是很深，工作之余，我还把设计、施工和预决算方面的知识和经验全都传授给了他。在我和华杰相识相交后，我发现，他也有很多值得我学习的地方。我们就这样互相学习、互相帮助。如今，还有些了解情况的业内同行和同村友人，他们都知道我和华杰之间几十年建立起来的这份友情，虽非同胞兄弟而胜于兄弟手足。

几年以后，我进了县农林牧业局，而华杰已经在上海搞建筑了。那一年，我们燎原村原村支书周伯成心里有一件大事。他看到村里有几位手艺人在外面也算有点小名气了，为了能给村集体经济积累一点小财富，就想创办村里自己的建筑公司。按当时来讲，周伯成的想法应该说是比较超前的，也算得上是一位比较有思想的村支书。后来他不做村支书了，我还请他到自己的公司里担任安全科长一职，直至退休、病故，当然这是后话了。

周伯成一确立这样的想法，立马来跟我商量，希望我能参与建筑公司筹备工作。我至今仍清晰地记得，那一天，他们刚从上海回来，就风尘仆仆地约我在上虞老汽车站门口的茶摊会面。见面相商之事，只有一点，就是要求我想方设法支持和帮助村里筹办建筑公司，最好能出面参与。

当时我正在县农林局搞凤山饭店的基建工作，虽然已经跳出了"农门"，但全家的户口还在村里，人也未曾转正。我思索再三，觉得既然已经调到县里来了，而且再过不久我就要转正成为正式国营干部，在这样的特殊时期，自然重在求稳，不应该再下到农村去办什么建筑公司了。在这个关键的节点上，我不想出什么岔子。因此，我婉拒了周伯成书记的一片好意，但同时也向他们推荐了一人，来筹划村办建筑公司的相关事宜，这个人就是李华杰。

推荐了李华杰后，在我的牵线下，周伯成马上与华杰取得了联系。此时，华杰正在上海宝山电器厂做工程，当然这个工程也是我们两人一起事先联系好的。当周伯成向他说明原委后，华杰觉得自己在电器厂做工程做得好好的，再回去搞建筑公司也不知道有没有业务。万一没有业务，岂不两头落空。因此，他提出不想参与此事。

周伯成一看请不动李华杰，就又来找我，最后还是在我的劝说下，把华杰从上海请了回来。要是换成别人，应该是请不动他的，因为大家都知道，我和华杰的关系非同一般，他自从走上建筑业道路以后，对我一向比较敬重，对我的话也比较听从。

　　华杰人虽然回来了，但对组建建筑公司仍然没有多大信心。我就跟他讲："你不要担心，公司怎么筹划怎么组建，万事有我在，你放心大胆地去干就是了！"这样，组建公司的人员和设备马上都得到了落实，然后在华杰和周伯成等人的共同努力下，燎原建筑公司终于挂牌成立了。

　　公司成立后，日常运转也算是风风火火，陆续有一些业务到手，但这家公司只办了一年就宣告解散。这是当时沥东乡党委做出的决定，因为燎原建筑公司创办以后，整个沥东乡就有了两家建筑公司，另一家就是由原沥东手工业社发展而来的沥东建筑公司。一个乡有两家建筑公司，而且新办的燎原建筑公司势头还十分迅猛，有直逼沥东建筑公司的趋势。乡里看到这个情况，觉得这可不好。为了保护沥东建筑公司，决定撤销燎原建筑公司编制，将原燎原建筑公司大多数人员都编入了沥东建筑公司。作为条件，原燎原建筑公司的两位领头人，其中包括华杰，被吸纳到沥东建筑公司去做副经理。但是华杰不愿意去，他请我在别的单位给他留心一下，于是我又介绍他到崧厦三建任职。到了三建，他还是觉得不对自己的口味。直到1984年，我再次介绍他到县农垦局下属的农垦建筑公司担任一把手，成为公司总经理和独立法人，华杰这才真正找到了自己的阳光大道。从此，我与华杰二人齐心协力，共同肩负起农垦公司的发展重任，华杰个人的事业由此一帆风顺，大刀阔斧地施展起了自己的才能。

　　华杰的父亲曾经当着我的面跟华杰讲："你的成就，以及我们全家生活条件的改善，全都靠了金奎师傅的扶持，千万不要忘记金奎呀！"华杰父亲的这句话，加上他的那一份感恩之心，使我对他老人家一直相当敬佩。

　　回忆我与华杰之间的友情，不是想表明什么，自然也不需要像华杰父亲说的那样，永远记住我对他们的关照。人这一辈子吧，就是一个又一个的渊源。就像我和培林公公、吉水公公、裘佐老师、菊生师父等人一样，能够相识即是一种缘，能够相助，无论你助我，还是我助你，一切皆是缘。华杰和我，不仅是一种缘，更是人生挚友的关系，这是非常不易的。

　　在我和华杰数十年的相知相交中，我对华杰曾经相助过我的几件事情，印象极为深刻，至今甚为感念。

　　第一件事发生在二弟银奎的婚礼上，那是在物资仍然匮乏的1974年，我在为银奎筹办婚宴时遇到了大麻烦——婚宴需要大量的猪肉，但当时市面上根本搞不到猪肉，没有猪肉怎么置办酒席呢？这可真把我难倒了。

　　此时，华杰帮了我一个大忙，因为他家里正好养着一头猪，已经快出栏了。这头猪，华杰家原本打算过段时间再卖掉的，还可以再多长一些肉，多卖一些钱，然后用卖猪的钱换取一些粮票、布票及其他生活用品。在得知我家的这个情况后，他没有一丝犹豫，当天晚上就把这头猪悄悄地赶了过来，这才解了我的燃眉之急。

我在棉种场工作期间，每天往返有二十多里地。此时，我的第一辆自行车已经骑了很多年，平时修修补补，早已不堪负重，终于完全罢工。没有了自行车，如何上班成为棘手问题。也曾想过借用农场的自行车，但农场也没有多余的车子。20世纪70年代，自行车在农村十分珍贵而紧俏。当我正为没车可骑而绞尽脑汁时，华杰将自己唯一的一辆自行车给我送了过来。于是我骑着华杰的自行车，又奔波于沥东与盖北之间，直到这辆车子最终也被我骑烂，然后消失不见，但我和华杰之间深厚的情谊一直保存至今。

直到现在，我与华杰虽已满头银发，可内心仍然有着一份彼此间的牵挂与惦念。每隔一段时间，我们总会碰个面，一起追忆往昔共同度过的美好时光。

早年与李华杰（右）的合影

一封感谢信

浙江舜江建设集团有限公司：

5·12汶川大地震后，（我们）得到了党中央的亲切关怀，全国人民的帮助。一方有难，八方支援，贵公司闻风而动，对口支援青川县板桥乡浮寨村，救灾支援队于2008年5月31日到达。你们目睹着灾民无家可归，日晒雨淋，你们立马雷厉风行，克服重重困难，加快了建设的步伐。

近一月内，你们按时、按质胜利完成建造板房近600套。不管天晴下雨，从没停歇。你们与炎热的天气抗争，与绵绵细雨作对；不管天气怎样无情的恶劣与突变，仍然坚守自己的工作岗位。你们没有睡上一晚好觉，没有吃上一顿饱饭。没日没夜的埋头苦干，你们太苦太累了。你们昼夜奋战，吃苦耐劳的实干精神，让人敬佩！

你们从不给灾区人民添麻烦，不喝灾民的水，不吃灾民的饭。你们的行为和形象，感动着灾区人民，增加了灾民重建家园的坚定信心。

特别是蒋春锋、王文正、

朱俊峰、杨惠国，平易近人，和蔼可亲，朴实真诚的话语让人欣慰。几个经理一直与民工们战斗在一起，吃尽了苦头。灾民们于心不忍，深深感激。

我们的灾难给你们带来了负担，增添了麻烦，让你们受苦受累了，你们流血、流汗，我们的心却在为你们流泪。

5·12地震以来，尽管地动山摇，余震不断，你们不顾生命的安危，抛家离子，来到边远的灾区为灾民排忧解难。

是你们的到来，使我们在困苦绝望的处境中，看到了生活的希望！是你们的出现给了我们信心和勇气！是你们的援建，使我们从无家可归的困境中解脱出来，让我们拥有了遮风避雨的新家园！

这次灾难，让我们所有的心都经历了一场磨难。但是，灾区的我们不会哭泣，全中国人民也不会哭泣，我们必须坚强、勇敢，好好的活下去，怀揣一颗感恩的心回报祖国。

浙江舜江建设集团有限公司，灾区人民不会辜负你们的！浮寨村人民永远不会忘记你们！永远，永远感谢你们！灾区人民向你们致敬！！

祝你们凯旋而归！

祝你们公司兴旺发达！

浮寨村村民：杨秀花
二〇〇八年六月

假如人生的苦难有十分，那么对于四川汶川及其周边地区的人们来说，2008年就要独占九分半！2008年5月12日14时28分，没有一丝征兆，四川汶川大地震爆发了，数万生灵瞬间被埋葬在废墟之下，汶川地区一下子成了人间地狱。从5月12日下午开始，灾区现场断壁残垣、死伤枕藉的照片被接二连三地发布在网上，中央电视台更是日夜连播地震受灾情况，大家这才相信：四川发生了大灾难！

大灾面前，我们企业应该怎么做？我想，首先应该募集些资金和物资，支援灾区同胞。地震发生后，很多灾区同胞失去了亲人和家园，短期内，连基本的生活保障都十分困难。一定要尽快筹集一笔资金，以尽上企业的绵薄之力，好让灾区群众能够早日度过这场灾难。

5月13日，我让公司办公室起草并发布了赈灾倡议书，要求公司总部及各分公司、项目部各自组织募捐活动。次日，公司上虞总部首先响应倡议，以我为首，为灾区群众捐献了一份爱心。

倡议书发出后，各分公司、项目部纷纷响应号召，积极踊跃捐款，舜江一分公司的李顺来老总、七分公司的陈军华老总等分公司负责人、各项目部负责同志，他们都是几万几万地捐，包括他们的团队，以及一线民工兄弟们，纷纷献出爱心，以至短期内便筹得善款数百万元，这些善款最终通过当地红十字会捐献给了灾区同胞。

抗震募捐

5月18日，在全社会都还在为灾区同胞募捐的时候，住建部就已下达了紧急援建灾区过渡安置房的任务。按照任务分派，浙江省的对口援建地为四川省广元市，又经逐层分解，绍兴市对口援建地为广元市青川县。5月20日，省厅召集了八个地市级住建部门负责人和有关部门参加会议，号召全省特级企业积极承担过渡安置房援建任务，而这是一项无资金、无物资、无后援，一切靠企业自行解决的任务。作为特级企业，舜江公司带头响应号召，对口援建青川县板桥乡浮寨村，成为上虞第一批参加抗震援建的企业。

认领了援建任务后，我们没有丝毫讨价还价，立即在全公司动员起来。记得当时有一家企业的董事长，在收到援建任务后，十分光火地跑到主管单位领导办公室，把特级资质证书往领导办公桌上一扔，嚷嚷道："国家有难，却让我们企业来承担，这可不行，如果一定要我们特级企业参加援建，那么这本特级资质证书我不要了，你们收回去好了！"

　　不是这位董事长矫情，而是企业确有难处。援建任务下达后，当时可谓时间紧、任务重。企业必须在极短的时间里，安排好人员力量，快速赶往灾区"前线"，并在短短一个月的时间内完成全部援建任务。人员问题解决好之后，还需解决一个大问题，即搭建过渡安置房所必需的板材从哪里来？按照省厅要求，赴川援建企业所需建材及资金由企业自行解决。地震发生后，板房材料顿时成了稀缺物资，许多地方早已被抢购一空，即使有货，也需要一次性付清材料款，厂家才会给你生产。舜江公司当时认领的援建任务是五百九十二套板房及相应配套设施，这可是一笔大订单。我们第一时间赶往活动板房生产基地——苏州市吴江区，但却迟来一步，最后总算在西安找到了一家板房生产厂家，即西安博大彩钢钢结构有限公司。双方谈妥之后，数百万元材料款马上打到了对方账号上，然后通过公司西安办事处，活动板房及其他材料由西安运往灾区一线。

从西安向灾区运送援建物资

西安与四川广元相距仅有三百五十公里，但震后的四川，道路阻隔，救灾车辆频繁，要将板材运至青川极为困难。为了将材料运至一线，我们只能求助于当地驻军。部队首长听说此事后，极为重视和支持，立即派出军车，帮助我们运送板材。这样一来，我们的材料运输就变得畅通起来，一车车材料被源源不断地运至公司援建所在地。至6月30日，总计五百九十二套板房材料全部运输完毕。

当时，公司调配人员与材料几乎同时进行。按照上级要求，公司在第一时间组建了抗震援建突击队，很多党员自愿报名参加，但为了便于管理，突击队的人员构成，主要还是直营分公司和直营项目部班底。抗震援建突击队一成立，立即吸收了三十多名队员，由李标担任援建总指挥，统筹援建事项，由当时的直营分公司经理蒋春锋担任援建副总指挥兼一线总指挥，负责灾区一线援建工作，时任公司生技处处长的朱俊峰主动请缨，负责后勤联络工作。

5月24日，公司援建副总指挥蒋春锋先期赶往灾区现场踏看。5月30日，援建总指挥李标带领公司抗震援建突击队，于公司上海直营项目部召开誓师大会，每名队员都在会上表了决心，大家一起宣誓，一定会像一名战士一样，冲锋陷阵，勇往直前，出色地完成公司援建任务。会议结束后，李标为突击队员们把酒践行，祝大家凯旋！

誓师大会后，作为上虞首批援建队伍，公司抗震援建突击队由上海火车站出发，连夜赶赴灾区"前线"。出发前，每位队员人手一个安全包，包内装有水、干粮、手电、药品和工具等。由于时间紧迫，队员们根本来不及跟家人告别。为了不让家人担忧，大家都决定不往家中打电话，要等到达灾区以后，再将情况告之家人。但一登上火车，家里的电话就来了，实在捂不住了，只好告之真实情况。家人们得知情况后，自然一万个反对——好好的上海不待，非得去那个余震不断的灾区搞什么援建，万一出点事可怎么办？这时候火车已经快要到达南京站了，但家人们可不管这些，态度坚决，必须下车！而我们的援建队员们，那可都是舜江一线抽调出来的精英呀，关键时刻，他们全都关掉了手机。火车一路过了南京，过了芜湖，过了合肥，过了襄阳，过了达州，到达成都。下了火车，三十个人还是三十个人，没有一个人当"逃兵"。到了四川，木已成舟，手机也就可以开机了，家人们再怎么反对，人都到达灾区了，也只能祈祷自己的丈夫、儿子平安归来了。

突击队到达成都后，公司抗震援建负责同志连夜向我报告，队伍已到达指定地点。他同时向我汇报，队伍到达灾区后的第一个晚上便发生了余震，当时正是子夜时分，他们被迫从住宿的某大会堂全部撤离至广场上。对此，我要求他们清点好人数，必须集中一处不能分开，要一个不少地把他们带出去、带回来。

最终到达援建目的地——青川县板桥乡浮寨村后，援建队员们已经几个晚上没有睡好觉了。尽管相当疲惫，还水土不服，但他们还是快速搭建了帐蓬，并时时向我报告前方最新情况。

进入6月，灾区天气已十分炎热，加之频繁降雨，使得天气更加溽暑难耐。在几顶低矮的帐蓬里面铺上木工板，就算是队员们住宿的地方了，但这样的地方，白天根本进不去，晚上也是蚊虫叮咬，无法入睡，而且帐蓬搭建在野外，有时候能在铺盖卷下发现蛇蝎毒虫。于是，我让他们在帐蓬周围挖出一条"防蛇沟"，以免人蛇共处一室。

简陋的居住条件

在异常艰苦的条件下，我们的突击队员们每天都朝五晚九地劳作着。人员到位没多久，我们在西安定点购置的板房材料便陆陆续续地运抵施工现场，为了尽快搭建好过渡安置房，让灾区群众早日入住，我们的队员们可以说是铆足了劲。天刚蒙蒙亮，他们就进入了施工现场，晚上九点后，还要自发加班加点，为的是多干一点就更快一点，一直干到晚上十一二点，这才拖着疲惫的身躯回去睡觉，几乎是人一沾上床板，马上就能呼呼睡过去。

暑热，是摆在突击队员们面前的第一个"敌人"，在灾区援建过程中，几乎每天都有人员中暑。中暑了，喝瓶霍香正气水照样投入"战斗"，如果喝正气水不顶用了，就去打点滴，打完点滴，拔掉针管，拎起铁锹照样干。潮湿加上闷热，队员们又患上了各类皮肤病，有的队员几乎是脱了一层皮。外加灾区食物又十分匮乏，刚到灾区时，只能喝自带的矿泉水，但水少人多，只能定量；

蔬菜，可以向附近老乡买一点，但也不一定能买到，要吃点荤腥鱼肉那就更难了，很多队员们刚开始只能干啃方便面来维持一天的体力。后来听说十几里地外有一处小集镇，便派负责后勤的朱俊锋一早出去采购。十几里山路，原本中午时分就应该回来了，但是天都快黑了，还是不见人影。原来一路过去，又遇到了余震，原本必经之路的一处涵洞突然塌方，幸好人未进入，要是进去了，也就出不来了。于是只能寻找其他路途返回，十几里的路途，硬是翻山越岭，整整走了一天。最终回到住所，原本还是新鲜的鱼，已经开始发臭了，尽管如此，队员们还是把它当成一味佳肴。不久之后，工地附近来了解放军猛虎营的部队，我们公司突击队还将采购回来的食物匀出一半给他们送去，因为部队的条件也十分艰苦。刚到灾区的那段时间里，我一直十分担心奋战在灾区一线的突击队员们，时时与他们保持联系，很多时候电话不通，我就更加担心了。每次听到他们平安的消息，我的内心才会欣慰一点。

李标（左五）至灾区一线慰问舜江抗震援建突击队员

后来，由李标代表集团党委、董事会，也代表我个人，由上海取道西安，再从西安乘坐货车，车上满载米面、鸡蛋、咸肉和烟酒等慰问品，经过将近十个小时的长途跋涉，终于抵达青川县板桥乡浮寨村，从而稍微改善了一下队员们的生活条件。这一车的慰问品，他们还要拿出很大一部分，用于慰问边上的猛虎营官兵和部分灾民。这样，我们与部队之间形成了良好的军民共建关系，猛虎营官兵见我们人少，有时候还主动过来支援我们，从而使公司援建进度大大加快。至6月9日，经过队员们的昼夜施工，首批过渡安置板房顺利建成。在同批次的赴川援建企业中，我公司以较快的施工进度，获得当地政府和各级抗震救灾工作领导小组的表扬，上虞市抗震援建指挥部更是评价我公司为上虞赴川援建"进度最快、质量最佳、任务最重"的企业，各项工作的开展得到了指挥部指挥长、时任上虞建管局副局长张东鑫等领导的充分肯定，并号召其他公司的援建队伍向我们学习。

在抗震援建的一个多月里，我们的突击队员们真正将灾区援建当成自己的神圣使命，发扬了舜江人的大无畏牺牲和担当精神，谱写了一幕幕可歌可泣的

感人篇章。如刚到灾区的 5 月 31 日，援建队员们在紧张忙碌的施工之余，看到大灾过后，灾区劳动力紧缺，大片麦子无人收割，这些麦子如果不尽快抢收，就将在即将到来的暴雨中损失掉。于是，队员们联系上当地村干部，主动要求帮助灾民们抢收麦子。经过一天的收割，麦子保住了。这一行动，缓解了当地村民的燃眉之急。6 月 17 日，队员们获悉村里有五名孤寡老人和一名在地震中痛失双亲的孤儿生活十分困难，于是在结束上午的工作后，在施工现场开展了一轮火线募捐。大家你五百，我三百，总共募集了四千多元善款，用于老人、小孩的生活所需。鉴于在抗震援建中的出色表现，多名队员火线入党，从此成为一名光荣的共产党员。

6 月 18 日，突击队完成一号、二号地块三百九十二套板房施工任务；7 月 5 日，完成三号地块两百套板房施工任务；7 月 12 日，完成全部配套设施安装任务；7 月 15 日，全部板房验收合格并交付使用。

至 7 月中旬，经过连续一个多月的紧急援建，公司援建突击队员们吃苦耐劳，以一当十，与时间赛跑，与高温搏斗，最终以全绍兴市赴川援建工程质量、工期进度、文明施工、群众关系、卫生防疫、人员管理、物资保障"七个第一"，

赢得了全绍兴市建筑企业抗震援建整体第一名的佳绩，圆满完成全部板房援建任务，荣立全省抗震救灾援建集体三等功，被评为浙江省援建四川广元过渡安置房先进集体、绍兴市支援抗震救灾先进基层党组织，被绍兴市委授予"援建青川、荣立新功"奖，企业的善行也被浙江省慈善总会授予"慈善爱心奖"。

援建工作接近尾声后，公司抗震援建突击队员分多个批次，陆续从灾区一线凯旋而归，受到了公司全体员工的热烈欢迎。7月26日，公司召开抗震援建表彰大会，对参与此次抗震援建的先进单位和先进个人进行了表彰。会上，我代表集团党委、董事会，向参与此次抗震援建的全体人员表示感谢，并要求全体员工向援建队员们学习。我还特别指出：在这次抗震援建中，全体援建队员们挺身而出、不畏艰险、团结拼搏、众志成城的援建精神，体现了舜江人团结一心、自强不息的优良传统，也彰显了舜江集团的使命担当。国家有难，匹夫有责，企业更有责。

阮氏兄弟

《水浒传》中有阮氏三雄，即阮小二、阮小五、阮小七三兄弟。但在我所认识的友人当中，则有阮氏四兄弟，即阮张尧、阮张根、阮张同、阮张桥。四兄弟中，老大阮张尧和老二阮张根后来都到了我创办的舜江公司，特别是老二阮张根，后来成为舜江公司常务副总经理，成为我事业发展中的得力助手和最知心的朋友之一。

我与阮氏四兄弟的相识，最早是 1976 年在县棉种场搞基建的时候。县棉种场位于上虞盖北，而阮氏四兄弟的家就在盖北河东村。盖北已经十分临近我们称之为"后海"的杭州湾了，所以阮氏四兄弟可以说是依海而居，并且个个都有一手精妙的木工技能，这与《水浒传》中的阮氏三雄家住梁山水泊石碣村，且个个武艺高强的情状十分相似。早年间在盖北河东村一带，提起"四把斧头"，指的就是阮氏兄弟，可见四兄弟很早就已经名声在外了。因为早年间从事木匠工作的，基本上用的都是斧子，不像现在，普遍用上了电刨、电锯等电动工具。

在参加县棉种场基建工作的人员中，就有阮氏四兄弟，可谓"四把斧头"齐上阵，也是当时工地建设中的一道风景线。在木工班组中，四兄弟干活势头迅猛，锯钻铆刨，"四把斧头"一气呵成。他们同时上班，也同时下班，一起吃饭，一起干活，还一起哼小曲。他们尊重别人，也不受人家欺负。其中，最先熟悉并与我成为朋友的是老大阮张尧，通过老大，一一认识了张根师傅和张同、张桥。那时，我除了称老大为张尧师傅，老二为张根师傅外，剩下的两个年龄小一点，我就直接叫他们为老三、老四。"四把斧头"虽然在棉种场工地有点强势，但势不压人，而且对我也相当尊重，我们的友情一日甚过一日。

在来棉种场工作前，四兄弟都是农村造房子和翻修房子的木工，可以做大木工，也可以做小木工，我们称之为"五木师傅"。大木指的是造房子，小木指的是制作一些家具，如八仙桌、橱柜，和难度相对较高的床，还要给制作的家具上增添一些简易的雕花等，可以说，四兄弟样样都拿手。到棉种场后，我看到老大张尧平时在工作中比较爱钻研，头脑也十分灵活，我就慢慢地教他一些预决算和简单的图纸绘制，时间长了，相对简单一点的预决算和图纸绘制他也会了。

1988 年，我接手新建建筑公司后，老大阮张尧首先成了公司的一员，并担任公司驻上海奉贤南桥办事处主任。可以说，阮张尧的奉贤南桥办事处，是公司成立以来最早组建的一个驻外办事处。当时他的办公地点在上海奉贤的南桥旅社，在那家小小的旅馆中租了两间客房当作办公室，然后就开始承接业务了。南桥办事处，我偶尔也去坐坐，同张尧一起聊聊天，在他那里吃个饭，谈些工作上的事情。从那时开始，张尧就一直待在舜江，既是我的下属，同时也是我的好友，直到后来生病去世。他去世的那一年大概是 2001 年，距今已有二十多年了，真是故人西去，而时人永怀啊！那时候，张尧的南桥办事处虽然业务量不大但一直很稳定，每年能给公司上交 3 万—5 万元的管理费，这在我创业之初，确实给了我相当大的帮助，缓解了我不少的压力。

老二阮张根，初相识时，我已发现他和他大哥一样，也是一个相当忠实厚道的人。在之后数十年的交往中，更加清楚了他对工作认真负责，对领导赤胆忠心，为友人两肋插刀的高尚品格。早先的时候，他还做过上虞县盖北第九建筑公司的一把手，后来跟着他大哥，先在公司南桥办事处工作过一段时间，然后回到上虞百官，独自承揽了一些业务，成了舜江公司上虞百官办事处主任，公司在上虞百官的这一片业务就都内部承包给了他，然后由他向公司上交一定数额的管理费。

后来公司由丁界寺弄 18 号搬到江扬路 88 号新址办公，也就是 1997 年初，百官办事处这时已经没有了工程业务。我就在公司新办公楼专门给张根设立了办公室，请他来公司上班，担任公司主管质量安全的副总经理，后来逐步任命他为常务副总，成为了公司的核心层领导。

在担任公司副总及常务副总后，张根在工作上一直勤勤恳恳，以确保公司质量安全管理万无一失。由主管部门组织的各类检查，他必定亲临一线，在上级检查组到来之前，自己先逐楼逐层地检查一遍。哪怕到了晚间，他都不肯松懈。别人劝他，天晚了，工地的路不好走，还是等到早上再去查验吧。但他必定不会听从，说不自检一番晚上会睡不着觉。于是一个人拿着手电筒，也不管天有多黑，独自上去检查了。检查之后，他还要连夜组织召开项目部会议，把查出来的问题摆在桌面上，要求工地人员立即落实整改。因此，凡是舜江工地上的一线人员都怕阮张根，但又敬重阮张根。怕的是他们的阮副总在平时工作中不顾情义，不留情面，该骂骂，该罚罚。敬重的是工作之余，阮副总还是一位平易近人，和蔼可亲之人。可亲到什么程度呢？只要不是工作时间，公司新进员工跟他开开玩笑都是可以的，他必笑脸以对。职工之间闹矛盾，他也愿意做个"和事佬"，十分耐心地给双方做思想工作，悉心调解，款缓疏导，推心置腹，最终水到渠成，使矛盾双方重归于好。于是，公司每年组织的内部质量安全大检查，当年的各在建工地所有项目部人员必定"如临大敌"，一丝都不敢松懈，因为每次的内部大检查，张根师傅必定亲自带队参加，并逐层逐间地检查质量和安全问题，靠糊弄肯定是糊弄不过去的，只有真正做好了，大检查这一关才能顺利通过。而在这位极具人格魅力的公司副总和"老质安"面前，大家都不想出丑，自己要面子，自然也要给受人敬重爱戴的阮副总一点面子吧！

张根曾经对我说过："董事长，自我担任公司副总，全面负责公司安全生

阮张根副总在安徽黄山

产与质量管理以来，时时刻刻都担负着极大的压力，自感如履薄冰、如临大敌，深怕工作出疏漏而给公司造成损失。"他就是以这样的一份心思，恰如大海航道中的灯塔一般，引导着舜江之轮躲开一个个暗礁浅滩，从而健康良性地发展。可以说，公司能够有当前的发展，阮张根副总功不可没！

可是，就是这位为了公司发展鞠躬尽瘁的人，多年来，他却从未向我提出过有关个人报酬和待遇享受方面的要求，一点都没有。有时候，他倒是替公司同事"出头"，为了他人的待遇问题向公司相关部门及我本人提出要求。而当我有时候问起他自己的待遇问题时，他总是说，好的，可以的，这样就很好。

他刚担任副总时，公司配给他一辆普桑车，他也没任何意见和想法。当然，那时企业也比较艰苦，他也知道公司各方面都处于草创阶段，比较困难。对公司给予他个人的待遇安排上，他是相当体谅，且一心扑在工作上。有几次，他倒是跟我讲：董事长，你肩头的担子和压力也不轻啊！我知道，他总想替我多分担一点，好让我能多轻松一些。我也以有这样一位下属而感到欣慰，能时刻感受到下属的体贴之心。对于我给公司定的总体发展思路，他也是积极配合我，使公司能朝着正确的发展轨道行进。

在我和阮张根副总搭挡的这么多年里，我们从未闹过一丁点矛盾，也从未有过半句不合的话语。在此，我也在想，就如一户人家的丈夫与妻子，时间久了，也必定会有口角，会有矛盾，闹别扭说重话自然是在所难免的，但我和阮张根副总之间却从来没有，这是多么浓厚的一份情谊呀！

2008年上半年，在张根副总身上，突然查出了病灶，而且不是一般的病症。此时正值汶川大地震发生后没几天，省厅号召浙江建筑企业组织人员赶赴灾区抗震援建。号召下来后，张根副总立即向我提出，由他以常务副总身份带领一支队伍赴四川青川组织灾后援建。那时候的灾区，余震频繁，危险重重，常人避之唯恐不及的事情，他则主动请缨，认为这是他责无旁贷的工作。我们的阮张根副总，他就是这样的一个人，假如公司需要他去做些什么，他必定赴汤蹈火，在所不辞。这就是我们老一辈舜江人的高尚品行，现在年轻一辈的舜江人一定要传承和发扬下去！

突然查出病症，张根副总自然去不了灾区了。在他生病期间，我曾多次去看望他。每次探望，反而都是作为病人的他，屡屡表露出对我的尊重和感恩之心，多次噙着泪水向我致以谢意。看到病床上日渐消瘦的张根副总，我偷偷地抹掉了眼角的泪水，强颜欢笑，祝愿他早日恢复健康，一起并肩携手，共同拓展舜江事业。

一段时间以后，张根副总的病情稍稍有所好转，医生和家人叫他在家好好休养，但是他没有听，又来公司上了一年的班，而我们都以为他的身体已经彻底痊愈了。这一年中，他总是跟自己的亲朋好友讲：我们的董事长真好！现在回想起来，我是十分愧疚的，因为我自觉对他的关心是远远不够的，而他却总是在外面宣扬我对他的好。

在他去世之后的追悼会上，我和公司总部的全体同仁都去送他最后一程，包括上海、苏州、江西、安徽等地舜江各驻外机构的负责人员全部赶到，跟他们的阮副总作最后的道别。在张根副总的老家河东村的村道上，一时间，车辆全部停满，还有一拨又一拨的舜江人陆续从各地赶来，参加阮张根副总的追悼会。河东村的村民，包括镇上的人们从未看到过这么多的车辆，这么多的人一下子拥堵在同一个地方，以为此地在搞什么大型活动，都争相出来观望。

那天，一大群舜江人围在张根副总的老宅前，而屋内就是他的灵堂。老宅前面的场地上已经容不下那么多人了，后面的人只能站在一旁的菜地上，一起为张根副总的离世而默哀。张根副总的追悼会由李标主持，由我致悼词。一边宣读着悼词，一边感受着死别的悲痛，我的伤悼之情已无法自控，禁不住老泪纵横起来。悼词读完后，所有在场人员的眼圈都是红红的。

2010年的这一天，舜江失去了一位好领导，我失去了一位好下属和好搭档。但是我知道，张根副总的魂永远跟我们在一起，这就是舜江魂！

出殡那天，大雨倾盆，一个叫人伤心的日子。

张根副总辞世时，终年六十岁，正是资历丰富，大有可为之时。如今，与我一生颇有渊源的阮氏四兄弟，老大张尧、老二张根已经离开人世，老三张同，也在一次房屋建造中，不慎从高处坠落而亡。四兄弟硕果仅存的，只剩下老四张桥师傅了，每次想起，都让人喟叹不已。

舜江副总朱光林

舜江建设集团原副总、原苏州办事处主任朱光林，早先担任上虞三联建筑公司预算员和工地负责人。1990 年下半年，经朋友介绍，我和他在公司碰了一次面。此次会晤后，他就加盟了公司，成为公司下设的苏州办事处主任，负责公司苏州市场的业务开拓。

光林正式有业务进来是在 1991 年，即苏州吴中地产集团的第一个项目，就是由我公司承建的。自此以后，我们与吴中地产集团一直开展合作，直到现在，两家企业经过几十年的业务往来，不仅构建了战略合作伙伴关系，而且我个人还与吴中地产张祥荣董事长成了工作中的老朋友，这些都是光林多年来扎下的根基。

当时公司非常困难，光林加盟公司后的第一年，我就向他提出，是否可以先预交一笔五万元管理费给公司？他一口答应，这笔五万元的管理费马上就汇入了公司账户，可见光林是一位十分豪爽而言出必行的人。有时候我去苏州，住宿就安排在他的一个临时工棚里，里面有光林夫妻俩自己的一间宿舍，然后在他们自己的宿舍房间里又给我隔了一间，给我搭设了一张床铺，我就在这张床铺上过夜了。吃饭也在他的工地食堂吃，因为当时光林一切也刚起步，生活条件非常简陋。那时候他尚未购置轿车，出外办事，还骑着一辆自行车。每次出门谈生意，他总是挎着个包，踩着个自行车就出发了，回来时总有些收获。在我和光林的业务交流及平时交谈中，他时时体现出对我的尊重和肯定，处处给予我师长的礼遇，我呢，对他这么一个年轻人能够这么快在苏州打开局面，拓展业务而怀着十分的好感，对他的业务能力和为人处事，我是充分肯定的。曾经有一段时间，我经常到苏州去察看他的工地，也借此跟他聊聊天。他得知我要去，事先总会安排好一切，包括我爱喝的酒和喜欢吃的菜，每回都安排得十分妥帖而细致。

光林的个性秉直，但也喜欢讲一些"玩笑话"，平时也总表现出油腔滑调的一面，而这只是他表面的伪装而已。一旦到了工作场合，他可以马上"换脸"，变得一本正经，一脸严肃。工作是工作，玩笑是玩笑，对于这一点，光林分得十分清楚。工作中，他非常尊重我的意见，对于他手下的几位项目经理，如邵建龙、余建标、朱桂祥、黄兴标等，他也是该玩笑时玩笑，该责骂时责骂，大家反而十分敬重他。不熟悉他的人见他一副浪荡子的模样，熟识他的人却看到他工作认真，办事严格，为人真诚的一面。无论工作、生活，光林都处理得非常好。

公司创办初期，光林的苏州办事处对公司的发展起到了相当大的作用，即使到了现在，吴中地产集团仍然是我们的战略合作伙伴，甚至共同将业务拓展到了长春，我们仍然跟吴中地产肩并肩合作共赢。这些，都是光林早先预埋的精神遗产。

1991年年底，我在农历的腊月二十这一天到了他的办事处，目的是向他凑一笔公司过年的费用。到了之后，他马上就明白了我的来意。当时他的办公室早已围着很多等待结算和要账的人，但他马上放下手头事务，把我安排到其他办公室，他跟我说："李总，您先在这里休息一下，今晚就不要回去了。我这里处理好后，钱您多少带一点回去。"那时候，他自己年关也不好过，但看到我急需用钱，仍然克服种种困难给我凑了两万块钱的现金。那时的两万可不是现在的两万，有着很强的购买力，这么说吧，当时两三百块钱就可以供一户家庭过上一个像样的大年春节了。拿了这两万块钱后，已经是傍晚五点左右了。那天又正好下大雪，我同驾驶员高银根讲，我们还是连夜回上虞吧。因为年关已至，临近除夕，公司每天都有一些人在等着拿钱购置节用呢。光林虽然热情挽留，但看我归心似箭，也十分理解我尽早结钱给人家的良苦用心，只好叮嘱我们一路多加小心。

顶着鹅毛般的大雪，我们一路往回赶。那一年的雪真是大得离谱，据说是几十年一遇。才下了没多久，大地已是银妆素裹，那雪仍然不断飘洒下来，天地间仿佛连成了一片，变成了一整块大的白幕。车子从苏州出发，一路行驶，一路都是雨刮器"咔嚓咔嚓"刮擦玻璃的声音，车轮也是一路打滑，稍有不慎便可能翻下路面，导致车毁人亡。小高是当时公司唯一的一名驾驶员，尽管车技十分娴熟，但我仍然十分担心，不时地叮嘱他注意安全，慢点开车。车子开到绍兴时，雪下得更紧了，路面上的积雪已有十多厘米厚。从绍兴开到上虞家中，仅这段路程就足足开了两个多小时，而且一路东行，始终只有我们一辆车子在行驶，前后一片空旷，一片寂寥，大地、天空，都成了雪的世界、雪的海洋。车开到桥面上，车轮打滑得更加厉害，一时危机四伏。当时小高开的就是那辆三峰老爷车，为了公司的发展，这辆老爷车也算是"鞠躬尽瘁、死而后已"了。可惜的是，这辆车后来处理掉了，不然可以把它放置于企业展厅，供后人来参观瞻仰一番。

从苏州冒雪回虞的路上，我同司机小高讲："这么大的雪，我们还开着车东跌西撞，左冲右突，也是形势所迫，无可奈何之举呀！"小高退伍前干的是汽车兵，在中越边境起冲突时，他曾驾驶军卡往前线拉过炮弹，也亏了他驾驶技术过硬，要是换作别的驾驶员，我们或许早就掉进河里喂王八了。

好比死里逃生一般，到家已是次日上午七时许了。当时想的是，幸亏有光林给的这两万块钱，要是没有这笔钱，公司的这个年，还不知道怎么过呢！那一年，公司就是靠了这点钱，才总算度过了一个年关。

十几年后的2008年，光林在体检时查出了病症，然后立即入院治疗，但此时病情已经有点严重了。在光林患病期间，我曾多次前往探视。有一次我去他的病房，陪护人员刚刚下班，接班的尚未到达，光林又正好想上卫生间，我就一手提着他的输液瓶，一手搀扶着他到卫生间去方便。光林当时对我说："董事长，只有我们年轻的来照顾您年长的，没想到今天倒要您年长的来照顾我这

朱光林副总留影

年轻的，真是惭愧呀！"话语中体现出他对我的感激之情。而他那几句话，至今想来，仍然让我十分伤感。那天，我在医院陪护了他一个下午，直到光林的家属下了"逐客令"。

光林临走前一天，在杭州的一家医院里住院，我又专程去看望他，此时他已经不大会说话了，只是躺在病榻上，一直流着泪。我凑在他的耳边跟他讲："光林，明天我要到苏州办事处，召集办事处全体人员开个会，统一办事处全员的思想，以更好地开展工作。"他已经说不清话语了，而且气力全无，但还是断断续续地跟我说："昨天他们都已经来过了，也都跟他们讲了，舜江是家好公司，董事长是个好人，一定要为舜江继续努力工作，认真负责地做好自己的项目，不要给公司添麻烦。"短短的几句话，他竟然吃力地讲了很长时间。我听完他时断时续的话语，侧过脸揩掉了流在脸上的眼泪。当时，光林的妻子银萍也在，大家目光相对，无语凝噎，唯有默默流泪，感叹离别已在顷刻。真是可悲可叹，可歌可泣，我们舜江公司的副总，苏州办事处主任朱光林，即使到了弥留之际，心里也仍然装着公司，仍然在为公司的发展作着长远考虑。对于舜江，光林可谓"忠肝义胆"，是企业的"能臣"和"忠臣"。

从医院回来后，我立即致电他手下的几位项目经理余建标和邵建龙等人，请他们赶紧在苏州找一家临时医院，以便光林第二天转院回苏州，并请他们两位准备好光林的身后事。建标他们在电话中告诉我，已经在着手准备了，打算第二天就接光林回苏州。

在建标他们把光林接回苏州肿瘤医院之后的当天傍晚，即2009年6月5日下午7时左右，我就接到了唁电，告诉我，舜江建设集团副总经理、公司苏州办事处主任朱光林，因病于当天下午6时40分离开了人世！怀着悲痛和伤感，我立即通知公司办公室和有关人员，请他们把这不幸的消息传递给全体舜江人。之后，我连夜赶往苏州，来到光林的住所，向他的遗体默哀，并立即召集公司总部中层以上管理人员，包括各地舜江分支机构全体负责人员全部赶赴苏州殡仪馆，参加光林的追悼会。光林辞世时，终年只有四十六岁，真可谓英年早逝，令人叹惋。

翌年清明节，我同苏州的几位项目经理一道，来到光林的墓前，向他敬献了花圈。这一年的9月，全公司在杭州空军疗养院召开年中工作会议。会议开始前，全体与会人员起立，向已逝的舜江先辈默哀三分钟！以此种形式，表达全体舜江人对阮张根副总和朱光林副总的哀思。

师徒情缘

　　我有几位师父,其中尤以李吉水师父印象最为深刻,他是沥东一带有名的泥水匠,我们同村人都尊称他为李师傅,他师承他的阿叔,即早年沥东最有名的泥水师傅李长琴。吉水师父有很多徒弟,我的第一个师父培林公公亦是他的高足。改革开放前,拜师被认为是封建思想残余,一旦发现是要挨批斗的。因此,人们不能公开拜师,师父收徒,弟子拜师,只能私下进行,自然也没有什么仪式,只是口头允诺而已。即使确立了师徒关系,"师父"这个称谓也不可随便叫,只能称自己的师父为某某哥、某某伯、某某同志,我在拜李培林和李吉水为师后,很多年内,都尊称他们为培林公公和吉水公公。

　　通过培林公公的介绍,我又拜吉水公公为师,并跟随他来到安吉孝丰,在当地粮管所工地开始泥工学徒,从事的是砌墙、翻瓦、道路修补及下水道修整等土建维修工作。说是学徒,其实也是什么都干,既学泥工,也做小工。孝丰粮管所维修工程完工后,我又跟随师父至杭州大关桥兽药厂搞基建维修工作,接着是杭州民航疗养院工地,共同建造疗养院疗养楼。前前后后,我跟随吉水师父学了两三年,为以后独立承担土建施工打下了扎实的基础。

　　在我的印象中,吉水师父魄力十足,气概非凡。他面目清秀,五官端正,中等身材,英姿毕挺,且留着一头短发,平常总是穿着一件深蓝色中山装,左上口袋总是别着一支红色铅笔和一支钢笔,工作时穿布鞋,休息日则换成一双如镜面般锃亮的黑皮鞋。虽是泥水匠,师父却极爱干净,他干的泥工活也是极为干净"板扎":他所穿的衣服和鞋子直至当天干活收工后,也仍然不沾一点灰浆,而且砌好的墙头横平竖直,棱角分明,无论垂直度还是平整度,都是没话说,特别是干泥工粉饰活,一手托板,一手铁板,像变魔术一般,举止潇洒娴熟,一桶桶沙浆转瞬间变成平整的墙面,真的是又快又好,令人惊羡。这样的师父,令我无比佩服和尊敬。

　　除了人干净、活干净外，师父还有两个特点。一个是一天到晚，人不离烟，烟不离嘴。人家吸烟，总是手中夹着烟，放在嘴里吸上一口或两口，再夹在手里，但他把烟叼到嘴里后，烟便像吸铁石一样粘在嘴上了。一支抽完，第二支立马接上。因此，师父抽一天的烟，只需一根火柴便能搞定，一天下来，至少能抽两三包烟。记得当时他抽的是雄狮牌和新安江牌香烟，偶尔看到他抽一包利群牌，算是不错的烟了。烟抽得多了，肺自然不大好，偶尔会有一声咳，但即使咳嗽，叼在嘴里的香烟也绝不会暂时拿下来，必定牢牢地粘在嘴上。师父虽然嗜烟，但却滴酒不沾，对于酒，他只要喝上一小口，立即满脸泛红，头晕目眩起来。

　　师父还有一个特点，就是他为人极为和善，总是笑眯眯的，从来不发怒。我自拜他为师后，就从未见他发过火。但不知为什么，我虽然非常尊敬他，同时也十分惧怕他，即使他每次笑眯眯地手把手教导我，我还是感觉畏惧，大概师父有一种不怒自威的气场吧。有一次，我在二楼粉饰墙面，听到楼下发出一声熟悉的咳嗽声，就知道师父来了，马上心生畏惧，心跳加速——师父虽然和善，但对徒弟的要求却十分严格。师父上楼后，看我在粉墙，就笑眯眯地指导我：泥桶要放在哪个位置，要怎样往托灰板里铲灰浆，沙浆要怎么拌匀，怎样糊上墙面，糊墙时手的姿势要如何如何等。将近六十年过去了，只要一想起吉水师父，他的样貌及教导我的一幕幕便一一浮现在我眼前，这些早已烙印在我心里了。

　　缘于师父的高超手艺，以及他对徒弟的严格教导，我从他那里学到了很多。后来我独立承担泥工活后，人家也说我干的活异常干净"板扎"：有棱有角，有板有眼，而且干完活后，别人一身脏兮兮，邋遢得不行，但我的身上却不沾一点灰浆，仍然十分干净，这自然是承袭了师父的"风格"。所以说，有怎样的师父就有怎样的徒弟。我后来能够依赖自己的泥工手艺，被大家尊称为"大师傅"和"关砌师傅"，都是吉水师父良师教导的结果。

　　1966年5月，长达十年的"文化大革命"开始了，这时候，我已出师，独自在杭打工。这年的国庆节，我由杭州工地返虞过节。当时已与钱珍订婚，并且再过几个月便要举行婚礼。原本十分喜庆的日子，不想心情却因钱珍告诉我的一句话而陡然失落。钱珍跟我说：我的师父李吉水近段时间被村革委会戴着高帽在游斗。

　　据钱珍讲，吉水师父已经被限制了人身自由。我岳父当时是村干部，他告诉我，吉水师父被关押在村小学的一间小杂物间里。他同时跟我说：明天国庆节，村干部们都要去前海头参加国庆大游行，他们把看管村委和小学大门，看押吉水师父的任务交给了他。在他看管期间，我可以在上午悄悄地进去，看望一下吉水师父，顺便给师父买一点饼干糕点让他充饥。

第二天上午九点左右，我在本村小店买了饼干，藏在怀中，一边东张西望，一边往村小学的方向走去。到达村小学门口，一看左右无人，快速闪入校内。整个学校十分冷清，只在门口不远处坐着一个人，那人正是我的岳父。他见我来了，招了一下手。我走到他面前，轻声问了一下："师父在哪里？"他用手一指，轻声回答："在最后面靠河的一间小房子里。"

我循着方向找去，终于在河边最后一间阴暗潮湿的小杂物间里找到了师父。只见他一个人孤零零地坐在低矮的课桌上，失去了往日的笑容，兀自低着头，一动不动，似在沉思。

走到他面前，我轻轻叫了一声李师父，师父抬头看到我，空洞的眼神中稍有了一丝神采，然后发出一个嘶哑的声音："金奎，你回来了？"

我点点头，告诉师父："今天国庆节，我刚从杭州回来，就听说了您的事情，今天他们去参加大游行了，我就偷偷进来看望您。李师父您受苦了。"

师父还是坐在那里不动，然后问我："金奎，你能帮我从这里出去吗？"

我请师父放心，一定想办法让他出去。

师父已经很久没有跟人说过话了，内心开始激动起来，他眼眶湿润地跟我说："金奎，我自认没有做过一丁点对不起村里，对不起自己良心的事情，从来没想到过会落到今天这个地步，这个世界到底怎么了？"

一直以来，师父给我的印象总是干净、清秀，面带笑容的，这回听着师父辛酸的诉说，看着师父消瘦的身形和胡子拉碴的面容，甚至连头发都变得长而凌乱，想必身心的折磨已经压得他快要忍受不住了。

我把怀中的饼干拿出来递给师父，师父一见，连忙接过，藏在自己怀里，他知道不能送东西给他吃，怕被人查到后连累我们。之后，他警觉地问我："你是怎么进来的？"我告诉他："今天看管学校大门的是我岳父，是他告诉我您在这里，让我来看望您的，现在不会有人来，您可以放心地吃东西。"师父这才拿出饼干吃起来。

虽然有岳父在外面把守，但我亦不敢多作停留，怕被人瞧见，连累岳父。临走前，我再次开导师父：一定要想得开，一定保重身体，我一定会想方设法，尽快让师父从这里出去。师父听后，仿佛轻松了许多，催着叫我赶快离开，以免被人看到后牵连到我们。

回来后，我又同岳父密商：有什么办法能让师父尽早出来呢？岳父给我出了主意。我按照岳父讲的，逐一向村里有关同志讲述吉水师父的为人及他的家庭历史。有了岳父这层关系，真情办得还算顺利，到了第二天下午，吉水师父果真就被放出来了。

看到师父重获自由，且不必戴着高帽去游斗了，我的内心无比地高兴。如果师父再迟几天出来，那他的身体可真要垮掉了。

这件事情之后，师父对我就更加看重了，有时候还私下对我说："金奎，你这个徒弟，我真是收对了！"但是在公开场合，我和师父从来都是心照不宣，从来不会提及此事，我也从未对人讲过。只是这么多年过去，师父人已作古，我才要将此事拿出来——我的师父李吉水，不仅手艺高超，而且为人忠厚，人品可贵，"文化大革命"初期对他多日的禁锢和游斗，是极其错误和十分荒唐的事情。

在此之后，我在师父心中的地位不断上升，但凡有什么事情，师父都会来找我商量，包括家庭琐事和工作上的事情，都会让我帮他出出主意。过年过节，以前都是我请他，后来变成了他请我。我到了他家，他又像对待贵客一样招待我，反倒搞得我不好意思了。

有一件事情，能够充分反映出他对我的看重。一次，我从外地回来，又听钱珍讲，师父身体不大好。我听说后，立即去他家探望他。到了他家，正好本村的一位赤脚医生正在给他打针，当时他的小腹疼得非常厉害。但当我上楼来到他的病床前，他看到我之后，感觉小腹的疼痛正在逐渐缓解，于是他笑眯眯地跟我说："金奎，你比阿调（赤脚医生名）还要好！"我在师父心中的分量，由此可见一斑。

在我帮助创办农垦建筑公司后，为了能够优质高效地完成公司在上海的第一个总包工程——上海谈家桥工程建设任务，曾经特地赶往杭州，请他至谈家桥工程现场"压阵"，和我的堂兄弟李柏祥一起，共同担当起谈家桥工程施工建设重任。师父当时在杭州也有自己的工程，但他二话不说，毅然放弃杭州工程，随我来到上海谈家桥工地。自此以后，师父一直在沪发展，直至退休。

遗憾的是，师父驾鹤归去时，我正好在外地办事，不能及时赶回，只能托付家人前去吊唁致哀，这是我与吉水师父师徒交往中最大的遗憾。为了弥补这一遗憾，每逢清明祭扫，我都会到他的坟头上磕头祭拜，以示对他的感恩和缅怀。

说到我的徒弟，连我自己都记不清，我这一生总共收过多少徒弟了。我自走上建筑业道路，成为工地上的"关砌师傅"和乡亲们眼中的"建筑能人"后，很多人拜我为师，并在我的指导下，最终与建筑业结下不解之缘。我尚记得第一次就跟着我出门搞建筑的，有李国寿、李宝灿、蒋国荣、夏克峰、杜秋娥、梁岳海、陈利、蒋苗林及胡爱仙等人，还有二弟李银奎与我的小舅子李建祥。

我与钱珍结婚后，对于内弟李建祥的工作、生活一直比较关心，对他个人的事情，也不知道费了我多少心思。他能走上建筑业道路，可以说，是我一手培养起来的。从一名泥工学徒到学成出师，正式成为一名"泥水匠"，再至1984年上虞农垦公司正式挂牌成立，又通过我的关系，任命他为农垦公司百官办事处主任。在担任农垦公司百官办事处主任的那几年，是建祥人生中的高光时刻。

那时候，连我这个农工商总公司副总经理和农垦建筑公司常务副总的风头都无法胜过他。20世纪80年代，我这个姐夫都还没有属于自己的轿车，但建祥早已开着自己的小轿车东奔西跑了，好多时候，我要用车，还得向他借。建祥虽然风光，但他所做的项目，几乎都是通过我的关系才接下来的。那几年，凡是农垦公司在上虞范围内的所有项目，都交由建祥的百官办事处负责施工。由此，建祥的工程一个接着一个，其中有棉纺厂主厂房、上虞百货公司大楼、上虞农工商经营中心大楼、上虞物资局大楼、上虞县中、章镇碳素厂、上虞精制茶厂及上虞农业银行办公楼等，这些都是当时全上虞较大的工程项目了。这些甲方单位的负责领导，原本是出于对我个人的信任，希望将工程交给我们做。我则将工程交由农垦公司，再交由建祥的百官办事处施工，其间，我也时不时去工程现场作一番技术指导。

这么多的工程项目，使建祥的百官办事处业务量好几年都排名全公司第一位。在农垦公司初创之际，可以说，建祥为农垦公司的发展是立下了汗马功劳的，后来沿革为舜杰公司的企业发展史上也应该注上他的一笔。然而性格决定命运，建祥的风光日子没过几年，他那桀骜不驯的火爆脾气最终为他招来了灾祸，于是只能从农垦公司百官办事处主任的位子上退了下来。在我创办舜江公司后，他又进入了舜江公司。但是由于性格脾气不太好，总是不合群，而实际上，他就是个心直口快的人，想说什么就说什么，但他这种秉性，人家未必喜欢。

在我的众多徒弟当中，李宝灿对我极为尊敬，他从1974年开始就拜我为师了，而这一年，也是我的小儿子李斌出生的年份。

我在完成上虞党校工程建设任务后，去了虞南的下管、岭南、章镇等乡镇，给上虞供销社搞基建工作，也负责下管中学、章镇中学、丰惠中学的建设。就是在这个时候，我把宝灿一同带到了虞南，开始在我手下学泥工。宝灿学成后，又过了一些年，我和华杰通过沥东建筑公司，在沪接下了第一个包工项目，即上海木壳厂项目，宝灿也一同到这个项目参与施工生产。木壳厂完工后，在1982 年前后，宝灿又做了上海某电缆厂工程，这个项目要比木壳厂项目大得多。记得这一年，李伟十四岁，也到这个工地上去学泥工，就跟在宝灿的身边。农垦公司成立后，鉴于宝灿曾经有过多个项目施工建设的经历，逐渐积累了一些名望和资历，一步一个脚印，最终成为农垦公司副总经理。

在农垦公司时，还有一位夏克峰，也曾正式拜我为师，向我学习土建施工、制图和预决算，后来一度成为舜江公司沪办主任。但克峰担任公司沪办主任仅有两年，在 1995 年 3 月，就卸任了这一职务，成为舜江下属分公司的一名经理，而沪办主任一职，由原沪办副主任李标担任。没过几年，克峰最终离开舜江，分公司也就宣告了解散。

蒋苗林，不仅是我的徒弟，也是我妹夫李苗根的表兄弟。在 1992 至 1993 年，公司在上海宝山区接下了泗塘小区工程项目，项目由上海宝山建筑总公司总包，舜江公司分包。当时点将，将这只工程交给了蒋苗林负责施工，通过这只项目，蒋苗林挣到了人生的"第一桶金"。

在我的众多徒弟当中，既有事业有成者，也有默默无闻者，有对我这个师父极为尊敬的，也有关系比较淡漠的，对此，我都一笑置之。如今几十年光阴过去，师徒关系虽说也会随着光阴的流逝而逐渐淡化，但仍有这样一位徒弟，尽管在自己的学徒和工作生涯中，并没有得到我较多的关照，但一直以来，对我都极为尊敬。我的这位徒弟，就是蒋国荣。尽管他自己都做了爷爷，但每次见到我，必定毕恭毕敬，且在每年的春节期间，都会带着他的孙子前来探望我，这份师徒情谊颇为我所称许。

有关幸福的三次回忆

什么是幸福？有人认为，幸福就是家财万贯，家资充盈，想做什么都能大方地去做，吃大餐，去旅游，去购物，一古脑儿地买买买；也有人认为幸福是事业有成，家庭和美，能够拥有一份体面的工作和一份不菲的收入，能够时时享受到家庭的温暖并且也带给家人以温暖，过上富足的生活。

很多人认为，作为一名企业家的我，可谓"名利双收"，家中又是儿孙满堂，四世同堂，现在整天都应该在幸福的蜜糖罐中流连忘返，而绝少有失意的时刻了。但是他们猜错了，即使到了人生七十古来稀、八十耄耋是高寿的年龄，我的心中也是时时都有着一种强烈的危机感，有时候还备感压力山大。

舜江集团的发展，目前还算得上稳健，但办企业就像是驾船出海，时刻都有倾覆的危险，前一分钟还波平浪静，下一分钟就有可能被巨浪掀翻，从此万劫不复。再加上作为一名企业家，办企业从无到有，点点滴滴汇聚力量，发展壮大，取得了一些成就，还希望自己的企业能够办得更好，能够取得更大的成就。企业家们整天都在盘算着这些事情，甚至到了晚上，人都躺到了床上，连睡梦中都是企业、企业、企业，发展、发展、发展。作为企业家，压力再加上思虑，责任之外仍然是责任，整天都要为企业发展而劳神费力，哪有一天的舒心日子可以过啊。因此，即便事业有成，也还是觉得幸福离得十分遥远。

但是我仍然拥有过几次突然而至的幸福时光，其中记忆深刻的就有三次，让我内心激荡起异常强烈的幸福感。

在2007年的11月中旬，舜江公司第四季度工作会议选址宁波奉化国际大酒店召开，即当年的奉化工作会议。以前在每年的第三季度末，公司都要召集企业高层领导、中层骨干，以及各办事处、分公司负责人相聚一堂，共同回顾总结前三季度工作，共同商议下阶段发展大计。后来才逐渐改为年中会议的形式。

会议的报到时间是17日上午，在公司全体骨干全部到达之后，于当天下午召开了这次会议。然后在会议结束的第二天上午，再安排体检，下午则安排与会人员游览位于奉化雪窦山上的雪窦寺，包括雪窦寺中新建的露天弥勒大佛。这尊大佛非常雄伟，大佛的土建基座工程就是由我公司承建的。

弥勒大佛建设工程作为宁波市重点工程，时任浙江省委常委、宁波市委书记巴音朝鲁曾亲临视察。作为施工方企业负责人，我亦有幸陪同，并向他汇报了工程建设的一些情况。

17日下午的会议结束后，按照惯例，全体与会人员至餐厅聚餐，借以联络感情，增进交流，这也是我们舜江公司自成立以来逐渐形成的文化特色，每年总会安排几次聚餐，因为每年都有一些新加盟人员进来，新老舜江人需要彼此认识和交流，老朋友们也需要聚一聚，天南海北神聊一通，然后比比酒量，痛饮一番。

从严肃的会场一下子跳转到欢愉的宴会大厅，人们立即显得无拘无束起来。晚宴现场十分活跃，人们坐定之后，开始推杯换盏。每次看到我们舜江的这些骨干能够济济一堂，把酒言欢，我内心都十分欣慰。这些在座的，可都是我们舜江的精英呀，公司发展除了企业高层的正确决策，就需要仰仗这些分公司、办事处负责人在外的辛勤打拼了。我们安排一年一度的身体检查，也是看到这些在外打拼的分支机构负责人平时工作异常艰苦繁忙，每年总借会议之机给他们检查一下身体，以保障舜江的精英们能够以健康的体魄开展下阶段工作。

就在那场酒宴上，我完全不曾预料到的事情发生了。

酒宴开始没多久，突然间，整个大厅的灯全部熄灭，四周围立即漆黑一片。有人开始嚷嚷："怎么停电了！"有人附和："这么大的酒店也会停电，真是不可思议！"

这时候，整个餐厅传来李标借助麦克风发出的声音："各位舜江的兄弟姐妹们，今天我们在宁波奉化布袋和尚的故乡，召开舜江的第四季度工作会议，我代表集团董事会，对公司前三季度的工作成绩表示祝贺，同时也祝贺本次会议取得圆满成功。今天更是一个喜庆的日子，同时也是一个特殊的日子，今天是农历的十月初八，是我的父亲，我们董事长的生日，祝我的父亲生日快乐！"

话音未落，立即灯火辉煌。礼仪小姐不知道什么时候出现在大厅入口处，手中推着生日蛋糕车，缓缓向我走来。整个大厅开始播放生日歌。

此时，我是一点心理准备都没有，为了筹备这次会议，我早就把自己的生日忘到爪哇国了。李标这么一说，我才记起，原来这一天居然是我六十五岁的生日。

蛋糕推到了我身边，礼仪小姐向我献上了鲜花，然后点燃了蛋糕上的蜡烛，让我许愿吹烛。我从一片茫然中醒悟过来，才明白是李标、李斌兄弟俩为我精心安排了一场生日庆祝活动，我的内心非常温馨。

蜡烛点燃后，全场灯光骤灭，暖暖的烛光，显得分外明亮。带着一份温馨，怀惴一份憧憬，我双手合十，心中默祷，祝愿舜江集团越办越兴旺，祝愿全体舜江人及其家人身体健康，家庭幸福。然后我一口气吹灭了蜡烛，用双手在空中竖起一个大 V。

全场掌声雷动。

幸福来得这么突然，可谓人生处处有惊喜。在场的

每一位舜江人都来向我敬酒，让我长久地沉浸在幸福编织的温情中。

后来我才知道，这件事情，李标和李斌兄弟俩会同公司办公室，早就策划安排好了，目的就是想给我一个惊喜。他们的目的达到了，作为一名父亲和董事长，我非常感动，并且把这件事情永久地印记在了自己的脑海中。

转眼到了 2013 年，又逢我七十岁生日到来之际。在此之前，李标、李斌兄弟俩已经私下商定，在我生日这一天，要送我一件意义非凡的纪念礼物。他们隐瞒了所有人，悄悄地筹备着这件事情。那晚的生日宴上，他们送上了这份礼物——一份购车合同和一张提车单，而所购所提的车子，是一辆劳斯莱斯幻影。根据合同所列，两百五十万元购车定金已付，整车价在千万元左右。

那晚，我只在自己家中办了几桌酒席，邀请了一帮亲朋好友及公司员工来家中共同热闹一番，为的就是想低调一点。哪想到李标和李斌的劳斯莱斯购车合同和提车单一出现，整个现场一下子轰动起来。大家脸上都惊羡不已，都说李标、李斌兄弟俩送给他们老爸一辆千万元的劳斯莱斯，真是手笔不小，由此可见李标、李斌他们对父母有多么孝顺。如此一来，有关李金奎生日那天，儿子们送他一辆劳斯莱斯的事情马上会通过现场的这些人传播出去，原本想低调

李标、李斌送给父亲的生日礼物——劳斯莱斯幻影

地过个生日，不想却事与愿违了。

劳斯莱斯幻影，在别人眼中是羡慕，但在我的眼中，却是十分的心疼，因为车价实在是太贵了。于是，我对李标、李斌说："你们兄弟俩对我的孝顺和对我生日的祝福，我充分理解，但按我真实的内心想法，是绝对不会购买这么高档豪华的车子的，而且我也不想这么高调，你们现在能不能把这辆车子退掉？"李标笑着回我说："退当然可以退，但是支付的两百五十万元定金肯定要不回来了。"李斌也说："爸爸，车子您就坐着好了，劳劳碌碌到了七十岁，是该享受享受了，这是我们的一片心意。"

于是，我只好被动接受了这份爱心，把这辆车子收了下来，由此也深深地感受到了一种幸福。但是在买了劳斯莱斯幻影后，我还是舍不得坐，只有在正式的社交场合，才偶尔乘坐一下，平时还是坐普通轿车出门。因此，这辆车子一年下来，统共也就使用二十几趟而已。

我的第三次幸福时刻的到来，同样与我的生日有关。

2015年11月，上虞区建筑业协会组织全区建筑业特一级企业出国考察，考察目的地是印度洋岛国斯里兰卡。

我以前没有很多出国的经历，甚至连国内的出游也非常少。很多友人劝诫：

"你现在年事渐高，也该好好享受享受了，趁自己还走得动，多出去走走，看看外面的世界，把企业交给儿子们去打理，你还有什么不放心的呢？"我说自己放心倒是放心，但是习惯成自然，总想在身体还硬朗的时候多做些事情。

也有很多人对我提出建议："管理企业之余，上了年纪的人最好能够培养一些兴趣爱好，养养花种种草，搞搞收藏旅旅游，再怎么着也可以打打麻将玩玩牌什么的，总不能一门心思只顾着企业。"但我对这些都没有兴趣，我觉得办企业就是我最大的兴趣爱好了。此外，平时我也爱抽个烟，喝点酒，闲暇时听听绍剧，后来对旅游稍微有点兴趣了。2014 年，我就去欧洲走了一圈，回来后收获很大。

建筑业协会组织赴斯里兰卡考察，对我来说，相当于一次出国散心和旅游的机会，我积极地参加了。对于印度洋上的这个热带岛国，很多人一定非常陌生，这是一个比爪哇（印尼）还要爪哇的地方，从地图上看，它在印度的东南面，享有"印度洋明珠"的美誉，也有说是印度半岛的一滴"眼泪"。对于这样的一粒"明珠"和"眼泪"，我想，去看看也好。

我们是从上海浦东国际机场出发的。出发前，正逢我农历的生日到来了，李标他们在上海公司食堂，叫了几位朋友，给我办了一个简单的生日聚会。当晚，我就和考察团一起，登上了飞往斯里兰卡的班机。

飞机在科伦坡机场降落，作为斯里兰卡的首都，科伦坡位于整个岛国的西海岸线上。一下飞机，印度洋上咸腥的海风扑面而来。还好气温不是十分炎热，人体舒适度指数刚刚好。

我们在一家海边度假酒店下榻，酒店的外面，即是一望无垠的海和沙滩，以及一排排热带灌木，沙滩上有躺椅可供休憩。想要游泳的话，随时可以下海畅游。酒店的餐厅没有玻璃门窗的阻隔，宾馆的房间也是开窗即海，十分的浪漫而甜蜜。印度洋上的海风吹在人身上，浑身毛孔舒张，令人十分畅快，让人感受到大自然的美好。我们喝着当地产的锡兰红茶，吃着当地产的海鲜美食，也体会着这个国家里，人们懒散而自由的生活方式。

第三天，也就是 2015 年的 11 月 23 日，我们在这家酒店用餐。在几天的考察中，因为我年长一些，同行的协会领导和企业家们对我特别关照和尊重，令我非常感恩。

我们一桌人一边吃着，一边愉快地聊着天。就餐过程中，一位礼仪小姐推着餐车，车里放置着蛋糕，后面还跟着一支西洋乐队，朝我们这边径直而来。到我发现的时候，他们已经到了身旁。随后灯光熄灭，乐队奏起了生日歌。一起就餐的考察团成员们全部站起来冲我欢笑，然后跟着音乐拍手歌唱："祝你生日快乐，祝你生日快乐……"

开灯后，我发现餐厅所有的人都在拍手，一齐欢唱着不同语言的生日歌，除了我们同行的考察团成员外，还包括斯里兰卡当地人，以及来此旅游的外国朋友们。我们考察团的成员们都自发地向我表达了祝福："祝舜江集团李金奎董事长生日快乐！"

在斯里兰卡过生日

有外国朋友向我竖起了大拇指，嘴里说着些什么我虽然听不懂，但是却能明白他的意思。他是在说：今晚，你是最幸福的人！

那一晚，我的确非常幸福，不仅收获了一份惊喜，同时也获得了在国外欢度生日的满足感，这是很少有人能够体会到的。

后来，我们舜江建设主管行政的谢惠珍副总等人还通过微信，向远在异国他乡的我发来了生日祝福。经我询问，原来正是他们，在我临行斯里兰卡之前，就已经跟带队的导游交待好了，希望他们在我公历生日的那一天，给我在海外安排一次别开生面的生日派对，并且不能让我事先知晓，以便给我一个惊喜。在他们的精心安排下，我居然真的毫无察觉，乖乖地让他们的"计谋"得逞了。

那一天，我和餐厅里的一群认识的和不认识的人载歌载舞，尽情欢笑，我笑得都合不拢嘴了。有人拍下了我当时的照片，照片中的我，返老还童啦！

什么是幸福，我认为，这就是幸福。

"厚德" 文化与弥勒精神

2006 年 12 月，由国家宗教事务局批准，中国佛教协会投资兴建，舜江建设集团承建的宁波奉化雪窦寺露天弥勒大佛工程正式开工了。自那以后，我们舜江公司恰似结下了一份"佛缘"，企业发展十分顺遂。同时，我也充分感受到大肚能容的弥勒精神，十分可贵，对于企业及个人，都需要这种宽容、和善、智慧、幽默，以及不畏艰险的大无畏精神，使我们这些凡夫俗子无论身处顺境还是逆境，都能保持一种奋发向上、积极乐观的心境。任何企业，任何个人，只要具备了这种乐观而积极的心态，我们所从事的事业必将无往而不胜。

我们舜江集团创立至今，事业发展并非一帆风顺，可以说，有高潮，亦有低谷，几十年来风风雨雨。但不管身处何种境地，我们都以一种坚定的信念，一份达观的心境，来开拓我们的事业，并相信付出总会有回报。

大佛位于奉化市雪窦山，据说此山早在宋代就已成名。当时的北宋皇帝宋仁宗赵祯某天晚上做了个梦，梦中畅游了一座风景如画的大山，醒来后即命画师画下了山的大概形貌，并下旨将全国各地名山都画图呈送对照。当他看到雪窦山的画面时，就认定此山就是他梦游过的大山。到了南宋，宋理宗赵昀为纪念先帝梦游雪窦山之事，于是追封雪窦山为"应梦名山"，于是雪窦山又名应梦名山。在这座山的东南侧，就是蒋介石的故乡——奉化溪口镇，于是在这大山环抱的四明山麓，先后出了两位名人：一位是蒋公，另一位则是五代时期后梁高僧布袋和尚，即弥勒菩萨的化身。由我公司承建的雪窦寺露天弥勒大佛的金身，就是以布袋和尚为原型建造的。

可以说，从 2007 年初大佛工程动工开始，舜江集团就驶上了经济发展的快车道。这十几年间，舜江集团不仅壮大了建筑主业，还使企业多元经济从无到有，逐步发展起来，并以舜江建设集团为母公司，最终创建了舜江控股集团，使企业朝着产业化、专业化、集团化方向纵深发展。十多年躬耕，带来了十多

宁波奉化溪口雪窦寺露天弥勒大佛

年的收获。这些收获，既离不开各级领导的关心和支持，也离不开舜江高层班子的正确决策，更离不开全体舜江人特别是常年在外打拼，可以称之为舜江精英的分公司、办事处同仁们的辛勤付出。除此以外，在我内心还存在着一种想法：或许，这与公司当初承建宁波奉化雪窦寺露天弥勒大佛有关，因为承建了大佛工程，使我们得到了佛的庇佑。当然，我所说的是另外一层意思，即舜江集团在多年的发展历程中，一直奉行的"厚德"文化，在接触到弥勒精神以后，所迸发的那一种无限动能，那一种可以积聚福祉的企业正能量，从企业软实力方面助推了舜江集团的快速发展。

弥勒精神的主旨在于"大肚能容、乐观豁达"，舜江的"厚德"文化指的是"厚德载物、崇德广业"和积德行善，我认为，舜江的"厚德"文化，与弥勒精神当有异曲同工之妙。

"厚德"即能忍。所谓"大肚能容，容天下难容之事"，舜江在多年的发展中，以"自强不息、追求卓越"为企业精神，通过企业全员的坚忍不拔和奋勇拼搏，逐步积累发展原动力，又不断包容和接纳各界有识之士为我所用，共襄企业发展。可以说，我们老一辈舜江人的忍耐力是超强的，不怕吃苦，不怕受累，不怕暂时的冷落与不理解，一心一意谋发展，朝朝暮暮建新功，企业就这样逐步发展壮大起来了。

"厚德"即乐观。弥勒佛的笑口常开体现出一种乐观的处世精神和豁达的人生观，昭示世人要心胸开阔，无论身处顺境还是逆境，都能做到荣辱不惊，处乱不惧。历经坎坷的老一辈舜江人懂得这个道理，也明白我所说的逆境指的是什么。正因为我们有乐观的心态，我们才可能成为笑到最后的那个人。

"厚德"即包容。舜江有容人之心，能宽恕他人的恶意诋毁和员工的过失。一直以来，舜江公司包括我个人，也曾遇到来自外界的一些谣言和中伤，有些则直接损害了公司的利益。但我们仍然以一份包容之心，以德报怨，求同存异，以理服人，团结一切可以团结的力量，心无旁骛地建设"舜江之家"，最终摘取了胜利成果。

企业内部的这种"厚德"文化，抑或弥勒精神，最终促成了舜江的繁荣与发展。因此在我的办公室里，一直挂着与"厚德"有关的书画，以时时告诫自己：办企业，或者做人，一定要像弥勒一样，大肚能容，欢喜快活地做好每一件事。

接受电视台采访

难忘的"三十周年庆"

2021 年 3 月 30 日，上虞余坤喜来登酒店，以"砥砺三十载、共筑未来梦"为主题的舜江集团三十周年庆暨 2020 年会在此隆重举行。这是舜江集团迄今为止，举办的最为盛大的一次庆典活动，也是对舜江公司成立三十年以来的一次总结、表彰与检阅。

前文已有讲到，在 2018 年，企业内部就有人提出，可以搞舜江集团三十周年庆了，因为在 1988 年，由我接手了舜江公司的前身——新建建筑公司。但经我和李标、李斌他们共同讨论，认为从接手新建建筑公司开始的那两年，只能算是初创期，1990 年 10 月，企业更名为舜江公司，这才是公司真正的成立之时。按 1990 年推算，要搞企业三十周年庆，时间当在 2020 年下半年。此事在公司层面得以明确，并逐步筹划起来。

但在企业搞三十周年庆之前，却从未搞过十周年庆和二十周年庆。2000年，公司成立十周年，当时还是一家二级资质的小企业，业绩平平，建树不大，根本没有条件，也没有想过要搞企业十周年庆。2010 年，公司发展势头迅猛，各类事务纷繁交织，即使想到要搞二十周年庆典，也没有这个精力，我们将所有的心思都花在了企业发展上了。如果将舜江公司比作自己的孩子，那我对这个"孩子"确实有所亏欠，因为没有给她过十周岁和二十周岁的"生日"。这回"三十而立"了，再不给她过上一个像样的"生日"，那是怎么也说不过去了。

然而事与愿违，作为庚子年，当 2020 年踩着沉重的脚步到来时，武汉暴发了新型冠状病毒感染的肺炎疫情。2020 年 1 月 23 日（农历腊月二十九）武汉封城，国内新冠肺炎疫情全面暴发。这波疫情来势汹汹，使历来喜庆祥和、人烟凑集的春节都失了往日颜色。人们都躲在家里不敢出门，有的被隔离，有的自我隔离。从城市到农村，各地静悄悄，变得毫无生气、毫无年味。

疫情发生时，正值春节期间，除了我和李标、李斌以外，我们企业内部的其他班子成员散居各地，即使相隔不远，也不能觌面相见，因为很多地方都开始封城封路了。我们只能通过手机和网络，互通消息，共同商讨企业对外响应，及时制定企业内部各类防疫抗疫措施。通过微信视频连线，我们还是做了一些事情，比如通过集团党委，在公司内部发起为武汉"抗疫"募捐行动。后来各地为支援武汉发起的一些捐款捐物行动，在时间上都没有我们早。

疫情更使我们不能在春假后尽早投入工作。为了响应政府号召，保障员工健康平安，春假结束后，我们要求所有员工继续待在家中，做到居家不外出，员工春节后继续休假，企业照发工资。可以说，2020 年的"春假"，从 1 月 23 日开始到 2 月 24 日复工，足足一个月零一天，如此漫长的"春假"，在我的工作生涯中，也是破天荒头一遭了，而这一个月零一天，员工都是"带薪休假"的，复工后，公司就为全体员工一次性补足了这笔薪资。

从 2 月中下旬开始，公司各在建项目陆续复工复产，并在 3 月进入了复工高峰期，此后随着气温的上升，各地疫情明显好转。但到了下半年，疫情又开始反弹。公司管理班子原本提议三十周年庆典就定于 2020 年 12 月 30 日，后又商定于 2021 年 1 月 17 日举行，这样正好可以将 2020 年年会也一并容纳进去。然而省内风声渐紧，最终由省里下发通知，推迟各大酒店承接婚宴庆典和会务活动的时间，需等疫情好转才可继续进行。看来春节之前是无法举办这个活动了。

这就是舜江集团三十周年庆典活动最终于 2021 年 3 月 30 日举行的前因后果——因为疫情，原本应该于 2020 年举办的庆典活动在延期了两个多月后，这才成功举行。

我们举办这次庆典活动，目的只有一个——感恩！舜江公司在创办后，其生存和发展，离不开三个条件：一是政府部门的支持，二是各界友人的襄助，三是包括各分公司、项目部在内的全体舜江人的共同努力。只有同时具备这三个条件，企业三十年发展才能小有所成，才有机会搞这样一次庆典。

此次庆典活动，我们邀请了省建设厅原副厅长、省建协原会长赵如龙，原上虞县副县长、省建筑装饰协会名誉会长恽稚荣，省工程建设质量安全监督总站原总工、原副站长姚光恒，上海市建筑施工行业协会副会长兼秘书长康春江，省驻沪办建管处处长许晔等领导到场，还有绍兴市、上虞区的相关领导和嘉宾，包括舜江集团企业管理层、各子分公司代表及精英人士，接受表彰的各类先进集体代表和先进个人，老一辈舜江元老和部分离退休职工。在喜来登酒店最大的会议厅，这个占地一千五百多平方米的大厅内，一时聚集了六七百位来自各地的领导、嘉宾、同行、同业和舜江同仁，喜庆祥和与庄严雄伟的氛围洋溢着整个大厅。

中国建筑业协会、浙江省建筑业行业协会分别发来了贺信，对舜江集团成立三十周年表达了祝贺，赵如龙厅长、恽稚荣会长，以及上海市建筑施工行业协会康春江秘书长作庆典致辞，上虞区建管中心主任徐沛生代表上级主管部门作重要讲话，其他许多单位也都发来贺词贺电。很多主管部门及协会领导即使从管理岗位上退了休，仍然时刻关心着我们企业的发展。在活动现场，我专门向赵厅长等老领导们亲临现场表示欢迎和感谢。

李标为三十周年庆作主旨演讲，全面总结了舜江三十年来发展历程，以及发展中取得的经验，并且向大家描绘了企业未来发展的宏伟蓝图。尽管我对李标以讲故事的形式，讲述舜江三十年来发生的一些往事持有不同意见，但他所讲的七则小故事仍然具有典型性。七个故事，分别以企业高层和分公司老司、普通员工的视角，彰显出我们这一代舜江人无限忠诚企业，为企业发展迸发光与热的敬业精神，同时也讲述了企业初创时的艰难和舜江人创业的艰辛，讲述了舜江三十年来的许多"不容易""不平凡""不简单"。当然，许多故事在我的这本回忆录中都已有所提及。

三十年风雨坎坷，三十年砥砺前行，舜江集团能够迎来她的三十周年庆，确实来之不易。三十年前，和其他上虞建筑企业一样，我们第一代舜江人也是

带着一把泥刀、一块铁板，挑着铺盖和简单的行李，汇聚上海滩，闯荡大上海，最终在上海及"长三角"逐步闯出了一番名堂。三十年来，我们从几百万元的产值业务量，逐步发展到上千万元，从上千万到一个亿，再到五十亿、一百亿元，舜江集团一步一个脚印，最终走到今天。

在当天下午的庆典活动结束前，按照会议议程，由我作最终的讲话。走到台前的发言席，我首先向台下就座的全体人员深深地鞠了一躬，这是我发自内心的感恩与激动。三十年前，公司全体成员加在一块，满打满算不超过一桌人，但是今天，在我们庆典的活动现场，却聚集了来自五湖四海的舜江精英。我一双眼睛看着台下，下面几百双眼睛注视着我，作为一名舜江集团的发起人和创办者，我内心的感慨和激昂久久不能抑止。

忆往昔峥嵘岁月，看今朝千人同庆。我向到场的领导、嘉宾和舜江同仁们表达了三层意思：感恩、祝贺和希望。

感恩。我向各级政府、部门、行业、协会领导和各界友人、业界同行，向三十年来风雨同舟，并肩作战的全体舜江同仁致以最为衷心的感谢。感恩之情，无以为报，唯有鞠躬，聊表我心！

祝贺。我向为舜江三十年发展做出重要贡献的先进集体和个人致以热烈的祝贺。他们中有舜江三十周年特别贡献奖获得者李顺来；有杰出贡献奖获得者陈军华、俞岳芳、陈忠孝、杭涛、徐福星、陈建华、余建标、朱毅、王立刚；有功臣奖获得者谢惠珍；有美丽乡村建设功臣奖获得者顾天标；有诚信贡献奖获得者杜其林、冯国明、沈百坤、任孝金、王建德、吴建荣、夏庆忠、任江标、杭绍坤；有和谐奉献奖获得者李光军、吴树民、张华根、吴幼明、沈勒军；有敬业奉献奖获得者严忠海、张金波、王雅琴、朱杰洲；有陈雪民、谢建海等优秀项目经理和更多的优秀建造师、荣誉员工、优秀员工、优秀科技人才、先进生产工作者等。在向他们表示祝贺的同时，我再次向他们表达了感激之情。他们是企业内部的先进典型，是全体舜江人学习的榜样和标杆。

希望。希望走过三十年创业与发展的舜江集团更加激昂奋进，努力成为担当有为的标杆企业；希望全体舜江人继续怀揣梦想，在实现企业高质量发展的道路上，不忘初心，奋勇前行，坚信"有梦想就一定会有未来"，把"个人梦"与"舜江梦"相织相交，相倚相融；希望舜江的第二代领导班子继续坚守舜江"厚德文化"，传承好"自强不息"的舜江精神。

在三十周年庆的晚宴上，李斌代表企业作祝酒词，短短几句话，说尽了感恩、欢庆与祝愿。台上是殷殷祝福，台下是杯觥交错，呈现出的是一派欢乐的海洋！

在这片欢乐的海洋中，一组精致的生日蛋糕由工作人员从幕后款缓推至台前，我和李标、李斌父子三人被邀请上台。先由李标、李斌兄弟俩向我献上了鲜花，然后由我们父子三人共同点燃标有舜江集团三十周年庆徽记生日蛋糕上的蜡烛。

手捧鲜花，看着蛋糕上被我们点燃的蜡烛喷射出靓丽烟花，在金光四射与霓虹闪烁中，舜江集团过去三十年发生的一幕幕仿佛电影胶片一样，在我眼前一一呈现。三十年有苦有乐，有酸有甜，有成有败，有得有失。正如李斌在祝酒词中所说的：三十年在历史的长河中只是弹指一挥间，但对所有的舜江创业者而言，一定有出走半生，归来仍是少年的恍惚。是啊，三十年说长不长，说短不短，一个三十年就已经够我们这一代回味和咀嚼的了，何况还有下一个三十年和更往下的三十年。希望每一代舜江人都有各自的担当与作为，能够集聚每一个三十年的成果与底气，彰显企业自身独特的文化与魅力，傲然长立于国内企业之林。

这是我最大的心愿，也是我的终极寄托。

与李标（左）、李斌（右）父子三人向支持舜江事业发展的全体人员致谢

从总部壹号到舜德大厦

上海市闵行区都会路 2338 号总部壹号园区 65 号楼作为舜江建设集团总部大楼，于 2020 年 12 月正式启用。从总部壹号开始，舜江建设的总部办公点设于上海，而舜江控股的总部办公点设于上虞，这一定位与布局以企业在沪购置总部壹号自有产权独幢办公楼的形式最终予以明确。

在沪的舜江建设总部大楼地上七层、地下一层，有四千多平米的建筑面积，作为新时期舜江建设集团及新创办的上海舜企建筑科技发展有限公司办公所需，已经绰绰有余。在上海总部壹号园区内，大楼饶有气势地彰显出舜江建设在沪品牌形象。建设集团喜迁上海总部壹号办公，标志着舜江建筑主业的发展已然进入了新时期。

在家乡上虞，舜江控股集团的办公地点仍然在拥有上虞最高楼和上虞建筑业总部大楼之称的百官广场，不仅办公条件宽敞明亮，其大楼本身亦是高端大气，更加难得的是，在这里可以看到整个城市的发展与变迁。可以说，从 2015 年至 2021 年，六年的时光里，上虞城区变化日新月异。尤其在城西，在区委、区政府"拥江西进"的政策推动下，娥江西岸已成为开发的热土。

在 2020 年 3 月，上虞区委、区政府首次打出了"一江两岸"总部楼宇牌，致力于打造滨江经济带和滨江城市建筑群，这样既能彰显未来城市品位，又能带动区域经济发展。从那时开始，区委、区政府就下定了决心，要将全区各行业龙头领军企业都聚拢在这块黄金地段上。那么几年之后，"一江两岸"将成为上虞知名企业的展示区，如在这片区域能够夺得一席之地，无异于多了一张展示自我的"金名片"。作为在上虞土生土长的企业，这样的机会不可多得。在娥江西岸，舜江集团必须拥有属于自己的一方宝地。这样于政府也好，于企业自身也好，都能受益。在家乡拿地建造总部楼宇，不仅响应了区委、区政府号召，也为地方税收做出了贡献。自然，我们也理解区委、区政府对我们本地企业的关心和爱护，在上虞滨江核心区开辟这样一条总部楼宇经济带，也是政府想方设法、千方百计在为我们改善办公环境，替我们提升企业知誉度着想。为了不辜负区委、区政府良苦用心，我们最终拍下了城西滨江新城核心区27-1-B地块商务金融用地，用来建造舜江控股集团总部大楼——舜德大厦。

除了响应政府号召，反哺家乡外，在滨江新城拿地建造舜德大厦，我们还有另外两层意思。一是与企业名称有关，舜江乃曹娥江的别称和古称，而曹娥江是上虞的母亲河，企业与上虞母亲河同名，自然需在母亲河畔拥有一席之地，以两相呼应，得些护佑与加持；二是能够创造一个机会，圆我平生所愿——一直以来，舜江下设的各个分公司均在外打拼，他们散落于江浙沪、京津冀、中西部及东三省等各个区域。我与许多分公司老总们，平时聚少离多，基本上一年碰不了几次面。趁此良机，我希望舜江在外打拼的部分分公司也能在此大楼内设立办公场所，这样就更加有利于集团内部凝心聚力、汇聚合力，也更加能够彰显出舜江大家庭的底气与豪气。

土地拍下后，我们又为大楼的设计与命名绞尽脑汁，作为以建筑、房产为主要业态的舜江控股集团，其总部大楼的兴建不仅要展示企业在建设领域的实力与能力，更要通过大楼本身表达企业的愿景与核心价值观，表达舜江集团通过几十年发展逐步形成的企业文化。最终，经过几易其稿，大楼的设计被定型为钻石型外观，即从上往下看是一枚巨大的钻石。所以大楼外型不仅美观新颖独特，而且可以说，我们是在往城西滨江新城核心区上镶钻，按照李标、李斌他们的说法：钻石恒久远，一颗永留传。这也是我们舜江集团两代人共同的心愿吧！

至于大楼最终被命名为舜德大厦，也是重在展示一个"德"字。所谓厚德载物，意指人的品德要能承载不堪承受之重；所谓崇德广业，是指只有充实德行，才能扩大业绩。对于个人，对于企业，都是同样的道理——唯有崇德、厚德，才能载福载业，才能承载更大的事业。因此，舜德大厦这一名称甫一提出，马上得到了董事会成员和集团高层的一致认可。大家认为：一直以来，舜江都是一家崇德扬善的企业，大楼取名为舜德，与舜江厚德文化相匹配。

2021年10月中下旬，经过为期数月的前期筹备和相关审批，舜德大厦终于具备了开工条件。10月25日，大厦开工奠基仪式在施工现场隆重举行。大家共同为舜德大厦培土奠基，不远处的桩机打下了大厦建设的第一根工程桩。正如李斌在开工致辞中所说的："舜德大厦的开工建设，不仅第一次在家乡上虞投资兴建舜江大型独立办公楼宇，也是与分公司实现共创、共商、共享的一次紧密体现，作为舜江'四五'战略规划的开局之年，更为全集团取得'四五'新业绩铺垫了稳固的基础。"

　　按照计划，舜德大厦将于2023年竣工交付。在此之后，舜江控股集团总部将由百官广场最终搬迁至彼处办公。作为娥江西岸即将呈现的一颗璀璨明珠和一道靓丽的风景线，我们期待着这一天早日到来。届时，将由我们脚下的这方热土和它所承载的这枚"巨钻"，来共同谱写舜江事业发展的新篇章。

在舜德大厦开工奠基仪式上

附　录

父 亲

儿：李伟　李标　李斌

我的父亲，简单来说：

很"厚"、很"慈"、很"忍"、很"严"、很"容"；

特"和"、特"急"、特"细"、特"勤"、特"潮"；

好"喝"、好"抽"、好"节"、好"净"、好"帅"。

很"厚"

父亲的"厚"，体现在厚德和厚道上。几乎认识我父亲的领导和长辈、同行，对我父亲的宽厚和仁慈都十分认可，而"厚德"更是父亲的座右铭。他办公室背景墙上悬挂着的两个较为厚重的字，就是"厚德"，他本人亦十分钟爱。在我上虞办公室的玄关处，他吩咐人挂上了"德为先"三字，可见用心良苦。父亲还经常教诲我：做人以德为本，与人为善，这也是他一直挂在嘴边的口头禅，更是我们澄澈心灵的明灯！当代民族大师徐悲鸿先生的夫人廖静文女士，九十岁高龄来到孝德之乡——绍兴上虞，接见父亲并与之交流后，欣然提笔送出"厚德载物"四字珍贵墨宝，至今一直悬挂在父亲办公室的显眼位置。

父亲经常挂在嘴边的一句话是："吃亏就是便宜，能吃得起大亏，方能做起大事业。"自然不会与人斤斤计较。早年，父辈兄弟多，分家独立早，作为长子，父亲总会将很多分到手的东西让出来，给自己的兄弟们使用。在那穷困的20世纪六七十年代，农村兄弟间分家，往往会因小小的一只碗，一个盆，一根绳，一捆草而争吵到大队和公社里，但父亲三兄弟分家时却是和和气气，兄弟间该让就让，吃亏是便宜。老娘是位标准的勤俭持家"做人家"的人，对此还常有牢骚意见，辅以喃喃低语，父亲听到了，也总是一笑置之，不作理会。

很"慈"

说到"慈"，父亲不仅心地善良，而且还是位慈悲为怀的人。他曾经帮助过很多人，在这之中，或许有一些人在接受帮助后，表露的却是一些不尊重或不感恩的言行，对此，父亲总是淡然一笑。父亲眼中，助人，并不在于得到什么回报，内心使然而已。父亲还特别有亲和力，这点很像我上海的小爷爷，大家都能明显地感受到，我们李家的第三代都很粘着他，第四代对他更是特别亲近。我听村庄里老人说，我祖母是一位特别慈悲的人，村里自家贫困都排得上号，还经常帮助周边的邻居，乡里乡亲，和气待人，慈爱有加。虽然祖母已离开我们六十年了，但高尚的品德却给村里人留下了口碑。父亲这些高尚的品格应该是我祖母遗传给他的，做人极为仁慈，且越"老"越"慈"。

很"忍"

忍，是一个人的胸襟，也是人的一种品行和格局，明明自己吃了亏，还时常为对方去想。有这样一句话：明明有人开枪打了自己，还深信是对方不小心擦枪走火的缘故。父亲就是这样想的人。与他交流汇报工作，他总是认真聆听，一般不打断别人说话，对他人很少发火，也会原谅别人，特别是遇到困难和挫折时，更体现出忍耐功夫，往往能够走出困境。公司创业初期，父亲遇到过常人难以忍受的苦难和绝望，靠着一种忍耐和坚忍不拔的信念，一步步走出绝境，朝着曙光方向砥砺前行。所以"忍"也是一种功夫！

很"严"

有个成语叫"不怒而威"，父亲身上正有这样一股子"威严"。说"威"，除了身材挺拔之外，他还具有特别的男人气质，这种气质一般是在部队里锻炼过的人所特有的，但父亲却没参过军，而这也是他一生的遗憾。他曾经提起过，如果去参军，像他这样的人，在部队里一定会提干的，说不定能混出个将军来呢。说"严"，主要体现在工作要求上，对于细节和程序管理，要求特别严谨、严格。工作能做到让他满意确实是有些难的，而对我们更是特别严肃，严厉。哪怕一家人吃饭，他都要立规矩：人要坐正，不能边吃边游走，不能说话，认真吃饭，这些都是我们从小受到的教育，所以现在家里基本保持了吃饭不说话的习惯。有时在我们努力出色地完成业绩后，总想得到他的夸奖，但他不但不夸什么，反而提出是否有更好的办法去解决。所以我总觉得，按照父亲的要求，自己一直做得不够好，即便平时比别人付出更多，更努力。或许父亲一直在考验我，磨练我，因为他心里清楚，能够挑起公司重担的这个人，必须多学苦练，反复磨砺，才能在关键时刻举得起杠铃！

很"容"

"容"，其实就是包容。一个人的心有多大，事业就有多大。老娘常说，父亲是"唐僧"，一点也不为过。唐僧就是定目标、定方向、定战略的那个人，领导取经团队经受九九八十一难，最后取成真经。父亲从未说过别人坏话，即使这人是大家公认的"坏人"，也会用巧妙的方式来表达，这就是他的高明之处。俗话说，没有不透风的墙，说别人不好，更甚于在熟人面前说别人不好，其实对自己没什么好处，还会给对方留下不好的印象。公司初创阶段，企业背了一身的债，法院天天上门，父亲也没有在事后对当事人进行打击报复，只是负责任地对公司进行例行查账，以讨回个公道说法。当时公司还是农林局下属农工商总公司分支企业，属集体所有制，法人对公司经营状况要承担主要责任。父亲作为公司法人，用例行查账来证明自己的清白，可谓清者自清。父亲经常自语一句话"气宽寿长"，经常告诫我们，做人一定要学会包容，海纳百川，有容乃大，必能成就一番伟业！人在做天在看，上天是很公平的，一定会眷顾宽容大气之人，最终成就事业，实现梦想！

特"和"

"和"是道家文化的一部分，意即"平和阴阳"，我们的祖先李耳（老子），便是道家的鼻祖；中和之道，更是中华儒家文化的精髓。在我的印象中，父亲从来没有过仇人和冤家，即使以前是反对者，也同样会倚重他、成就他。追溯到我们的祖先唐太宗李世民，他与魏征的故事就成为了流传千古的佳话，在这方面，父亲多少有点承袭了先祖的遗风。作为我，也从中学到了不少"和"的精髓，在平时的工作生活中，遇事各退一步的中和之道，会使人与人之间更多地绽放和谐的幸福之花，其个人的品行也会更加为他人所敬仰。

特"急"

　　"急"性子，是一种处事态度。父亲的急性子像我祖父，要做的事，很急，讨厌人家慢吞吞的，与人约好时间，总是提前早等，从来不会迟到。公司组织外地集体会议活动，他总是提前一天抵达，坐镇指挥起来。布置下属的工作，总是催问节点、进程、结果，我们的工作节奏一般跟不上他敏锐的思维。只有一件事特别"怪"，就是喝慢酒，喝酒的节奏很慢，喝得慢，自然同桌喝得快的人先喝醉，这可能也是一种策略吧，以前在村里时春节走亲戚，去亲阿妹家做客喝酒，从中午可以一直喝到深夜，姑父家兄弟三人轮翻作陪转二轮，还不罢休！听父亲说，喝慢酒的习惯是跟我曾祖父学的，慢慢品老酒，这也是绍兴人喝绍兴老酒的"酒文化"吧！

特"细"

　　工作细腻、做事仔细是成功的要素，父亲做事，除了考虑周全外，还分析变数并提出应对办法，这个特点可以说直接遗传给了我，我再深化加码，力求完美。有时也确实不好，凡事考虑太细太具体会累倒自己，有时也要有冒险精神。考虑得越细致，风险是小了，但事业上会失去许多重要机遇，成不了惊天伟业。父亲本是泥瓦工出身，听说做泥工活，十分细致，早先的泥水匠什么都要会，才能称得上"师傅"。父亲当时是远近闻名的高级"老师傅"，人人都叫他"金奎师傅"，据说打空斗墙是他的绝活，一天下来，人身上不沾一点污泥，空斗墙倒进水不会外溢，可见活儿做细到了极致，工艺精湛程度远非寻常师傅可比。如今这样绝活已不需要了，自然也就没有当初的"工匠"了。父亲还有做笔记的习惯，工作中若有什么要点和注意事项，他都会一一记录下来，以待日后盘点查验。父亲记性好，但"笔头"也勤，好记性加上"烂笔头"，工作上的每一个细节都被放大检视，这样才成就了一番事业。

特"勤"

　　父亲是一个十分勤快的人，工作之余一回到家，马上手拿扫帚，院子里先清扫一番。平时总喜欢拿块抹布，看到桌子、凳子都要抹一下。我们小时候吃东西，他在边上静静地等待，十分难受地观察着我们，一发现有食物残渣和垃圾掉落在地，马上清走。等我们都吃完了，不会再制造垃圾了，他这才"放心"地离开。听他常讲学徒时总是"抢"师父们的饭盒、衣服、尿壶去清洗，因为自小勤快，所以深得师父和长辈们的喜爱，不仅人缘好，而且能够学到一些东西。

特"潮"

"潮"是一种时尚，父亲年岁也不小了，但紧跟时尚潮流，手机一直使用最新款苹果、华为，穿衣对颜色和款式有特别要求，衣服上身要凸显精气神，这样一来，父亲的外衣基本上由我夫人包揽了。一旦合乎他意，父亲必会十分高兴地夸耀一番。有一款"浪肯"的男士品牌，十分符合他的"口味"，此后，父亲的外套和衬衣就都是这个品牌了。手机玩微信不是年轻人的专利，他玩得就特别好，还会在微信上发红包和推文，平时我们工作上的沟通，几乎都通过微信，还专门拉了个群，取名叫"父子兵"，也很有才。是啊，上阵父子兵，打虎亲兄弟，革命无不胜！

好"喝"

"喝"，主要是说父亲的酒量。大伙都知道他酒量好，喝酒算个人物，白酒、黄酒都擅长。小时候给我的印象深刻：每到过年，村里人家排队约他吃饭，当时，大家都想去杭州等地做工搞副业，想通过父亲开个"后门"，父亲是能帮则帮，乐意做个好人。已至深夜，我还老是接到老娘的命令，让我去东家西家搀扶喝醉的父亲回家。父亲他们喝酒，几个人往往要喝到"不见瓶底不走人"。听说年轻时绍兴黄酒中那种普通的"甏头酒"，他可以喝上七八碗下来。一碗半斤，七八碗下来，足足三四斤，可见酒量之大。除了喝酒厉害以外，喝茶也厉害。酒毕茶上，一直会坐着不走，谈古论今，娓娓道来。父亲以酒会友，结识了许多挚友，其中有已故的崧厦分金桥土龙爹、盖北的"尧保长"等，都是他一生中铁杆的挚友。但有一点，我至今无法理解，他喜欢喝酒喝茶，但对红酒品质和茶叶的种类，从不研究，也不讲究。可能以前穷，有啥喝啥，现在生活好转了也还是如此。如今我对这两款的要求却挺高，平时公司食堂请客，有品味的客人一品红酒，便知主人的良苦用心。细节见真情，公司食堂由此深受大家的欢迎和喜爱。

好“抽”

“抽”即抽烟，父亲明知抽烟的习惯不好，但还十分留恋和热衷。过去从“百作师傅”抽东家的“雄狮”牌开始，到“红双喜”直至“中华”烟，到如今细枝的“黄金叶”“钓鱼台”和“利群”烟，一天两三包。抽烟时喜欢把门和窗打开，为避免影响他人空间环境。记得十几年前有一次，肺叶上突然发现结节状，他立马紧张起来，停烟不抽了，后来做了磁共振深度检测复查，结果只是一个疤痕，虚惊一场，于是又大抽特抽起来。2018年是非同寻常的“遇难呈祥”之年，这一年里父亲更是以烟相伴，抽得很凶，这让我十分担心他的身体状况。这种担心自2016年11月父亲去上海住院后，便逐渐强烈起来。但每当看他悠然自得叼着烟，一副十分享受的样子，也就不忍心去说他了。

好“节”

节约，与一个家庭的出身有关，父亲小时候家里穷，家里兄弟姐妹多，劳动力少，身为长子，肯定是要做表率的。平时省吃俭用，没有养成乱花钱的习惯。我觉得他不会享受生活，不懂消费，弄得我们也很节约。现在有点条件了，应该多去消费，但还是舍不得花钱，偶尔洗个足浴算开销大的。要算派头大的，是现在的那辆座驾，因为使用成本高，用一次，汽油消耗特别大，所以也不经常使用。但他倒对居住空间的温度十分讲究，冷热季节刚开始，他就会把空调全部打开，如果有客人要来，总会提前开启空调，把室内温度先调好，客人到来，不至于感到冷或热，可见父亲做人做事、待人接客，十分细致热情。

好“净”

父亲喜欢干净，以前穷时，只能穿打了补丁的衣服裤子，但对补丁却十分讲究，我娘补的补丁他不一定要穿。他认为补丁也要补补好，不能胡乱贴上一块，穿在身上，也要美观舒适。除了抽烟，乱弹烟灰之外，父亲极爱干净，平时喜欢穿白内衣，白衬衫，一件衣服穿几年仍然洁白如新。在家时常唠叨我老娘不爱干净，说老娘好的新鲜食物舍不得吃，最后往往都送进垃圾筒里。以前因工作关系常出差上海，常表扬两位女性，一位是余新建师傅的夫人，即舜江十公司总经理陈忠孝的大姨娘，还有一位是夫人的小阿姨汤师母，她们两位的干净标准才算符合了父亲的要求！到上海是来一次夸一次，特别是对这两位女性清洗衣服的干净程度赞不绝口，给予全五分好评。

好"帅"

坐着精神抖擞，走路腰板笔挺，讲话声若洪钟，个子伟岸，身躯挺拔，帅气是父亲的符号。我看到过父亲年轻时的照片，确实很帅，兄弟三个他最帅。虽然现在白发增多，但他会将之染成黑色，一直保持公众男人的帅气形象，有时见我白发太多，看上去比他还老，总喜欢拖着我，给我头发"抹黑"。我在这方面是不太讲究的，但父亲总说，主要领导个人公众形象也是企业形象。有时候我在想，我这辈子帅不起来，哪怕踮起脚尖也追不上父亲的帅气威武了。

结 语

父亲是一座山，更是一面旗帜，是我们战胜一切困难的压舱石。父亲不一样，也不一般，更不容易。我以父亲为荣，并深爱着我的父亲，因为他"蓝"得很牛，使我用尽全力也"青"不出来。愿敬爱的父亲安康，永远帅下去。愿天下所有的父母、老人健康长寿，平平安安！

2021 年 2 月

我的爷爷（一）

孙女：李柯钦

在某天与我父亲的饭后散步中，他向我提及正在帮爷爷筹备出回忆录一事，在细问出书目的及大致内容后，我对这本回忆录最终的出版也充满了期待。爷爷在创业之旅中一路走来，除非是一直伴他左右的"战友"，否则回忆录中的这些故事，即便是身边较为亲近的人都知之甚少，我们作为晚辈，也很少有机会能够听他娓娓道来。或许，这与爷爷一贯低调、谦逊的行事作风有关，他从不将自己的这些奋斗史挂在嘴边，作为饭桌上的谈资。哪怕在这段充满"荆棘"的旅程中，有着许多较为难忘的时刻。相信当您阅读完此书，较为详细地了解了我爷爷的学习、创业经历后，会和我一样从内心佩服爷爷的果敢与魄力，以及他一直坚守的为人处事之道，印证了"每一次的成功都不是偶然"。

在我的印象中，爷爷的形象好似一直没有变，无论在外在家，永远都是那么挺拔俊逸，一身衬衫西服搭配，显得格外有精气神。虽已年过七旬，看上去却和十几年前相差无几。凑近了看，才能发现脸上留下的那些岁月痕迹。"年轻""精神抖擞"成了许多人对爷爷的第一印象。记得小时候，有一次，爷爷送我去幼儿园，当老师们看到我爷爷后都来询问我："刚刚那位是不是你爸爸？"着实弄得我哭笑不得。在得知是我爷爷后，他们的脸上都表现出惊讶的神情，那是我第一次意识到，原来不只我一个人觉得爷爷特别显年轻，所以记忆尤为深刻。现在一晃二十几年过去了，我也从小时候天天待在爷爷身边的小孙女慢慢长成了"大人"，从小时候几乎天天见，到后来因为读书、工作的关系只能逢着节假日或者"偶遇"的机会才能和爷爷奶奶见上一面。但是每一次的"偶遇"，爷爷都好似提前知晓一般"盛装打扮"，时至今日的每一次见面，我都能与我印象中爷爷的形象对上号，时间似乎给予了爷爷"特殊的优待"，岁月静静地拂过了他的脸庞。当然，我希望这份"优待"的有效期能够久一点，再久一点……

　　爷爷在商场创业的岁月里，难免会遇上一些未能称心如意的事情，其原因，或许是商场固有的一些"尔虞我诈"所致。但爷爷每每面对这些，却总是一笑了之，即使遭遇了一些不愉快，却也不曾失去对于他人的信任，每一次都会抱以最为真诚的态度，去面对每一位朋友与合作伙伴。"做好自己"是他一直以来所坚守的信念，也希望将这份真诚传递给身边的每一位朋友。经过时间的筛选与沉淀，会发现，爷爷身边的一些朋友，和爷爷一样，有着他们共同坚守的一些信念。"磨而不磷，涅而不缁"，在这个相对较为复杂的社会沉浮，并经历过一些曲折弯路的爷爷，仍能坚守初心，在我眼里是非常难能可贵的。从他身上，我似乎读懂了那一句"君子莫大乎与人为善"的道理。多年来，爷爷也在不断地做一些慈善方面的小事情，在回馈社会方面贡献着一份自己的力量。

　　当我自己逐渐步入社会时，也渐渐明白，守住自己那一份最初的纯真与善良是一件多么重要且可贵的事情。即使外部环境瞬息万变，我能做的，便是做好自己，保持独立思考、明辨是非的能力，与人为善，与己为善。

　　希望通过本书，带给您一份创业者艰难创业的阅读体验，从中获取一些有关人生的共鸣与思考。当您在工作生活中遇到挑战与挫折时，想起曾经有这样一位创业者和他所经历的这些故事，是否可以为您"孤寂"的奋斗之路送去一些鞭策与慰勉？

2021 年 5 月

我的爷爷（二）

孙：李柯熠

我的爷爷和其他爷爷不一样，他是我们整个李家的一棵参天大树，我们都在他的庇荫下成长。

爷爷喜欢抽烟。我记得我小时候，当我们还没有搬家的时候，我老是提醒爷爷不要抽烟。当时懵懵懂懂的我，为了让爷爷改掉这个毛病花了好大的精力，却不奏效。可是每次我让爷爷不要抽烟，爷爷总会笑着把烟掐灭，哪怕只吸了一口。后来我们搬进了新房，爷爷也有了新车，爸爸和爷爷的事业也越来越顺，但是爷爷抽烟却越来越频繁了。在楼上做作业的我，总会透过窗户看到外面的长凳上坐着一个瘦削又笔挺的身影，橘红色的烟光中浮现出爷爷饱经风霜的脸庞，爷爷到底在想什么，谁也不知道。

小时候，我想成为一名宇航员，爷爷总是在送我去幼儿园的路上打开车顶窗，让我仰头看蔚蓝的天空。那时的我特别爱玩，上虞的每个公园，每个景点都有过我顽皮的身影，爷爷也会经常带着我去公园里玩。后来我们搬到了大象公园旁，我就经常骑着小自行车去公园里兜风，还在公园里打造我的"秘密基地"。爷爷也会和我一起去公园，我总会乐此不疲地拉着爷爷在公园里寻找"秘密小道"，爷爷也不拒绝，总是跟在兴奋的我身后，满足我幼稚又充满幻想的小心愿。

然而，自从我们搬进新家后，我和爷爷的交集越来越少，上了大学更是如此。虽然爷爷会时不时地来我家串门，但是也许是见面少了，我和爷爷聊天总有一种我不愿意承认的陌生感和拘束感。但是有两件事，我一直都不能忘却。

第一件事情发生在我高考刚刚结束的那天，妈妈突然脸色阴沉地告诉我，爷爷生病了，正在上海住院治疗，我听了之后，一下子蒙了。一直以来，我都觉得爷爷是一个从来不怕风吹雨打的人，是一个不管发生什么样的事情都扛得住的人。但是，当我再次看到爷爷瘦削的脸庞和疲惫的眼神时，我知道，爷爷是真的老了。之后，爷爷和爸爸聊了好多工作上的事情，他们不约而同地点起了烟。一时间，烟气像一团团未知的迷雾，弥漫在室内。

沉默。

我看着爷爷一口一口地吸着烟，烟光衬着他紧锁的眉头，我知道，爷爷真的是太累了。公司好比一艘巨轮，而爷爷正是发号施令的"老船长"，爷爷的每一个举措都关乎着整艘巨轮的未来，每一个抉择都关乎着整艘巨轮的航向。而在激烈的商战中，每一次博弈就是一场无声的厮杀。但是爷爷牢牢地抓住船舵，努力地控制着巨轮航行的轨迹，这才有了我们公司现在的辉煌成就。爷爷实在是太累了，以至于他后来去了杭州疗养院疗养。等我们第二次去看望他的时候，爷爷的脸上才有了久违的笑容。

还有一件事情发生在2019年除夕夜。爷爷为了我们整个家族能聚在一起过年，特地将横河村的老家重新装修了一下，气派非凡。年夜饭上，酒过三巡，爷爷微红着脸拉着我和堂姐的手说道："爷爷今天很高兴，看到你们第三代的成长，爷爷很欣慰。爷爷一直有三个愿望，一个是希望自己能开最好的车，第二个愿望是希望公司能成为真正的大企业，最后一个是希望能坐在自己的别墅里，一边喝着茶，一边听着子孙出国学习的消息。"爷爷喝了口酒，"嘿嘿"一笑，"现在这三个愿望已经基本实现，你们的父亲对自己的工作和事业都很争气，我很满足，爷爷现在最希望看到的就是自己的孙儿们有所成就。"

我和堂姐相视一笑，是的，爷爷把自己的大半生都投入了企业的建设，但他从来没有忽视过我们第三代的成长，这看似简单实际的愿望中，饱含着爷爷对我们满满的期望和寄托。因为工作原因，爷爷平时和我的交流并不多，但是每次交谈，都会让我受益匪浅，所以爷爷对于我来说，就是成长路上必不可少的一份关怀，是我成长中不可或缺的养料。《周易》有云："君子进德修业，忠信，所以进德也。修辞立其诚，所以居业也。"作为第三代的我，希望自己能够完成爷爷的愿望，为爷爷争气，我也希望以后能像爷爷那样脚踏实地，厚德载物，成为一名真正的君子。

爷爷说完话后就掐灭了烟头，带着我们参观老家改建的新宅。听着爷爷的讲述，我明白了，原来这里的一砖一瓦都有故事，每一块牌匾，每一处布局都饱含着爷爷对家族，对事业的期冀和憧憬。小到一个图案，大到庭院构建，爷爷都能滔滔不绝地讲出其中的奥秘和意义。爷爷说，我们是一个大家庭，这座房子就是我们的根基，是我们值得骄傲的东西。是的，作为一个大家庭，最珍贵的就是我们的根基，不管一个人的成就有多大，都不能忘本，我想，这应该就是爷爷重修老宅的意义所在吧！

现在，坐在书房里，想起爷爷抽烟时那瘦削又笔挺的身影，感慨万千。长大后，我都没有认认真真地主动和爷爷聊过天，所以，爷爷，如果可以，我愿停下来陪您，陪您彻夜聊天。我会与您分享我在学校里面，和同学开怀大笑的瞬间；我会与您一同经历您眼中那段珍贵的澄澈如天空般的童年；我会与您一同回味那柔软、明亮、温暖的岁月。

时光时光你慢些吧，想起爷爷的白发，希望爷爷不再变老，希望我能一直陪伴着爷爷。人生路漫漫，想起爷爷陪我走过的烂漫的童年，懵懂的少年，风华正茂的青年，这种长情陪伴，最是弥足珍贵。

2021 年 3 月

图书在版编目(CIP)数据

岁月回眸：我的建筑人生 / 李金奎著 . —杭州：
浙江工商大学出版社，2022.9
ISBN 978-7-5178-5077-9

Ⅰ . ①岁… Ⅱ . ①李… Ⅲ . ①李金奎－回忆录
Ⅳ . ①K828.3

中国版本图书馆 CIP 数据核字（2022）第 151997 号

岁月回眸——我的建筑人生
SUIYUE HUIMOU——WO DE JIANZHU RENSHENG
李金奎 著

责任编辑	沈明珠	
责任校对	何小玲	
封面设计	芸之城	
责任印制	包建辉	
出版发行	浙江工商大学出版社	
	（杭州市教工路 198 号　邮政编码 310012）	
	（E-mail：zjgsupress@163.com）	
	（网址：http://www.zjgsupress.com）	
	电话：0571-88904980，88831806（传真）	
排　　版	杭州天昊文化艺术有限公司	
印　　刷	杭州良诸印刷有限公司	
开　　本	710mm×1000mm　1/16	
印　　张	19.75	
字　　数	339 千	
版 印 次	2022 年 9 月第 1 版　2022 年 9 月第 1 次印刷	
书　　号	ISBN 978-7-5178-5077-9	
定　　价	88.00 元	